Britt Liebl

Mallorca

Wandern für die Seele

20 Wohlfühlwege

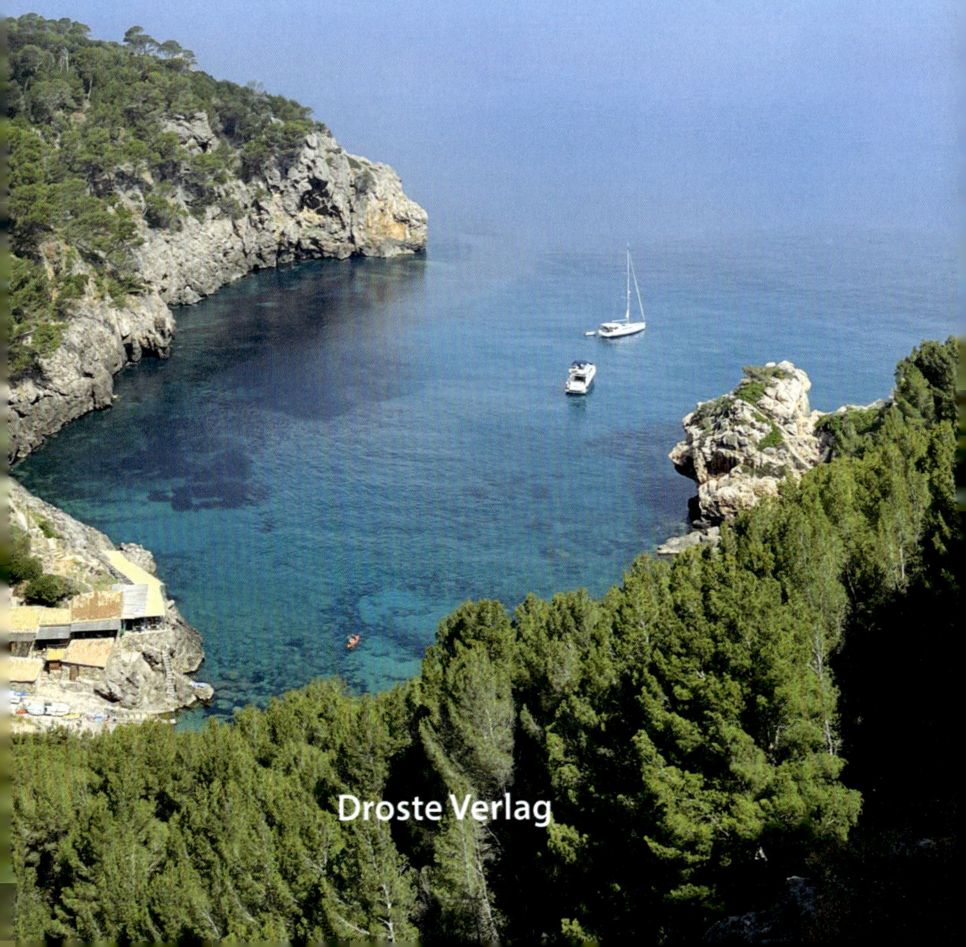

Droste Verlag

ALLE WANDERUNGEN AUF EINEN BLICK

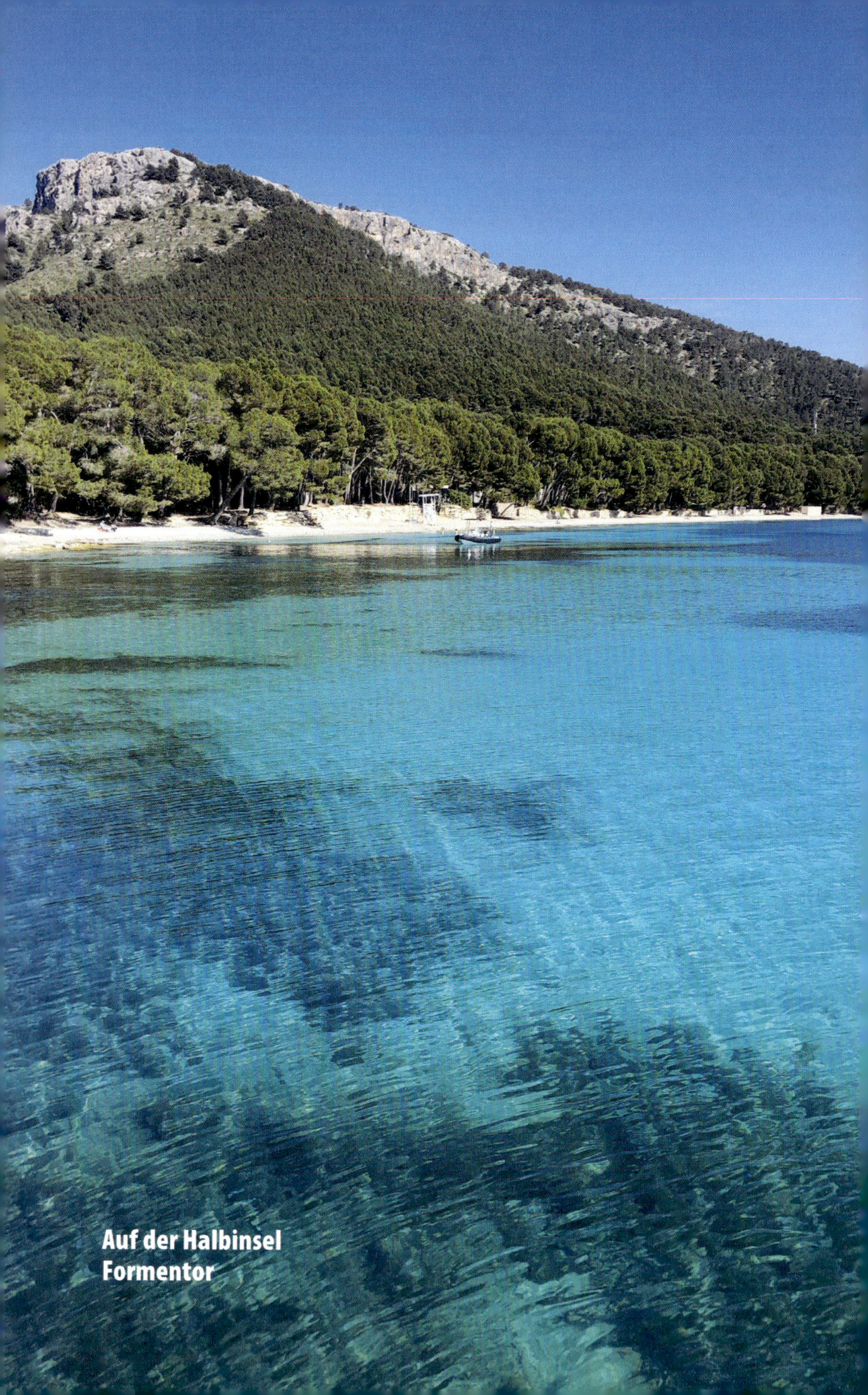

Auf der Halbinsel Formentor

¡Hola! Bon dia, liebe Wanderer und Wanderinnen,

das Buch, das Sie in Ihren Händen halten, ist für Sie auf einer der schönsten Mittelmeerinseln geschrieben worden, viele nennen sie sogar „die schönste Insel der Welt". Es ist die Insel Mallorca, die mir vor mehr als zehn Jahren zur Heimat wurde und auf der ich einen der schönsten Arbeitsplätze habe, in der Natur.

An keinem anderen Ort können wir so viele Möglichkeiten entdecken, die Sonne und das Meer und die Berge zu erleben, wie auf Mallorca. Ich nehme Sie mit auf eine Reise durch die verschiedenen Regionen und Landschaften. Durch alle Jahreszeiten. Dabei zeige ich zauberhafte Plätze, die mir selbst besonders gut gefallen. Von mir, für Sie!

Der Fitnessgrad ist bei den meisten meiner Touren nicht so wichtig. Es ist die Liebe zur Natur und zu dieser Insel, die zählt. Doch ich empfehle, unbedingt eine Wanderkarte oder Wanderapp dabeizuhaben, da die Wegmarkierungen oft noch recht rudimentär sind. Das hat natürlich auch seinen Reiz, in den abgelegenen Ecken anzukommen, dort Ruhe und Raum zum Atmen zu finden, aufzutanken. Vom geschäftigen Alltag in die unaufgeregte Natur.

Und jetzt sind Sie dran! Kommen Sie nach Mallorca, wandern Sie, entdecken Sie, genießen Sie. Vielleicht laufen wir uns schon bald über den Weg. Ich freue mich darauf!

Sonnige Grüße,

Britt

NATUR-INFO

KULTUR-INFO

TOUREN-/EVENT-INFO

GENUSS-INFO

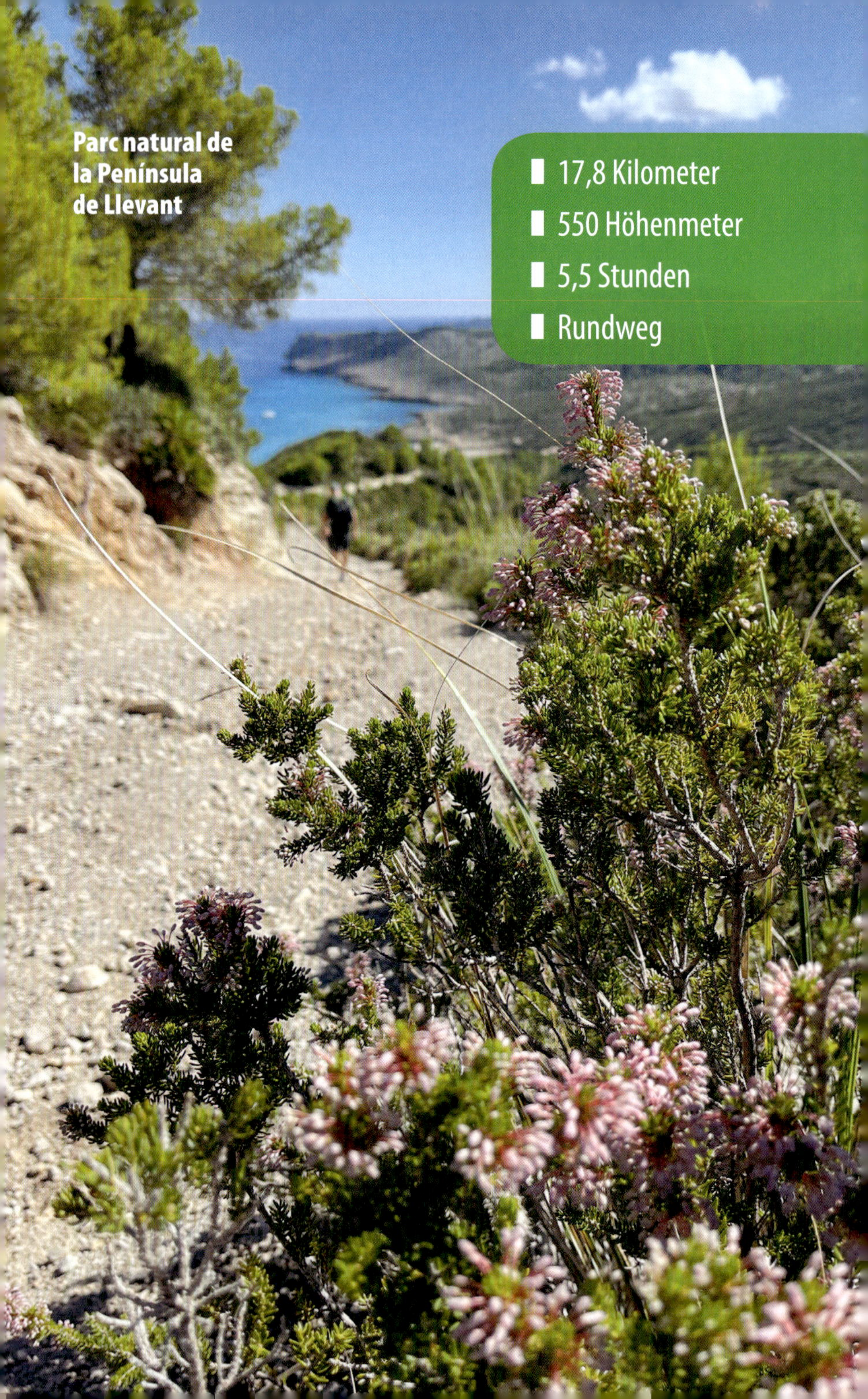
Parc natural de
la Península
de Llevant
17,8 Kilometer
550 Höhenmeter
5,5 Stunden
Rundweg

Augenschmaus

Im stillen, unberührten Nordosten

Was gibt es Schöneres, als einen Tag lang in endloser Naturkulisse zu wandern? Die Vögel zwitschern, ein sanfter Wind streicht über Gräser und unzählige kleine Palmen, in der Ferne glitzert das Meer. Wir sind umgeben von einer sanften Hügellandschaft, dem Landschaftsschutzgebiet **Parc natural de la Península de Llevant,** 1671 Hektar groß und ein vorzügliches Wandergebiet. Es gibt ein langes und relativ gut ausgeschildertes Wegenetz durch den Naturpark, Heimat vieler endemischer Tier- und Pflanzenarten.

*Wie fast alles auf Mallorca sind auch **einheimische Tiere** eher klein. Der Naturpark bietet wertvollen Lebensraum für Schildkröten, Igel, Balearen-Schnirkelschnecken, Höhlen-Pseudoskorpione und Balearen-Grasmücken.*

Am Parkplatz des **Besucherzentrums S'Alqueria Vella ❶** erleichtert eine Übersichtstafel die Orientierung. Wer möchte, kann sich während der Öffnungszeiten zusätzlich mit Karten- und Informationsmaterial eindecken. Unsere Tour ist eine Kombination aus den Routen 3, 6, 7, 2 und 1 – in dieser Reihenfolge. Am Anfang unserer Wanderung ist es allerdings einfacher, sich an den neueren Wegweisern des **Fernwanderweges GR 222** zu orientieren, der fast deckungsgleich mit der Route 3 verläuft, jedoch besser ausgeschildert ist.

Wir lassen das Besucherzentrum rechts liegen und passieren eine hölzerne Pforte, die uns in den Naturpark hinein auf den breiten Fahrweg **Camí dels Presos** in nordöstliche Richtung leitet. Das ist leider nicht gerade ein passender Name für den Einstieg in eine Auszeittour, denn er bedeutet „Weg der Gefangenen". Diese Piste, die wir gelegentlich über abkürzende Pfade durch Kiefernwald verlassen können, erreicht nach etwa 2 Kilometern die zerfallenen Gebäude des **Campament dels Soldats ❷** aus der Zeit des Franquismus, wo

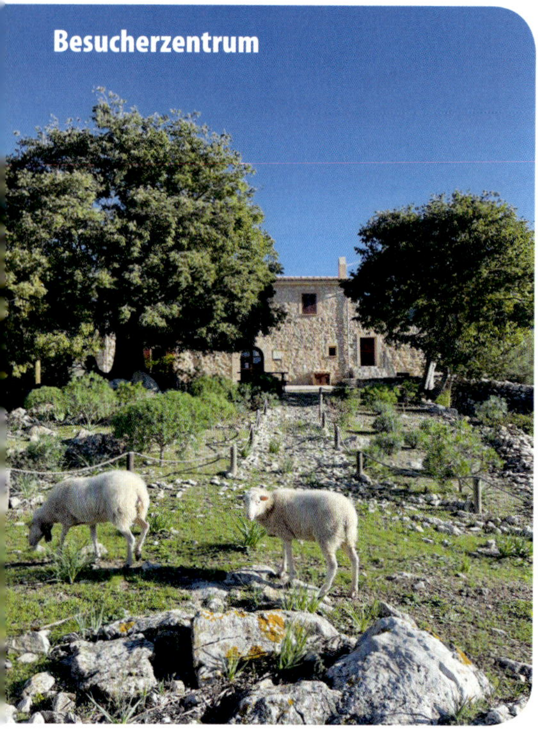

seinerzeit Zwangsarbeiter, meist ehemalige Soldaten der republikanischen Armee, untergebracht waren. Die kleinen Abkürzungen sind beschildert und auch im weiteren Verlauf der Route folgen wir wieder den Schildern und Pfosten des GR 222, die uns 200 Meter nach dem Soldatenlager zu einer Steinmauer lenken, die wir über eine Leiter übersteigen können, falls das Tor verschlossen sein sollte.

Hinter der Mauer knickt der Pfad nach links. Geradeaus geht es zum Gipfel des Puig des Porrassar, 492 Meter hoch, doch den lassen wir heute aus. Für uns heißt es: immer an der Wand lang bzw. an der Mauer, die eine grobe Orientierungshilfe ist. Wir befinden uns in einer Graslandschaft mit recht hohem Dissgras. Sollten wir den Pfad verlieren, die Mauer hält die Stellung. Nach 600 Metern treffen wir wieder auf den **Camí dels Presos,** den wir queren können, um dort abermals für ein kurzes Stück eine Pfadalternative zu nutzen.

Dann hat uns der Fahrweg wieder, auf dem wir jetzt 1 Kilometer zügig vorankommen. Die Landschaft um uns herum ist weit und offen, die Hügel zu unserer Linken kaum 500 Meter hoch, vor uns blicken wir bis zum fernen Wachturm Sa Talaia Moreia am Cap Ferrutx. Auf der rechten Seite erstreckt sich die wildromantische Küstenregion nordwestlich von Cala Rajada mit dem Cap des Freu, den Buchten von Cala Mesquida und Cala Torta und dem Torre d'Albarca. Das Meer leuchtet verführerisch zu uns herauf.

*Das **Meer um Mallorca** schimmert so intensiv blau, weil es hier nur wenige Schwebestoffe wie Plankton oder Schlick gibt. Und vom Meeresgrund strahlt das Licht umso intensiver zurück, je sandiger und reflektierender der Untergrund ist.*

Für die Seele

Bei einer ausgedehnten Rundtour durch das weite Naturparadies betören wir unsere Sinne, wenn wir die einzigartige Landschaft mit all ihren Facetten erleben.

Wir kommen an einen **Abzweig mit einem Schilderbaum.** Für das nächste Teilstück zum Strand von **Arenalet des Verger** gibt es zwei Möglichkeiten: Der GR 222 zweigt nach rechts ab, die Wanderzeit bis zum Strand ist mit „1 h 15 min" angegeben. Die landschaftlich reizvollere Route führt jedoch weiter geradeaus zum **Camí de'n Mondoi** und ist mit „1 h 30 min" veranschlagt. Wer etwas Zeit und Weg einsparen möchte, könnte hier abbiegen und bei Arenalet des Verger

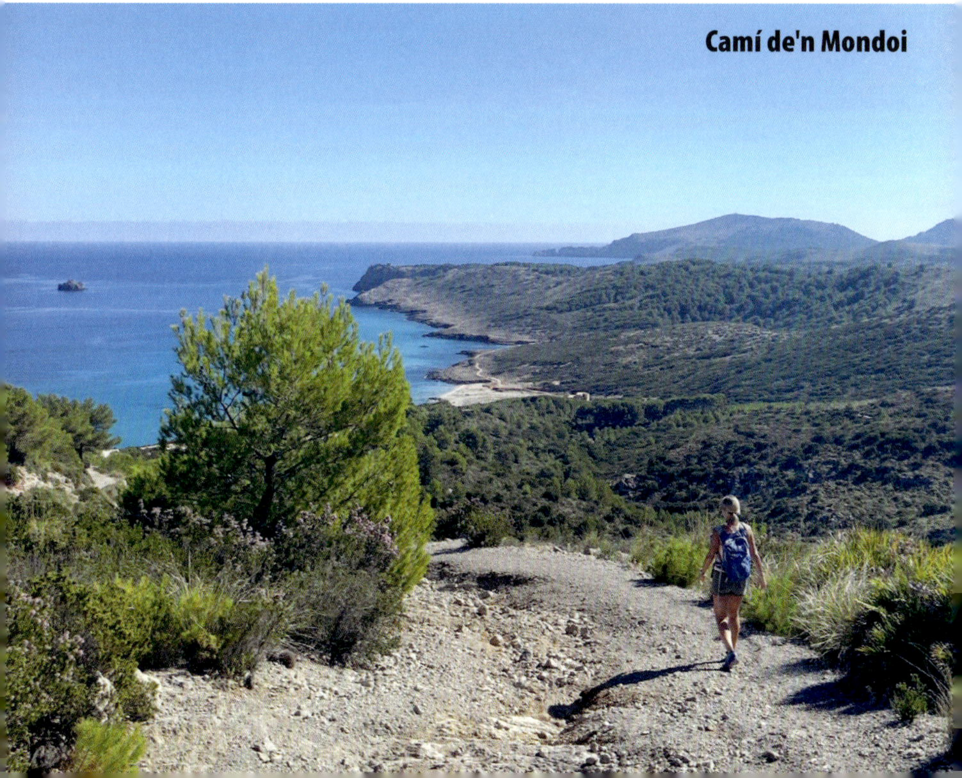

Camí de'n Mondoi

*Wenn Mallorquiner von **Pinien** sprechen, sagen sie „Pi". Damit meinen sie allerdings meistens Kiefern. Auf Mallorca wachsen vor allem Aleppo-Kiefern (Pinus halepensis), echte Pinien gibt es nur an wenigen Stellen.*

wieder auf die beschriebene Route stoßen. Wir anderen gehen geradeaus, unser Abzweig folgt 300 Meter später und ist mit dem Wegweiser zur **Route 6 „Camí d'en Mondoi"** gekennzeichnet. Hier biegen wir nach rechts ab und folgen der Beschilderung. Vor der nächsten Wegkreuzung informiert eine Tafel über das **Aufforstungsprojekt TUI Wald ③**. Der deutsche Reiseveranstalter spendete die vielen jungen Kiefern, die hier seit 2009 wachsen dürfen und nach und nach zu großen Bäumen werden, deren Wurzeln der Bodenerosion vorbeugen.

Wir müssen noch einmal nach rechts, das Schild ist nicht zu übersehen. Es geht nun durch die Kiefernschonung auf einem schmalen Pfad in Serpentinen stetig nach unten, die Küste immer in Sichtweite. Nach einer Reihe von Wendungen stößt unser Pfad nach etwa 1,5 Kilometern auf einen Weg, der mit feinem Geröll bedeckt ist. Von da an sind es noch 2 gemütliche Kilometer bis zum Strand. Ganz besonders schön ist dieser Abschnitt im Herbst, wenn die rosafarbene Heide vor Himmelblau und Meergrün blüht. Dazu ein paar weiße Bootstupfer. Ein großartiges Farbenspiel!

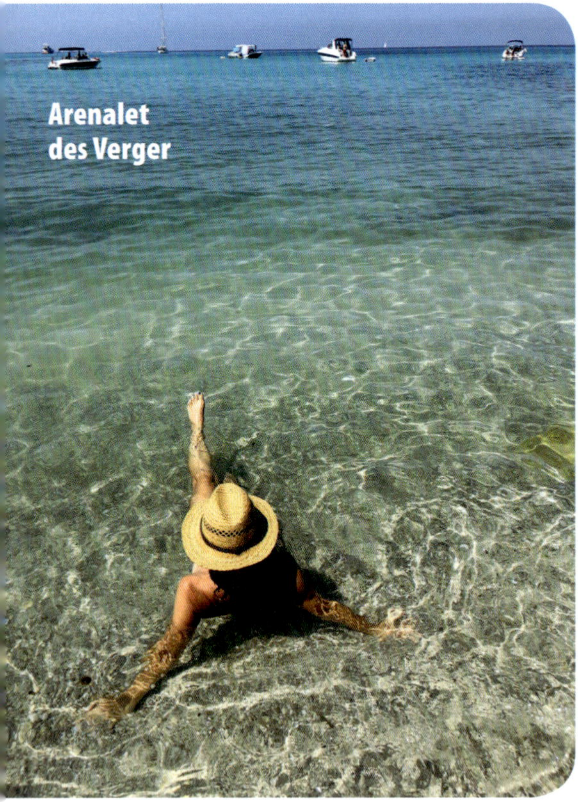
Arenalet des Verger

Endlich sind wir am **Arenalet des Verger ④**, der Strand liegt verlockend wild und einsam vor uns. Ein fast menschenleerer Sandstrand auf Mallorca, gibt es das wirklich? Und ob! Es liegen

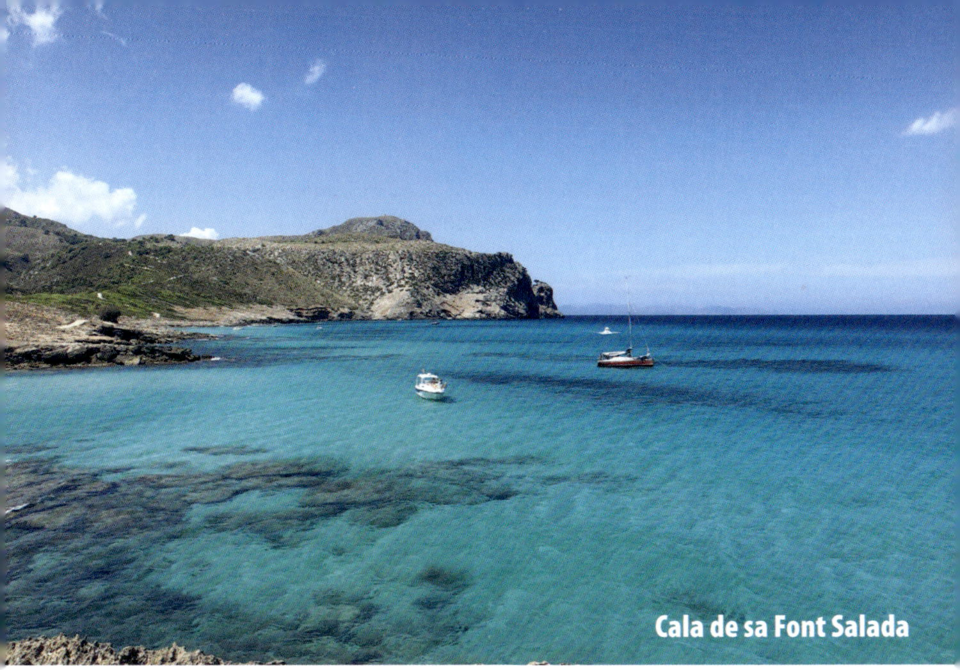
Cala de sa Font Salada

nur wenige Menschlein im weißen Sand. Alles Wanderer, wie wir an den abgestellten bunten Rucksäcken unschwer erkennen. Hier und da ein Stück Treibholz und was das Meer sonst noch so anspült. Kleine Andenken für die Sammler, die ihre Souvenirs in der Natur aufspüren.

Überraschenderweise befindet sich gleich hinter dem Strand sogar ein Refugi, eine Wanderherberge. Sie ist leider nicht bewirtschaftet und so begnügen wir uns mit unserer Rucksackkost. Nachdem wir jetzt seit 2,5 Stunden unterwegs sind und die Hälfte der Strecke absolviert haben, kommt eine ausgiebige Pause gerade recht! Eine Kleinigkeit essen, eine Runde schwimmen, faul in der Sonne liegen – das Leben ist schön.

Irgendwann kommt der Zeitpunkt, an dem wir an den Rückweg denken sollten. Wir haben noch fast 3 Stunden vor uns. Also keine Müdigkeit vortäuschen, weiter geht's! Wir nehmen den Weg, der gut sichtbar an der Küste entlang nach Osten führt und nach einem kurzen Stück einen weiteren Traumstrand erreicht, die **Cala de sa Font Salada** ❺. Wie schon nebenan bei Arenalet des Verger mündet auch hier ein Bach ins Meer, besonders kurz nach Regenfällen windet er sich wie eine Schlange durch den hellen Sand.

Der Weg knickt nach rechts ab, landeinwärts weg vom Meer, und am Ende der tiefen Sandfläche durchqueren wir eine Furt. Die nächsten 2 Kilometer sind nicht beschildert. Erst dann werden wir auf die Schilderroute 7 stoßen, aber wenn wir den Weg nicht verlassen, können wir uns nicht verlaufen.

Werfen wir noch einmal einen Blick zurück auf den Strand, bevor wir in weite mediterrane Vegetation aufsteigen! Erst ein Kiefernwald, gerade recht für ein wenig Schatten, und doch blitzt durch die Baumwipfel immer wieder das blaue Wasser. Alsbald sind wir wieder in einer dieser mit Gräsern und flachem Gebüsch bewachsenen Landschaften, der Garrigue, die wir schon von vorhin kennen. An einer Kreuzung geht es geradeaus weiter. Weniger als 1 Kilometer nach dieser Stelle treffen wir auf den Weg mit der Nummer 7, den **Camí dels Horts Vells d'Albarca,** und mit ihm gibt es von nun an wieder Wegweiser. Wir gehen nach rechts und folgen für gut 1 Kilometer der Route 7 bis zu einem Schilderbaum, an dem wir auf unsere nächste Etappe treffen, die **Route 2 „Es Verger – Albarca".** Achtung, die Routen 2 und 7 laufen hier ein kurzes Stück parallel, wir dürfen nicht nach links abbiegen, sondern gehen 100 Meter geradeaus weiter! Erst dort schickt uns ein Wegweiser der Route 2 nach rechts. Wir

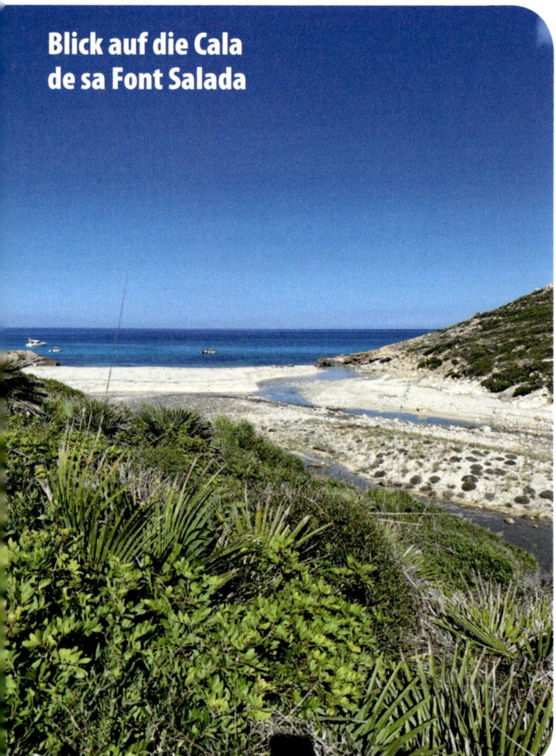

Blick auf die Cala de sa Font Salada

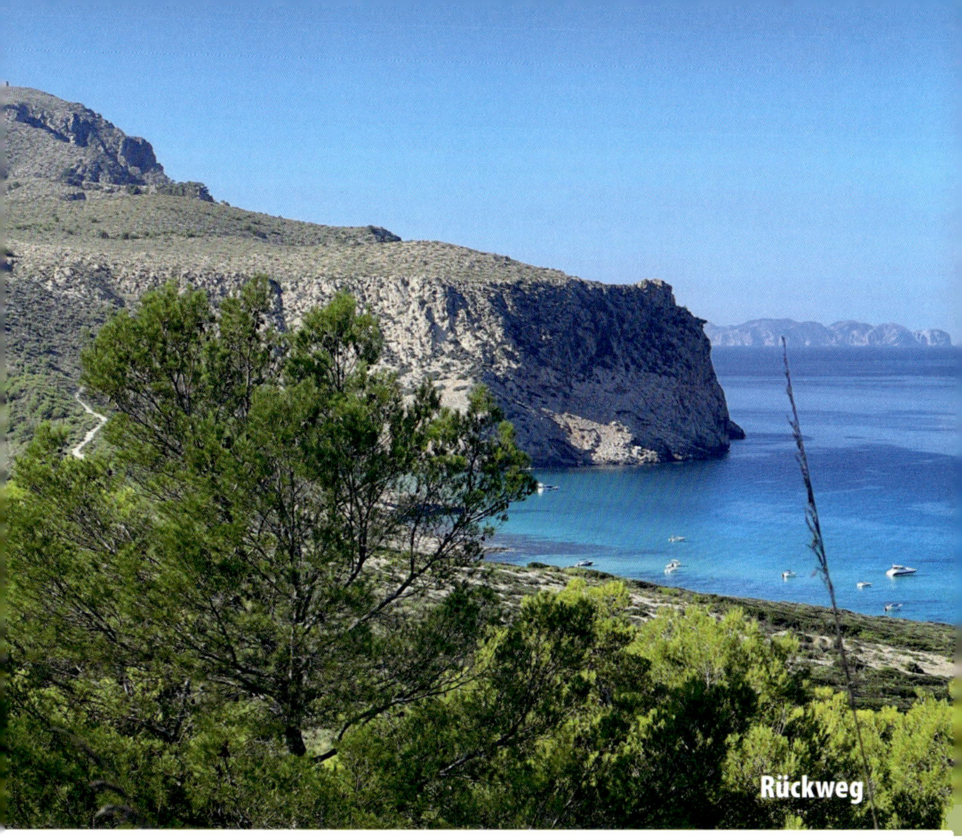

durchqueren einen hübschen Olivenhain. Wunderbare alte Bäume mit in sich verschlungenen Stämmen. Der Weg ist breit und angenehm, es geht leicht bergab.

Wir wandern durch das Tal, das der Lauf des **Torrent des Niu** geformt hat, und müssen irgendwann auch wieder bergauf. Gemächlich, nicht steil. Je nach Jahreszeit hören wir das Wasser leise neben uns plätschern. Wir blicken über Zwergpalmen zwischen Dissgras. Noch ein Stück höher, wir drehen uns um und sehen in der Ferne wieder das Meer. Und tatsächlich, keine Fata Morgana, dort am Horizont ist Land in Sicht! Die kleine Schwester **Menorca** so nah.

Wir erreichen das verlassene Anwesen **Es Verger** 6 und damit unser letztes Teilstück, die **Route 1 „S'Alqueria Vella – Es Verger".** Hier sprudelt eine Quelle, die vermutlich auch der Grund ist, warum Menschen sich hier niederließen. Wir legen eine kurze letzte

*Das **Flechten** mit Wedeln der Zwergpalmen war früher Beschäftigung fast aller Frauen der Insel. Auch heute noch sind traditionell geflochtene Körbe, Taschen oder Hüte beliebt und auf den Märkten zu finden. Der Naturpark bietet regelmäßig Flechtkurse an.*

Auszeittour 1

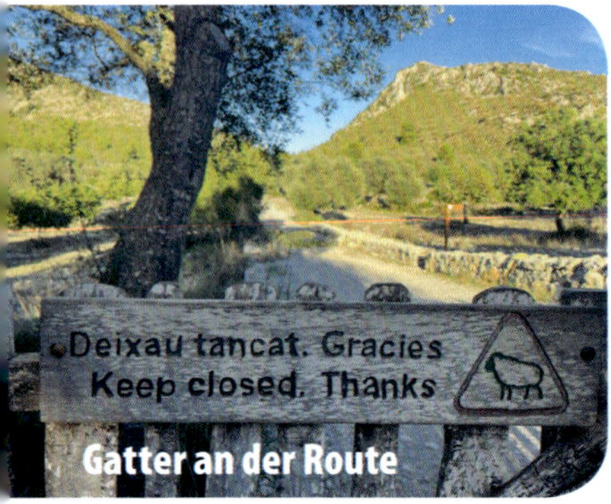

Gatter an der Route

Pause ein und lassen das erfrischende Wasser über Hände und Arme laufen.

Auf zum Endspurt, noch 35 Minuten bis zum Ziel. Konzentrieren wir uns noch einmal auf die Ruhe ringsum. Ein Holztor markiert das Ende des Tals, wir schreiten hindurch, erfüllt und dankbar für die Schönheit der Natur, die wir erfahren durften. Die Sonne steht schon tief. Auf dem letzten Stück laufen wir über Kulturterrassen mit Oliven, Mandel- und Johannisbrotbäumen, dazwischen Feigen. Ein paar Schafe beäugen uns neugierig. Und dann, ein letztes Türchen, der Parkplatz ist in Sicht. Geschafft!

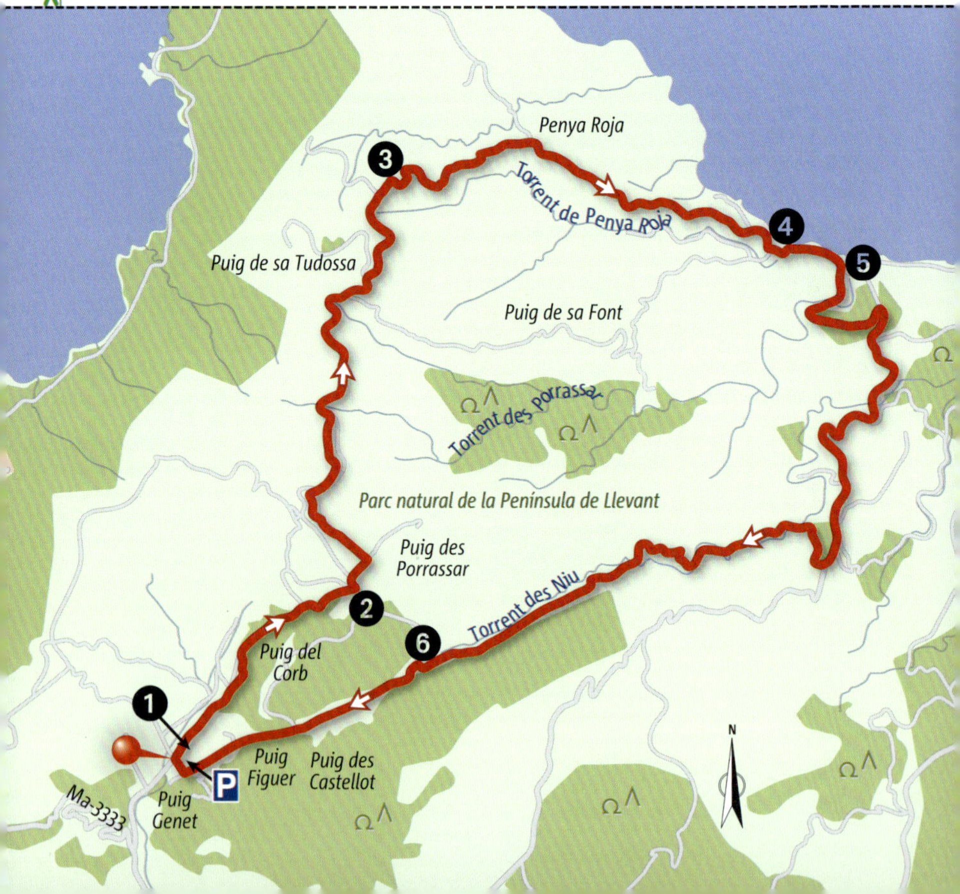

Entspannung ★★☆☆☆
Genuss ★★★☆☆
Romantik ★★★★★

WIE & WANN:
Eine mittelschwere, jedoch lange Entdeckungstour entlang beschilderter Pfade und gepflegter Wege durch ein Naturschutzgebiet. Die beste Zeit dafür ist von September bis Juni. In der Sommerhitze sollten wir hier nicht wandern, denn es gibt kaum Schatten.

HIN & WEG:
Auto: Besucherzentrum Parc natural de la Península de Llevant, Carretera MA-3333, Kilometer 4,7, 07570 Artà (GPS: 39.7365, 3.3348)
ÖPNV: Leider keine Busanbindung an die Strecke

ESSEN & ENTSPANNEN:
Bitte unbedingt an ausreichend Proviant denken! Im Naturpark gibt es am Besucherzentrum nur einen Getränkeautomaten.

ENTDECKEN & ERLEBEN:
Besucherzentrum S'Alqueria Vella ❶ Carretera MA-3333, Kilometer 4,7, 07570 Artà, Tel. +34 606 09 68 30, parcnaturaldellevant.blogspot.com
Campament dels Soldats ❷
TUI Wald ❸
Arenalet des Verger ❹
Cala de sa Font Salada ❺
Es Verger ❻

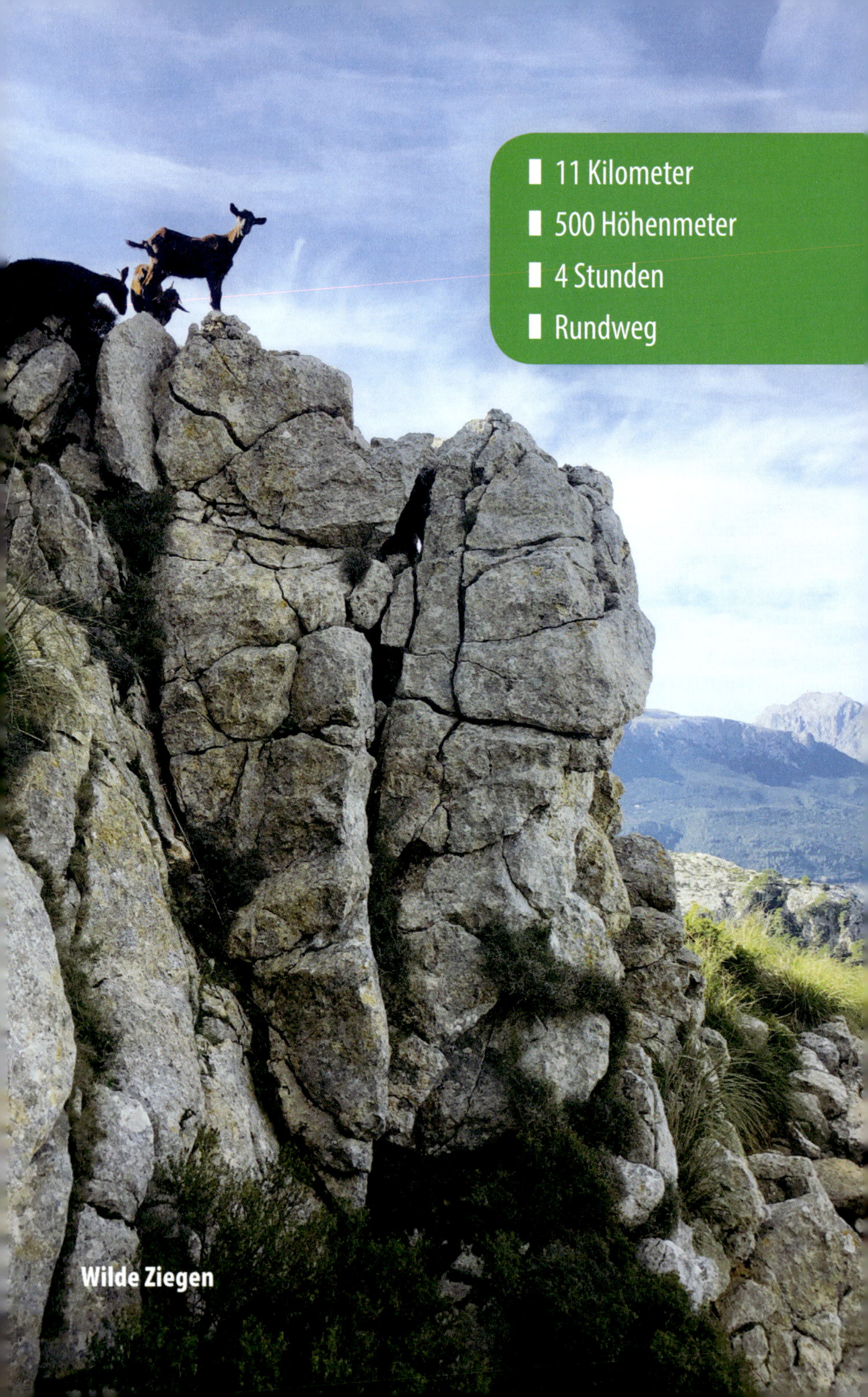

- 11 Kilometer
- 500 Höhenmeter
- 4 Stunden
- Rundweg

Wilde Ziegen

Klostermedizin

Rund um das Santuari de Lluc

Ja, es ist wahr, dass wir Klöster und Heiligtümer immer an außergewöhnlichen, energetischen Orten finden. Das **Santuari de Lluc** liegt eingebettet in einem abgeschiedenen Tal der Serra de Tramuntana. Ein besonderer Platz, dem Lucus, der heilige Wald, seinen Namen verlieh. Hier, wo der Überlieferung nach im 13. Jahrhundert ein Hirtenjunge das Bildnis der Heiligen Jungfrau fand. Und nach einiger Verwirrung, weil das Bildnis stets verschwand, um am Fundort wieder aufzutauchen, beschloss man, hier wirkten geheimnisvolle Kräfte. Lassen wir uns doch einfach verzaubern und kommen nach Lluc! Vielleicht können wir es ja spüren, das Leben ist voller Magie.

*Die **Serra de Tramuntana** wurde von der UNESCO zum Weltkulturerbe erklärt. Dazu gehören die unzähligen Trockensteinmauern, Terrassen und die Bewässerungskanäle ebenso wie die alten Landgüter und auch Lluc als spirituelles Zentrum.*

Lluc ist sehr beliebt bei Wanderern. Aber es kommen auch Ausflügler in Bussen und Rennradfahrer. Es könnte sein, dass wir – je nach Tageszeit oder Saison – alles andere als allein sind. Doch keine Sorge, nur wenige Schritte hinter dem Klosterhof ist aller Touristenlärm verschwunden.

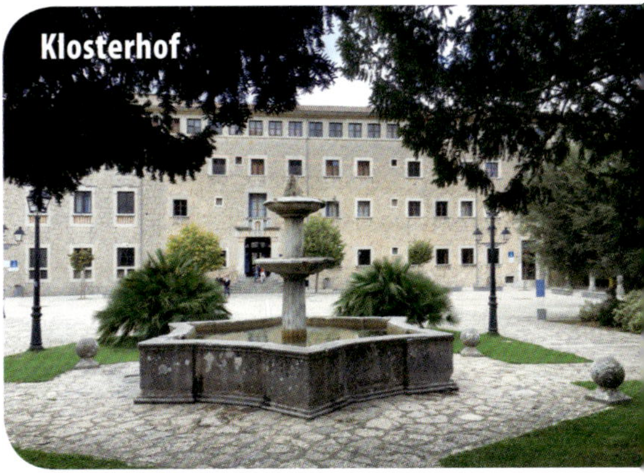
Klosterhof

Die **Plaça dels Peregrins ①,** Pilgerplatz und Klosterhof, verlassen wir durch den Torbogen zwischen dem Souvenirladen und dem Gang mit den Pilgerzellen. Es gibt später in der imposanten Anlage noch viel zu sehen, wir sollten unbedingt einen ganzen Tag für unseren Ausflug einplanen

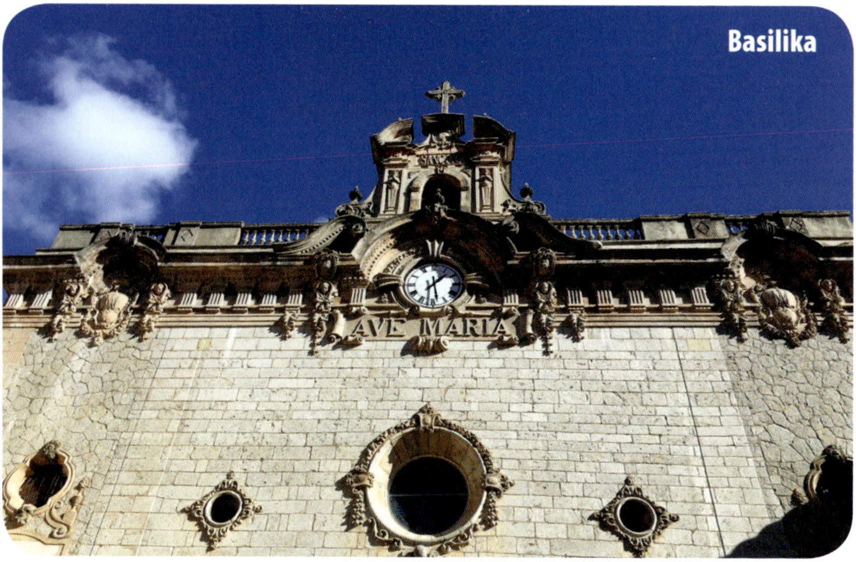

***Lluc** ist nicht nur eine Wallfahrtsstätte, sondern gleichzeitig der Sitz der Gemeindeverwaltung von Escorca, eine Herberge und eine Sängerschule mit Internat. Der Chor der „Blauets" singt seit seiner Gründung 1531 ununterbrochen täglich.*

und uns nach dem Wandern die Zeit nehmen, einen Blick in die ehrwürdigen Gemäuer und die **Basilika mit der Schwarzen Madonna** ❷ zu werfen. Nach etwa 70 Metern sehen wir auf der linken Seite den Zugang zu einem kleinen, gehegten **Botanischen Garten** ❸, der zu einer Kurzvisite einlädt, falls uns der Sinn nach hübsch arrangierten Pflanzen und Kräutern in ihrer natürlichen Umgebung steht, bevor wir endgültig in die wilde Natur aufbrechen.

Wir lassen die Klosteranlage hinter uns, nach nur 150 Metern gibt es einen Abzweig mit einer Wandertafel. Hier gehen wir nach links und laufen bis zum Sportplatz, wo wir in der linken hinteren Ecke eine Tür im Zaun finden und dahinter den Anfang eines breiten, geraden Wanderwegs. Das ist die **Carretera Vella,** die uralte Trasse, die seit dem 14. Jahrhundert Pollença und Lluc verbindet. Damals zu Pferd, mit Eselskarren oder zu Fuß. Heutzutage auch noch zu Fuß, zum Vergnügen. Die Trasse ist nachher unser Rückweg, jetzt nehmen wir mit der **schmalen Holzbrücke**

Für die Seele

Auf Waldwegen und verwunschenen Pfaden zu Füßen der höchsten Gipfel Mallorcas genießen wir die heilsame, wunderbare Bergwelt um Mallorcas Heiligtum.

vorlieb, die sich über ein unscheinbares Bachbett spannt. Das ist der **Torrent de Lluc** und es ist kaum zu glauben, dass er in ein paar Kilometern zur gigantischen Schlucht **Torrent de Pareis** mutiert und bei Sa Calobra ins Meer fließt.

*Jedes Mal, wenn es regnet, löst das Wasser einen Teil des Kalkgesteins der Felsen. Ganz langsam, aber stetig. So entstehen die **Karstformationen**, von Wasser geformte Felsen.*

Kaum haben wir die Brücke überquert, sind wir in einer anderen Welt! Steigen auf einem Waldpfad mit Stufen durch einen gigantischen Steingarten mit beeindruckenden **Karstformationen,** vom Regen geformte steinerne Gebilde. Schlüpfen hindurch unter den Ästen der Steineichen, die direkt aus den Felsen wachsen. Da staunen wir nicht schlecht! Wir kommen nach einer Weile zu einer Sitja, zu einem Köhlerplatz. Ein Schild zeigt nach rechts: **„Es Camell" ④.** Wir sind neugierig und lassen uns gern vom Weg abbringen. Nur ein paar Minuten und wir stehen vor dem riesigen „Kamel" aus Stein, das fast aus dem Wald herausragt. Es hat nur einen Höcker und sollte wohl eher „Dromedar" heißen. Wir wollen jedoch an so einem schönen Tag nicht kleinlich sein und betrachten das Tierchen ausgiebig aus allen Richtungen. Es kann sein, dass sich im Felslabyrinth ringsum noch mehr Fantasiewesen und bizarre Kunstwerke verbergen, an denen wir uns erfreuen können. Schauen wir uns um.

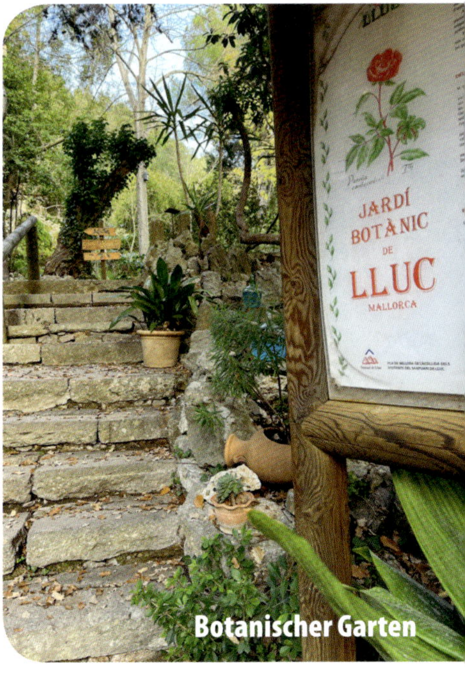

Botanischer Garten

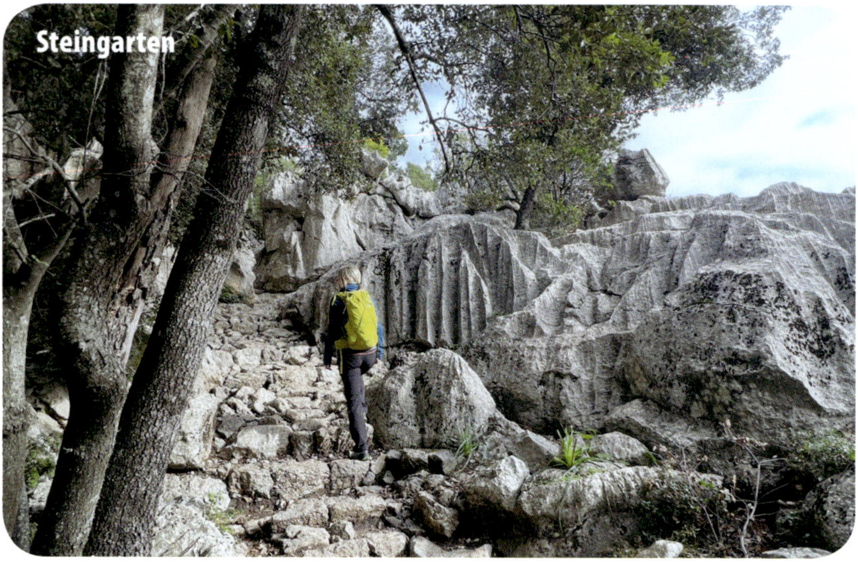

Im Winter ist es hier in der Gegend so kalt, dass **Schnee** keine Seltenheit ist. Und wenn man der Statistik Glauben schenken darf, ist Lluc im Jahresschnitt einer der kältesten Orte Mallorcas.

Zurück auf dem Pfad erreichen wir bald eine beschilderte Gabelung. Links oder rechts? Wir entscheiden uns für links, nach **Es Pixarells.** Dann kommt die Sonne ins Spiel, der lichter werdende Wald lässt ihre Strahlen hindurch. Wir erreichen den Aussichtspunkt **Mirador Es Pixarells ❺.** Auf der Steinbank können wir einen Moment verweilen und den Blick über das Tal vor uns und das lang gestreckte Bergmassiv dahinter auskosten. Der breite Berg links ist der Puig Roig (1003 Meter) und rechts davon der Puig Caragoler de Femenia (920 Meter).

Das Säuseln des Windes durchbricht die Stille und lockt uns weiter. Der Weg führt kurvig durch verwilderte Oliventerrassen nach unten ins Tal. Und da unten wartet noch etwas anderes auf uns: ein mit Moos durchwachsener, verwunschener Wald, er könnte die Kulisse für einen Märchenfilm sein. Wir spüren den Zauber in der Luft, hier müssen Waldgeister und Elfen wohnen! Die alten Bäume scheinen uns zu umarmen. Oder wir sie. Wir überlassen ihnen unsere Sorgen und

Ängste. Schon längst ist wissenschaftlich bewiesen, welche Kraftquelle ein Wald ist.

Langsam ziehen wir weiter, es geht bald bergauf und wir nähern uns dem **Picknickplatz Es Pixarells ❻.** Mallorquiner lieben Picknick im Wald. Es gibt unzählige solcher Plätze in den Bergen, wo Familien und Freunde sich an den Wochenenden treffen.

Danach mündet unser Weg auf die **Straße MA-10** und wir müssen jetzt leider ein Stück auf dieser Straße nach links wandern. Es gibt als Alternative nur einen verlorenen Weg durch das Waldlabyrinth, doch wer sich da verläuft, ist ebenso verloren. Die Straße ist besser und es sind nur 350 Meter! Wir gehen am linken Straßenrand, bis wir auf der rechten Straßenseite eine Einfahrt sehen, sie führt auf den nächsten Picknickplatz namens Menut. Wir bleiben links, verlassen jedoch den Asphalt, um auf einem zunächst unscheinbaren Pfad parallel zur Straße weiterzugehen. Die Straße senkt sich neben uns ab, wir können von oben hinunter auf die Fahrbahn sehen und keine 100 Meter weiter wird unser Weg breiter und ist

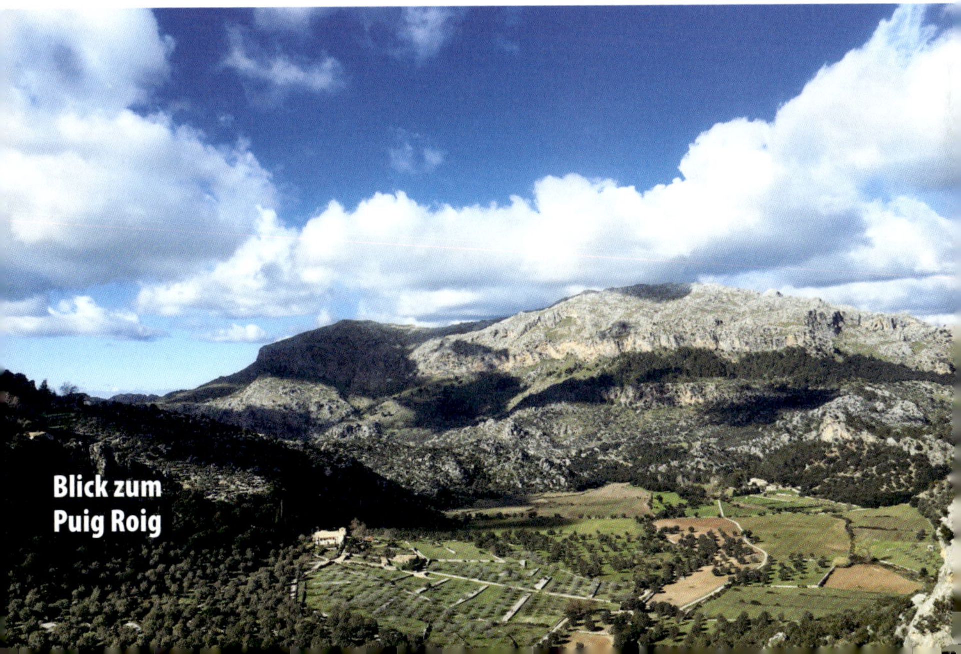

Blick zum Puig Roig

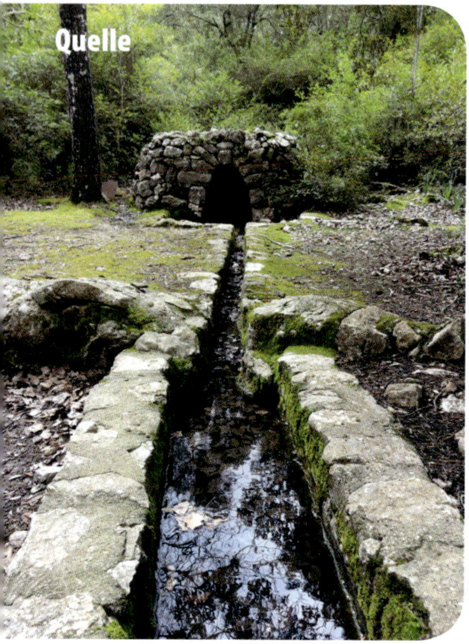

mit Steinen eingefasst. Nach zwei Serpentinen erreichen wir einen Spielplatz und sehen hinter Rutsche und Schaukel eine **Straßenunterführung** im Hang, wo wir auf die andere Seite wechseln und uns dort nach links wenden. Nach wenigen Schritten gelangen wir an ein Tor, das einen Weg nach rechts verschließt. Wir überwinden das Hindernis mittels Überstieg, schmale Wanderer können sich auch links am Tor vorbeizwängen.

Wir sind jetzt auf einem breiten, **bequemen Waldwanderweg,** gesäumt mit Heidekraut und Myrte und in zweiter Reihe einigen Kiefern, durch deren Wipfel wir den massigen Puig Tomir, 1103 Meter hoch, mit seinen Geröllfeldern sehen. Wir bleiben ein gutes Stück auf diesem Weg, es geht mal leicht auf und dann wieder ab, richtige Abzweige gibt es nicht. Nach ungefähr 800 Metern neigt sich der Weg nach links und wir erblicken eine Schutzhütte im Wald. Auf der rechten Seite in der Kurve liegt die **Quelle Font de sa Coma de Binifaldó 7,** die ganzjährig fließt. Manchmal sprudelt so viel Wasser, dass rundherum alles aufweicht.

Wir gehen an der Hütte vorbei und stapfen nun auf unserem Wanderweg bergauf. Aus Kiefern- ist wieder ein Steineichenwald geworden, er ähnelt dem, den wir von vorhin kennen. Mit bemoosten Felsen und dem gleichen betörenden Duft nach schwerer Erde. 600 Meter weiter treten wir ins Freie, der Felsklotz Tomir fast zum Greifen nah. Wie es wohl ist, da oben auf dem Gipfel zu stehen? Sollten wir es mal wagen? In unserem Alltag hätten wir für solche Vorhaben eine To-do-Liste, doch nicht hier und nicht heute! Wir freuen uns lieber über das Nicht-Müssen, das Entschleunigen in dieser unaufgeregten Natur.

Wir stoßen auf den Fernwanderweg GR 221, links geht es nach Pollença, doch wir wollen zurück nach Lluc und gehen nach rechts. Die nächste Überraschung der Natur wartet schon auf uns: eine Gruppe von drei sehr mächtigen Steineichen auf der rechten Seite. Die größte ist die **Alzina d'en Pere 8**, ein 500 Jahre altes Exemplar, 20 Meter hoch. Hier lohnt es sich, die Rucksäcke abzustellen und für eine Weile die Ruhe des alten Baumes in sich aufzunehmen.

Das alte Gehöft auf der linken Seite heißt **Binifaldó.** Hier teilt sich der Weg abermals, wir verlassen den GR 221 wieder und biegen nach rechts zur **Carretera Vella** ab. Wir brauchen für einige Zeit nicht mehr aufzupassen und können voll und ganz die herrliche Landschaft und den Wald genießen. Nach knapp 2 Kilometern passieren wir das Gelände mit Gebäuden des **balearischen Forstzentrums 9** und werden kurz darauf von einem Wegweiser nach links in Richtung Lluc schickt. Wir müssen noch einmal die Straße Ma-10 queren und finden auf der anderen Seite die

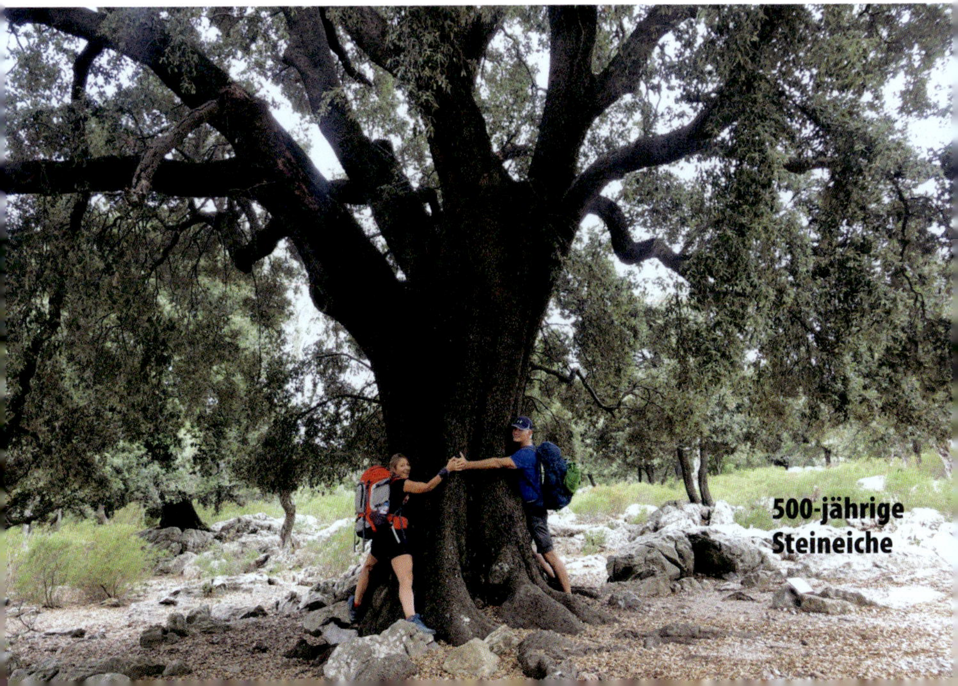

500-jährige Steineiche

Auszeittour 2

Fortsetzung der **Carretera Vella** in ihrer ursprünglichen Form. Ohne Asphalt und nur mit mal mehr, mal weniger feinem Geröll bedeckt. Die alte Landstraße aus dem Mittelalter wurde 1337 zum ersten Mal erwähnt. Früher hieß sie **Camí del Rei,** „Weg des Königs". Unsere inzwischen etwas müden Füße müssen vorsichtig auf den unebenen, historischen Grund auftreten, damit sie nicht ins Stolpern kommen.

Nach einer halben Stunde erkennen wir vor uns schließlich die Stelle mit der Holzbrücke wieder. Wir gehen leichtfüßig das letzte Stück zum Klosterhof zurück, wo uns im **Café sa Plaça** ⑩ eine Vielfalt an köstlichen Kuchen erwartet, sollte uns der Sinn nach einem süßen Tourabschluss stehen.

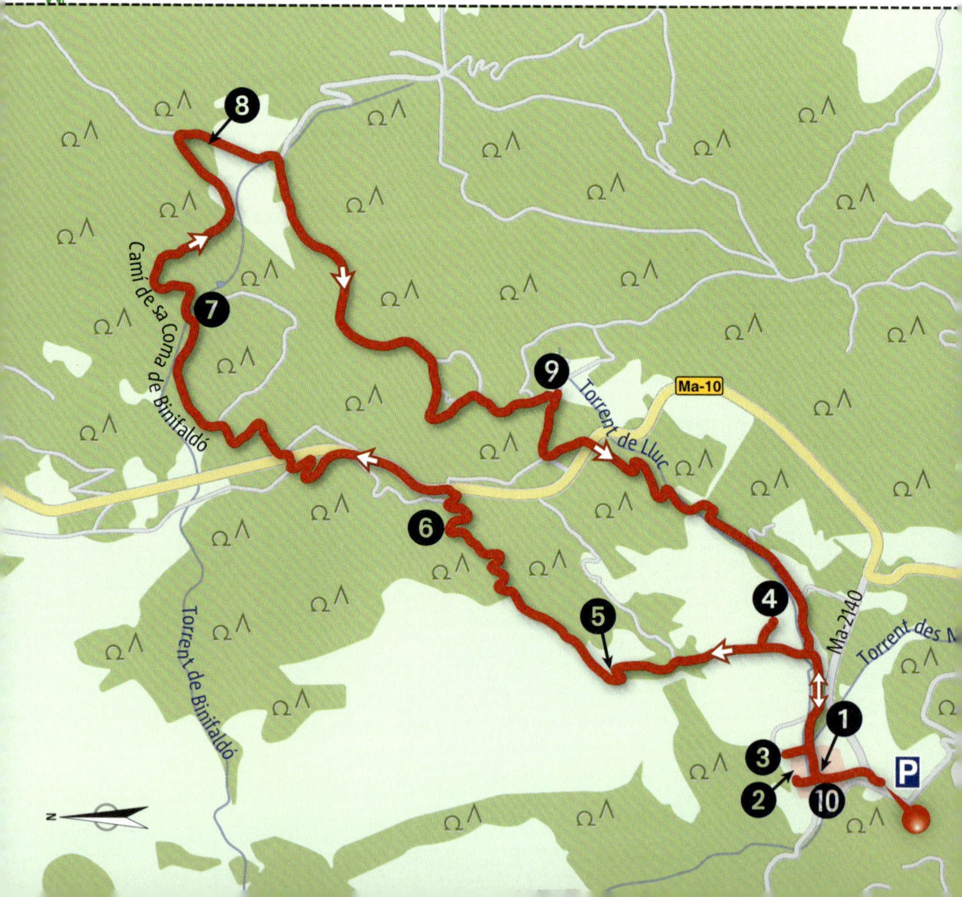

Alles auf einen Blick

Entspannung ✱✱✱✱✱
Genuss ✱✱✱✱✱
Romantik ✱✱✱✱✱

WIE & WANN:
Wir wandern auf relativ gut markierten Pfaden und Waldwegen, die zum Erkunden einladen. Die Orientierung wird durch die Verwendung des GPS-Tracks deutlich erleichtert. Diese Tour bietet uns das ganze Jahr über die Möglichkeit, in die Stille der Umgebung einzutauchen, jede Jahreszeit enthüllt ihre eigenen faszinierenden Facetten.

HIN & WEG:
Auto: Öffentlicher Parkplatz Santuari de Lluc, gebührenpflichtig, 07315 Lluc (GPS: 39.82061, 2.884532)
ÖPNV: Haltestelle Lluc, Busse 231 und 312

ESSEN & ENTSPANNEN:
Café sa Plaça ❿ Plaça Peregrins 14, 07315 Lluc, Tel. +34 971 51 70 24

ENTDECKEN & ERLEBEN:
Klosterhof Plaça dels Peregrins ❶
Basilika mit Marienstatue ❷
Botanischer Garten ❸
Karstformation Es Camell ❹
Mirador Es Pixarells ❺
Picknickplatz Es Pixarells ❻
Quelle Font de sa Coma de Binifaldó ❼
Steineiche Alzina d'en Pere ❽
Balearisches Forstzentrum ❾

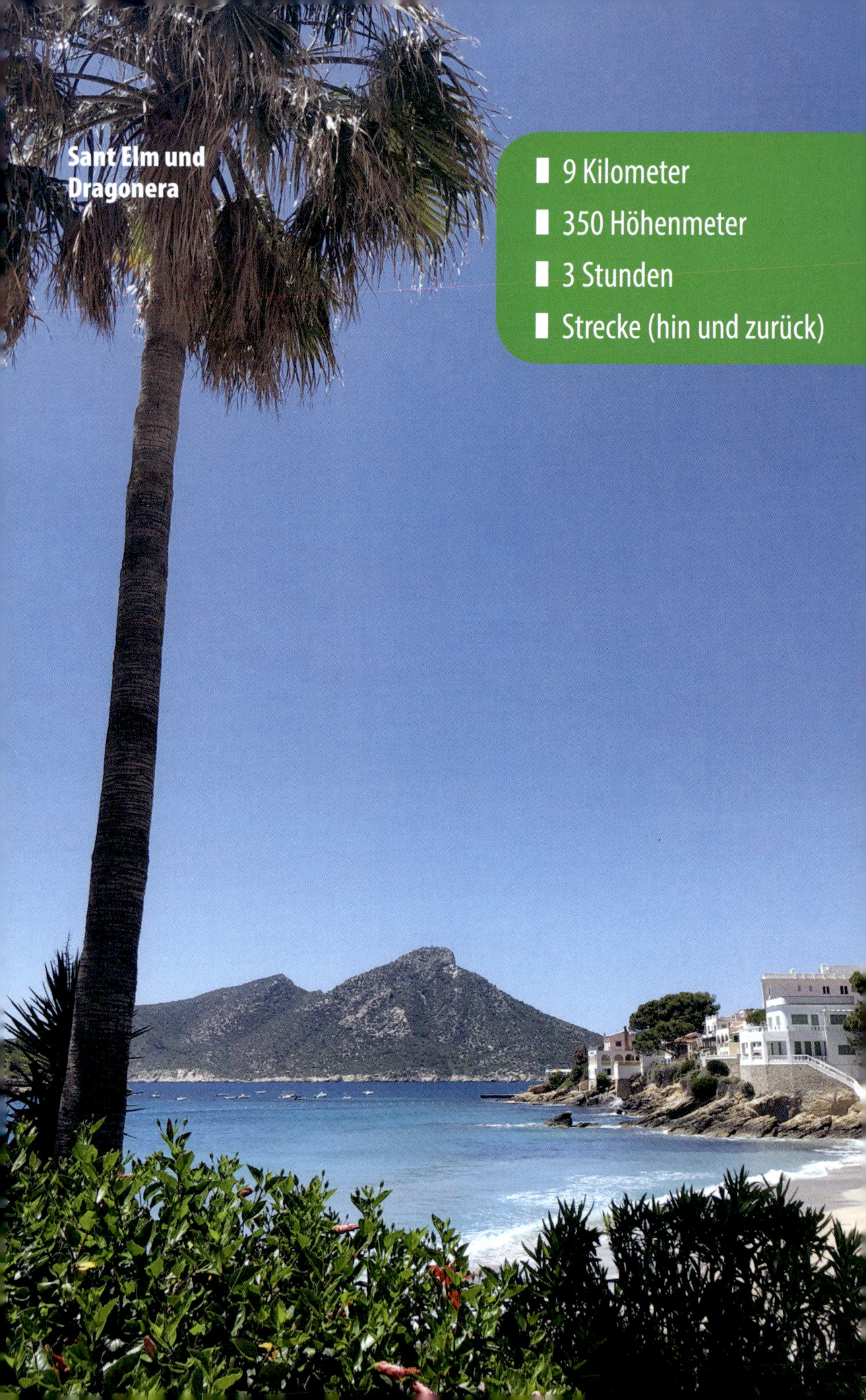
Sant Elm und Dragonera
9 Kilometer
350 Höhenmeter
3 Stunden
Strecke (hin und zurück)

Piratenversteck

Überfahrt zur Dracheninsel

Auf einer einsamen Insel vor der Südwestküste Mallorcas, wo im 16. Jahrhundert Piraten und andere unliebsame Gestalten ihre Raubzüge vorbereiteten, verbirgt sich heute ein herrliches Naturparadies, das von der Balearen-Regierung offiziell zum „Parc Natural de sa Dragonera " erklärt wurde. Keine Autos, keine Bebauung, dafür verträumte Idylle und eine facettenreiche Tier- und Pflanzenwelt.

Die kleine **Fähre Margarita** schippert uns Wanderer durch den **Meereskanal Es Freu** ❶ auf das nahe Eiland mit der markanten Felssilhouette, die manch einen an die Umrisse eines riesigen Drachens erinnert. Die Überfahrt ist kurzweilig und manchmal kreuzen sogar Delfine den Weg der Boote durch die Meerenge zwischen Mallorca und Sa Dragonera.

Wir gehen im Naturhafen der **Cala Lledó** ❷ an Land. Die geschützte Bucht mit dem Bootsanleger und einem Strand aus groben Kieseln liegt relativ in der Mitte der 4 Kilometer langen und nur 900 Meter schmalen Insel. Direkt hinter dem Anleger gibt es ein **Besucherzentrum** mit Ausgangspunkt vier markierter Wanderwege: Weg Nummer 1 heißt „Na Miranda" und ist ein Minirundweg von nur 20 Minuten Dauer. Nummer 2 führt zum Nordzipfel mit dem Leuchtturm Far de Tramuntana.

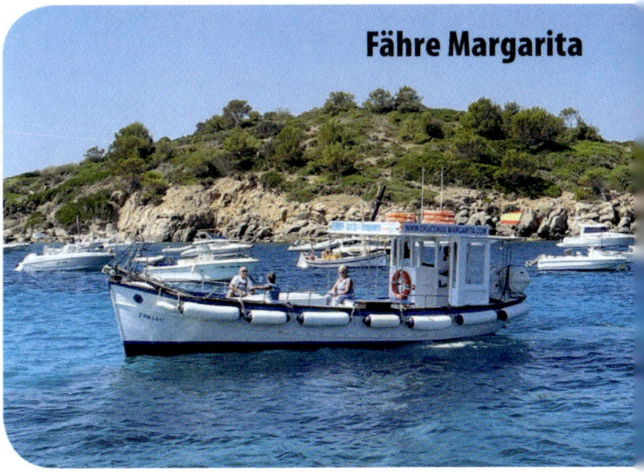

Fähre Margarita

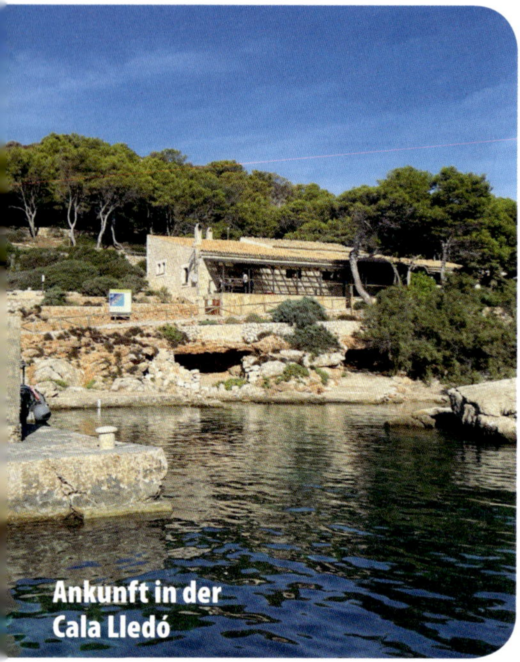

Ankunft in der Cala Lledó

Nummer 3 hat ebenso einen Leuchtturm zum Ziel, den Far de Llebeig an der gegenüberliegenden Inselspitze im Südwesten.

Widmen wir uns dem **Weg Nummer 4!** Er ist der schönste und bringt uns zum zackigen Gipfel Na Pópia mit dem alten Leuchtturm Far Vell, was einfach „alter Leuchtturm“ bedeutet, 353 Meter über dem Meer. Wir orientieren uns an den Wegweisern, gehen an der ersten Gabelung nach links in südliche Richtung und nach rund 400 Metern am nächsten Abzweig nach rechts. Von nun an gibt es nur noch diesen einen Weg. Wir können unsere ganze Aufmerksamkeit der faszinierenden Umgebung widmen. „Nature Reality“ statt „Virtual Reality“ gewissermaßen, wir brauchen nur zwei Augen. Sehen blühende Wiesen zwischen Trockenmauern, Zwergpalmen und Zistrosen, Rosmarin und Ginster. Hier und da entdecken wir wilde Orchideen am Wegesrand. Mit jedem Schritt schärfen sich unsere Sinne für die Natur.

*Der Name **Dragonera** kommt vom mallorquinischen Wort „Dragó“, was „Echse“ bedeutet. Also nicht, wie viele Touristen glauben, von der Drachenform der Insel.*

Die graugrünen flinken Eidechsen, die auf Sa Dragonera in sämtlichen Fugen und Ritzen zu Hunderttausenden wohnen, sind eine endemische Unterart der Balearen-Eidechse. Die „Sargantanes“, wie die Mallorquiner sie nennen, rascheln und wuseln überall herum; sie sind an die Touristen gewöhnt und manche lassen sich sogar anfassen. Auch nicht zu übersehen, und schon gar nicht zu überhören, sind die vielen Möwen. Lachmöwen und Korallenmöwen sind auf Dragonera heimisch. Ein bisschen mehr Aufmerksamkeit und Geduld ist notwendig, um die scheuen Falken zu beobachten. Auf der Insel brüten Wanderfalken, Turmfal-

Für die Seele

Auf der unbewohnten Insel Sa Dragonera fühlen wir uns wie Entdecker und wandern begleitet von Möwengesang und dem Rascheln unzähliger Balearen-Eidechsen.

ken und ebenso Eleonorenfalken, die hier die größte Brutkolonie im westlichen Mittelmeer haben.

Nach 15 Minuten passieren wir die abgeschiedene **Caseta des Tancat ❸,** eine hübsch restaurierte landwirtschaftliche Hütte, umgeben von terrassiertem Kulturland mit Feldern, Mandel- und Johannisbrotbäumen. Vor Jahrhunderten war es auf Dragonera weniger idyllisch. Beliebt war die Insel bei Piraten, die hier ihr Diebesgut verstecken und dank ausreichend Quellwasservorkommen ihren Durst stillen konnten. Später, bis weit ins 20. Jahrhundert, waren es dann die Schmuggler, die sich und ihre Waren vor der Polizei verbargen. Unter anderem hatte Joan March, der spätere Begründer der Banca March, seine Finger im

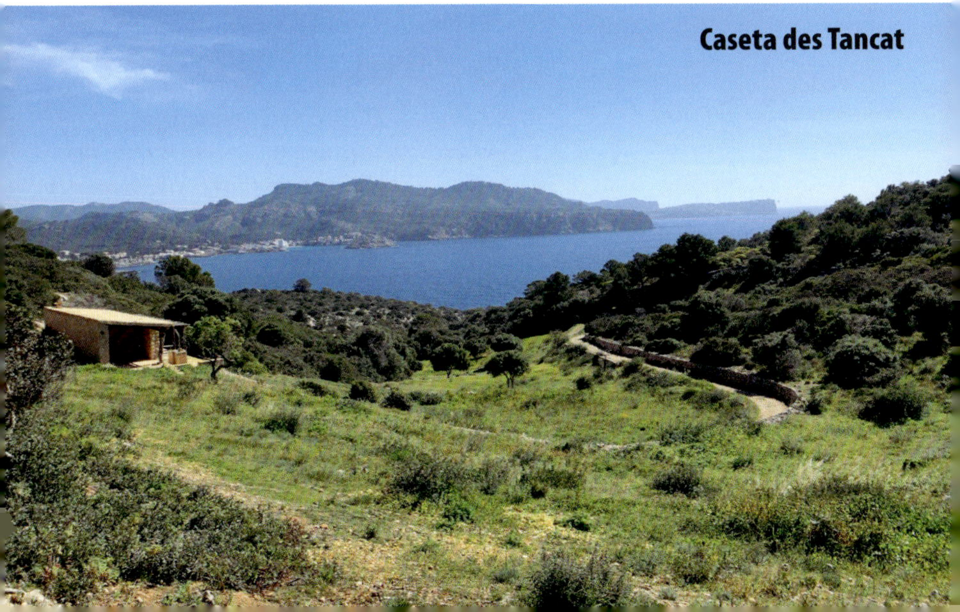
Caseta des Tancat

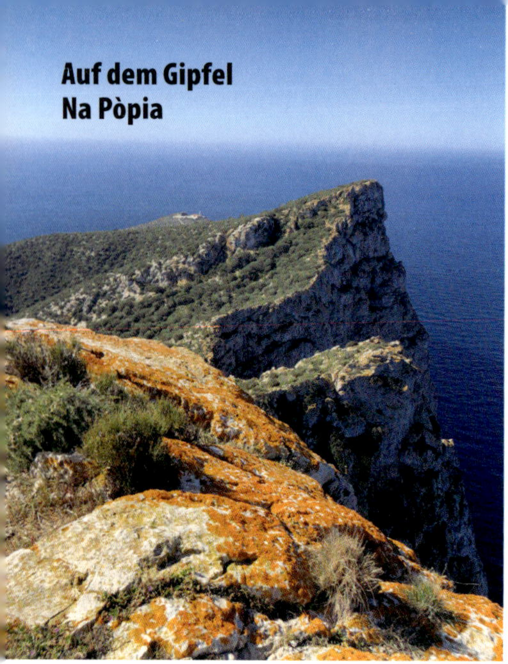

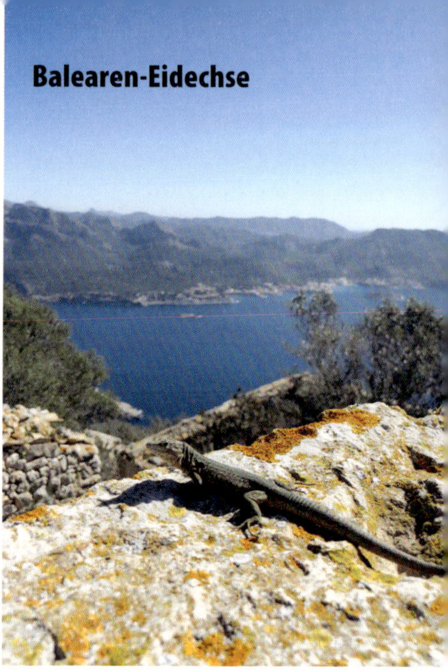

Spiel. Er kaufte 1934 die gesamte Insel, um ungestört seine Schmuggelgeschäfte abwickeln zu können.

Heute ist alles so friedlich und die Gedanken an Piraten und Schmugglerbanden sind weit weg. Doch was wäre gewesen, wenn auf Dragonera, wie in den 1970er-Jahren geplant, eine Luxusurbanisation mit 1200 Apartments, Jachthafen für 600 Boote und Hubschrauberlandeplatz entstanden wäre? Nicht auszudenken! Bausünden gibt es auf Mallorca wahrlich genug!

Unser Weg hat nach ungefähr 25 Minuten am Aussichtspunkt **Coll Roig** ❹ die ersten 100 Höhenmeter überwunden. Jetzt können wir zum ersten Mal einen Blick auf die steile Rückseite Sa Dragoneras werfen. Die Insel hat nämlich zwei ganz unterschiedliche Gesichter. An der Seite, auf der wir wandern, ist die Steigung gleichmäßig und moderat. Auf der Rückseite jedoch fallen die Felsen senkrecht zum Meer ab, als ob ein Riese eine Scheibe abgeschnitten hätte.

Bis zum Gipfel geht es nun mit angenehmer Steigung, dank Zickzack, mit vielen Wendungen durch den mit Macchie bewachsenen Hang stetig bergan. Unser Blick schweift immer wieder über das Meer.

Dann stehen wir oben am verfallenen Leuchtturm **Far de na Pòpia** ❺, an dem der Zahn der Zeit nagt. Der alte Leuchtturm wurde 1850 an der Stelle eines ehemaligen Piratenausgucks errichtet, der vorher fast 300 Jahre die Spitze Dragoneras krönte. Es war der erste Leuchtturm der Balearen und bis heute sogar der höchste ganz Spaniens. Seit über 100 Jahren, genauer gesagt seit 1910, ist er schon nicht mehr in Betrieb, weil sich herausstellte, dass er zu oft von Nebel und Wolken verhüllt war. Deshalb wurden an den Inselspitzen im Norden und Südwesten zwei neue Leuchttürme erbaut. Die beiden erfüllen bis heute ihren Zweck, inzwischen mit neuester Technik ausgestattet. Den alten Leuchtturm brauchte man nicht mehr. Wind und Wetter ausgesetzt verfällt er langsam.

Wir können aus 353 Metern Höhe die wunderbare Aussicht bewundern. In Richtung Westen liegt Mallorca zum Greifen nah: die südlichen Gipfel der Tramuntana, das Gebiet um die Klosterruine La Trapa, die Orte Sant Elm und Port d'Andratx. Bei guten

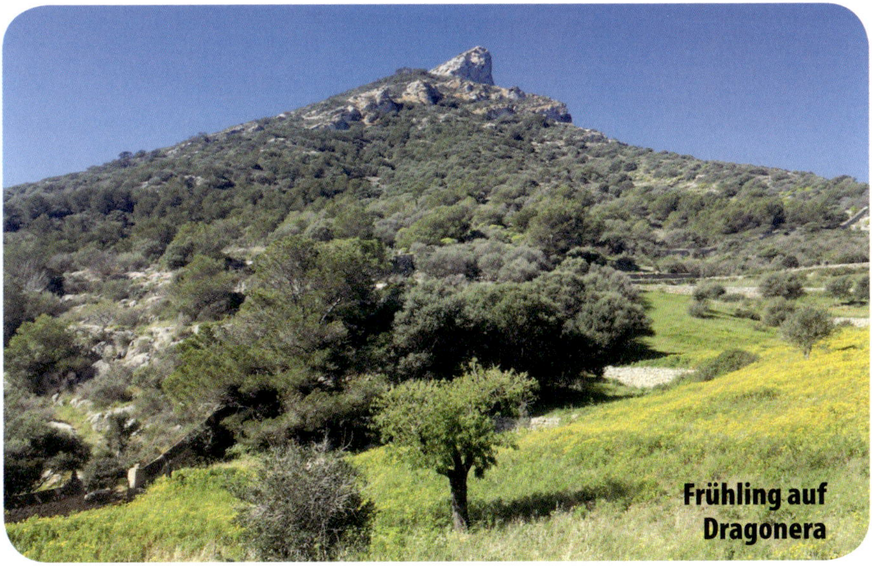

Frühling auf Dragonera

Auszeittour 3

Die Namen der Leuchttürme auf Dragonera entsprechen den katalanischen Namen der **Winde**: „Tramuntana", der starke, kalte Wind aus dem Norden. Und „Llebeig", der Südwestwind, der der Sahara entstammt und in der Regel von Sand und feinem Staub begleitet wird.

Sichtverhältnissen ist sogar die 80 Kilometer entfernte Insel Ibiza zu sehen. Wenn wir auf die Rückseite des Leuchtturmgebäudes gehen, schwebt dort eine Aussichtsterrasse über der Steilwand. Vor uns Meer, soweit das Auge reicht. Vergessen wir nicht, Ausschau nach den Falken zu halten, die in den Felswänden nisten! Vielleicht haben wir Glück. Doch das Schönste nach einem Aufstieg ist die ausgiebige Rast. Aber Vorsicht, wenn wir die Rucksäcke öffnen und etwas Essbares zum Vorschein kommt: Die frechen Eidechsen sind schnell. Sind wir schneller?

Erholt und ausgeruht können wir dann unsere landschaftliche Entdeckungsreise noch einmal erleben. Nun in umgekehrter Richtung.

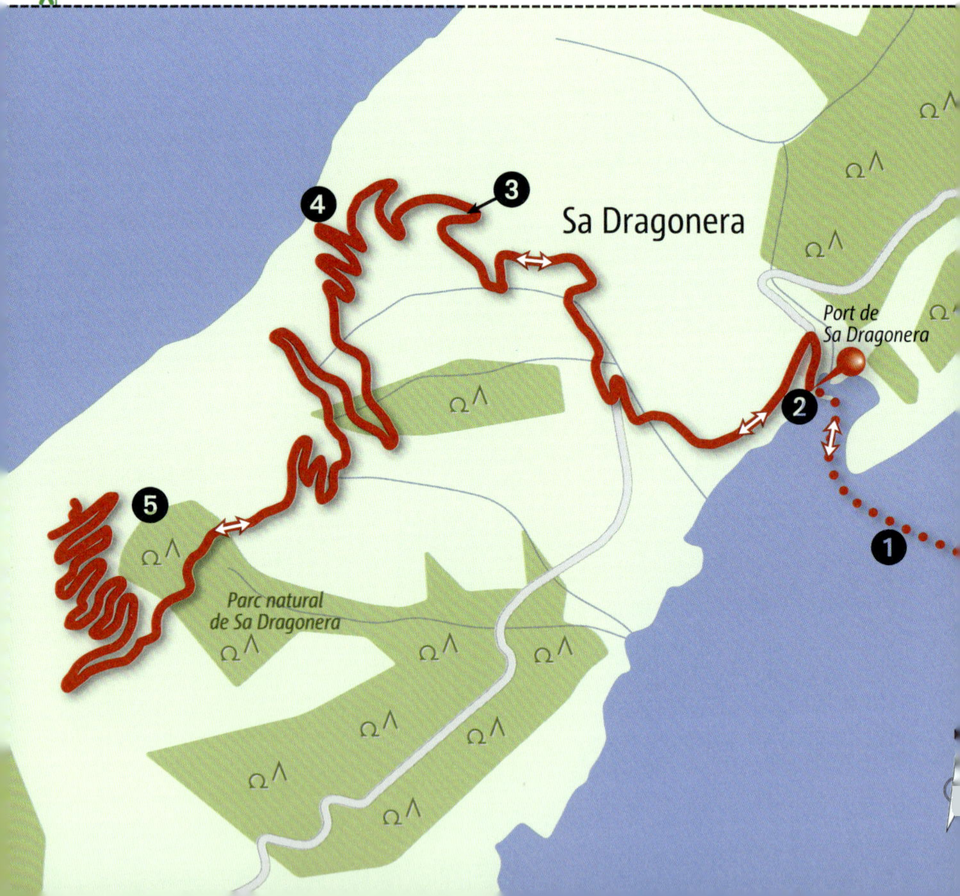

Entspannung ★★★★☆
Genuss ★★★☆☆
Romantik ★★★★☆

WIE & WANN:
Auf Dragonera erwarten uns gut beschilderte, bequeme Wanderwege. Wir sollten nur beachten, dass aufgrund der zu überwindenden Höhenmeter etwas Kondition erforderlich ist. Kein Schatten, daher nicht ratsam im Hochsommer. Die Personenfähre ab Sant Elm fährt von Februar bis Oktober.

HIN & WEG:
Auto: Parkmöglichkeiten in den Anliegerstraßen in der Nähe des Fähranlegers (GPS: 39.5788, 2.3499), zum Beispiel Carrer Cala en Basset oder Carrer sa Malea, 07159 Sant Elm
ÖPNV: Haltestelle S'Algar, Bus 121. Die Überfahrt mit der Fähre von Sant Elm nach Sa Dragonera dauert ca. 20 Minuten: Cruceros Margarita, Avenida Jaume I 29, 07159 Sant Elm, Tel. +34 638 77 90 01, www.crucerosmargarita.com (Reservierung empfehlenswert).

ESSEN & ENTSPANNEN:
Zahlreiche Einkehrmöglichkeiten in Sant Elm, zum Beispiel:
La Cocotte de Sant Elm, Carrer sa Malea 1, 07159 Sant Elm, Tel. +34 662 64 22 76, www.lacocottedesantelm.com

ENTDECKEN & ERLEBEN:
Meereskanal Es Freu ❶
Cala Lledó ❷
Caseta des Tancat ❸
Aussichtspunkt Coll Roig ❹
Leuchtturm Far de na Pòpia ❺

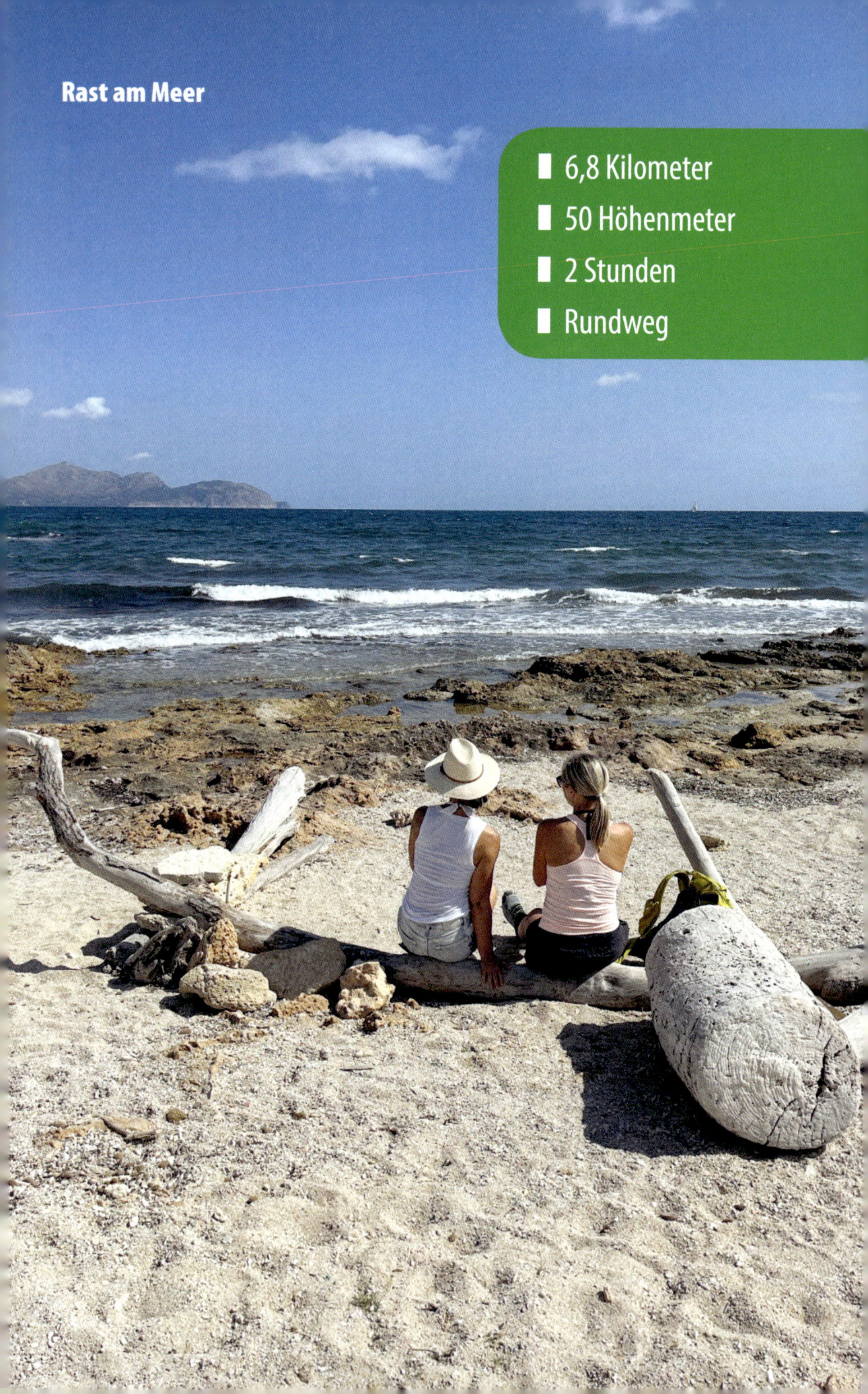

Rast am Meer

- 6,8 Kilometer
- 50 Höhenmeter
- 2 Stunden
- Rundweg

Traditionsgut

Finca Son Real bei Can Picafort

An der Landstraße zwischen Alcúdia und Artà, kurz hinter Can Picafort: Natursteinmauern um eine unscheinbare Einfahrt, dahinter eine staubige Piste, die auf eine Ansammlung von Gebäuden zuführt. Hier sind wir goldrichtig, wenn wir mallorquinische Geschichte, Archäologie und das Meer lieben. Das alte **Landgut Son Real,** 395 Hektar groß, ist in öffentlichem Besitz und empfängt uns hinter dem Parkplatz mit **Informationsbüro ❶** und einer modernen **Multimedia-Ausstellung ❷,** in der das bäuerliche Leben auf Mallorca in vergangenen Jahrhunderten sehr anschaulich präsentiert wird.

Die Strecken durch das weitläufige Gelände sind sehr gut beschildert, wir wählen zuerst die **Route mit der Nummer 4** und betreten den Bereich mit den Gehegen für die Tiere: Schafe, schwarze Schweine, Esel, Enten und Gänse. Zur rein biologischen Landwirtschaft gehören ebenso Mandel-, Feigen- und Johannisbrotbäume. Es amüsiert uns irgendwie, den schwarzen Schweinen zuzusehen, wie sie mit ihren staubigen Rüsseln gierig durch die Erde pflügen. Was die da wohl suchen? Wurzeln, Insektenlarven, Würmer? Alles. Schweine müssen wühlen und so sieht ihre Weide auch aus.

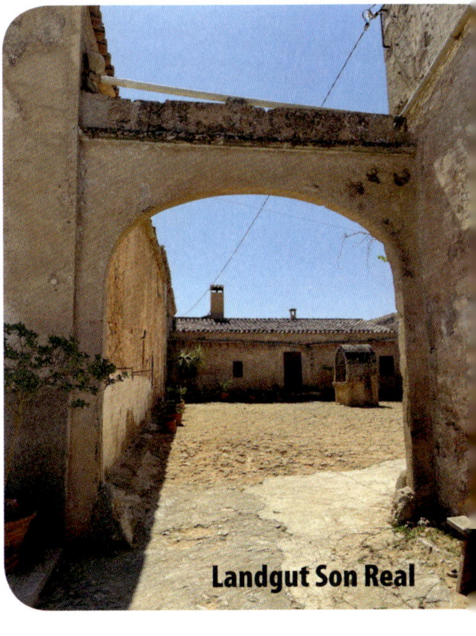

Landgut Son Real

Wir erreichen einen Hain mit wilden Olivenbäumen, der Kies knirscht

Necròpolis am Meer

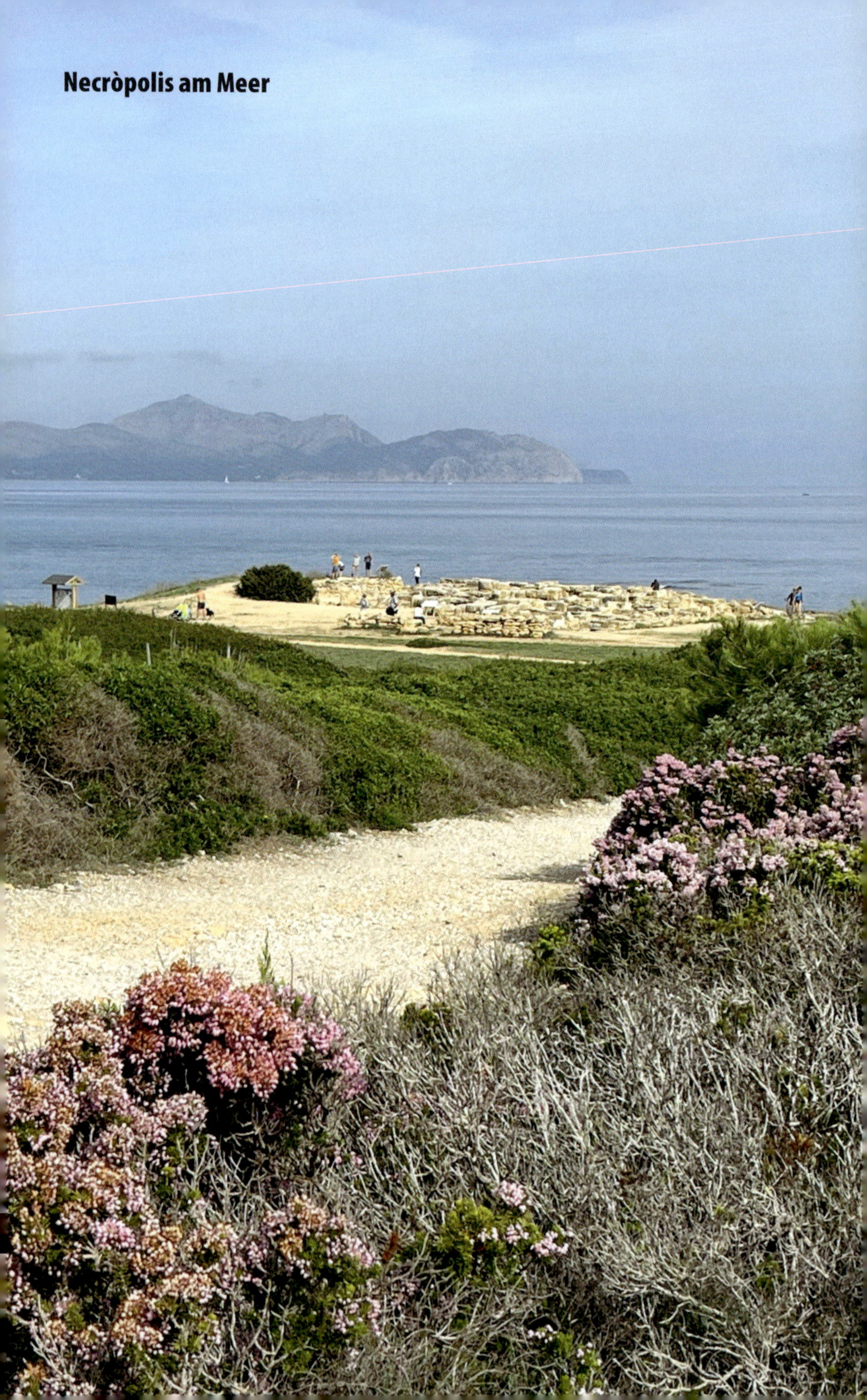

Für die Seele

In der Bucht von Alcúdia durchstreifen wir ein ehemaliges Landgut aus dem Mittelalter, dessen breite Wanderwege uns nicht nur an einsame Strände bringen.

unter unseren Sohlen, Vögel zwitschern. Pure Idylle. Nach 300 Metern schwenken wir an der Gabelung nach links und wandern auf dem breiten Weg mit der Nummer 4 durch eine Strauchlandschaft. Im Herbst erleben wir ein wunderschönes, dekoratives Farbenspiel aus rosa blühender Heide und den zartblauen Blüten des Rosmarins. Das Aroma des Mittelmeers!

Auf dem nächsten behaglichen Kilometer sind wir eingehüllt in die duftende Natur. Wir durchwandern Abschnitte mit jungen Kiefern, Baumheide, Zistrosen und Mastix. Die ganze Palette mediterraner Vegetation können wir bewundern.

Die Kiefern werden höher, wir erreichen eine Wegkreuzung und bleiben auf dem Weg Nummer 4, der nach rechts abzweigt. Ein stiller Waldweg, doch das Meer ist schon ganz nah. Auffällig sind die Äste der Kiefern. Sie sind mit Flechten übersäht, ein sicherer Indikator für saubere Luft. Nichts sonst lenkt uns ab, wir wandeln so dahin, lassen unsere Gedanken schweifen. Nach einem weiteren Kilometer stoßen wir auf den Weg mit der Nummer 3, wir bleiben jedoch unserer 4 treu. Den Wald lassen wir nun hinter uns. Niedrigere Sträucher dominieren wieder das Bild und geben den Blick in die Ferne frei. Schauen wir nach rechts, liegt dort die Landspitze des Cap Ferrutx in Sichtweite, die die weite Bucht von Alcúdia östlich begrenzt.

Direkt vor uns taucht schon bald **Necròpolis** ❸ auf, die berühmte prähistorische Grabanlage auf einer Landzunge am Meer, der **Punta des Fenicis.** Irgendwie scheint dieser Ort abgekoppelt vom Rest der Insel, als

*Auf **Son Real** gibt es Spuren menschlichen Lebens aus 4500 Jahren – aus prä-talayotischer und talayotischer Zeit, aus der Zeit der Römer, der Araber, des Mittelalters und durchgehend bis zur Gegenwart.*

ob die Toten, deren Körper in Fötusstellung mit verschnürten Armen und Beinen bestattet wurden, ihre letzte Ruhe so nah wie möglich am niemals langweiligen Meer finden sollten. Mal sanft und ruhig, bei starkem Nordwind jedoch wild und tosend. Uns kommt Thomas Mann in den Sinn: „Das Meer ist keine Landschaft, es ist das Erlebnis der Ewigkeit."

__Necròpolis__ ist eine der wichtigsten archäologischen Stätten auf Mallorca. In den 143 Gräbern wurden Knochen von mindestens 425 Personen, Schmuck, Waffen und Keramik ausgegraben.

Treten wir doch näher und schauen uns um! Die alten Steine erzählen Geschichten. Tafeln informieren über die Anlage und die archäologischen Funde.

Die Bucht von Alcúdia ist bekannt für ihre langen feinen Sandstrände. Zwei Strände liegen jetzt ganz in unserer Nähe und sind je nach Jahreszeit perfekt für eine Rast mit Badestopp. Eigentlich sind es drei, denn links liegt in einigen Hundert Metern Entfernung der Strand von Son Bauló am Rande des Touristenortes Can Picafort. Doch uns zieht es an die unberührten Stellen und wir gehen am Meeresufer nach Osten, also

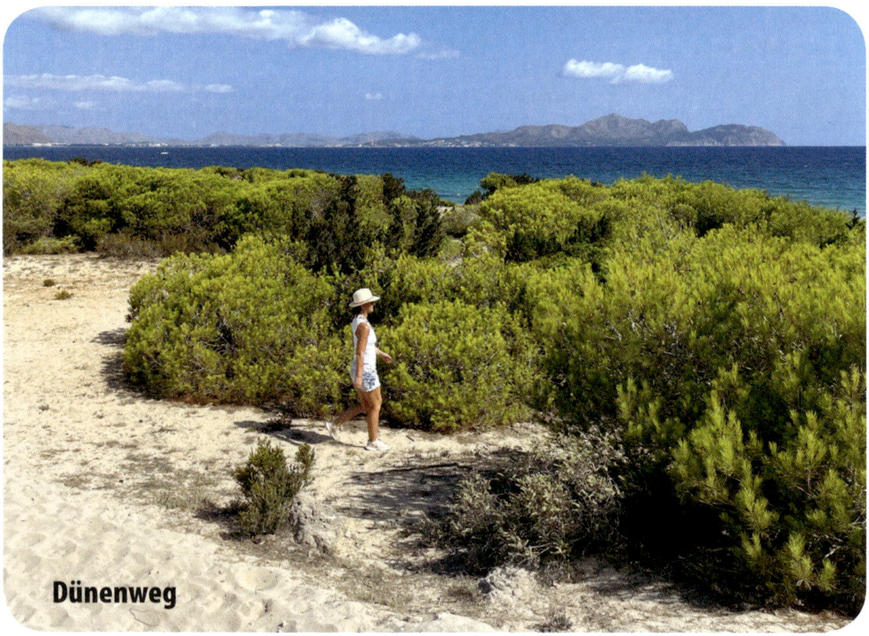

Dünenweg

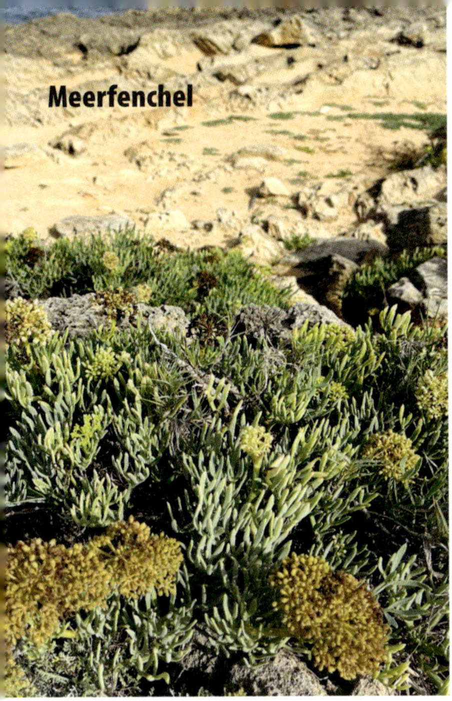

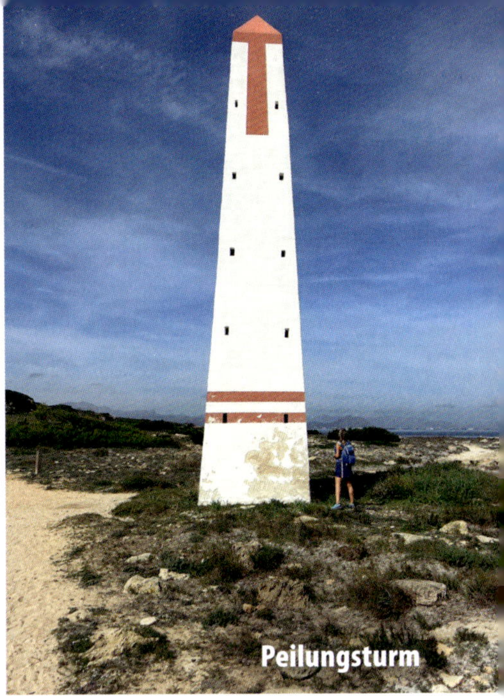

nach rechts. Wacholderbüsche und vom Wind geformte kleine Kiefern säumen die Dünen, an der flachen Küste wachsen Meerfenchel und Dünen-Trichternarzissen. Dazwischen Pfade, auf denen ein paar Strandgänger unterwegs sind. Eine Gruppe Reiter nähert sich, die Gegend ist beliebt für Ausritte am Meer.

Wir passieren einige Stellen, an denen früher der begehrte **Sandstein Marès** abgebaut wurde. Als Baumaterial für Fassaden und Mauern kommt er auch heute auf Mallorca noch zum Einsatz. Vor der Küste liegt die winzige, mysteriöse Insel **S'Illot des Porros.** Auch hier befinden sich Grabstätten, in denen menschliche Überreste gefunden wurden. Niemand weiß, warum gerade dieser Platz als Friedhof diente.

Aus einer deutlich jüngeren Zeit, nämlich aus der nach dem spanischen Bürgerkrieg, stammt der markante **weiß-rote Peilungsturm ❹,** der für U-Boot-Übungen errichtet wurde und dazu diente, die Positionslinien zu finden. Den Turm merken wir uns für den Rückweg, denn unmittelbar dahinter müssen wir später auf den Weg mit der Nummer 2 einschwenken.

*Der wilde **Meerfenchel** (auf Katalanisch Fonoll marí) wächst in niedrigen Büscheln auf den Felsklippen am Meer. Das vitaminreiche Gemüse wird sauer eingelegt und in der mallorquinischen Küche verwendet.*

Doch zunächst gehen wir einige Schritte weiter zur **Landspitze Punta des Patró** ❺ mit einem kleinen unberührten Sandstrand. Wir strecken uns im Sand aus, lassen uns unser Picknick schmecken und denken für diesen Moment nicht an unser Leben in der urbanen Welt.

Wer möchte, kann noch weiterlaufen zum größeren **Strand von Arenal d'en Casat** ❻ mit feinem Sand auf 500 Metern Länge und völlig unbebaut. Es gleicht fast einem Wunder, dass dort nie Hotels errichtet wurden. Viele der wunderschönen Strände und Küstenabschnitte Mallorcas wurden leider davon nicht verschont, doch hier haben wir das Privileg, einen herrlichen Naturstrand vorzufinden.

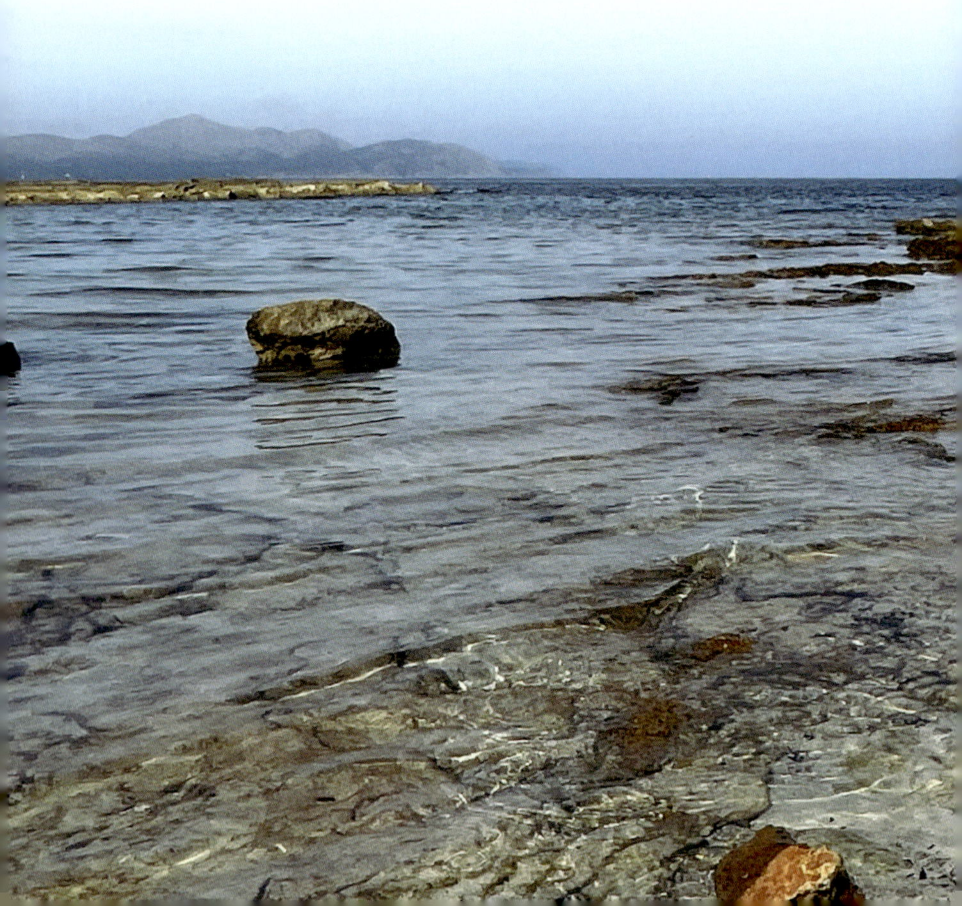

Wenn wir den Rückweg antreten wollen, müssen wir umkehren und retour bis zum Peilungsturm gehen, von wo aus der **Wanderweg mit der Nummer 2** durch das Gebiet von Son Real zurück zum Ausgangspunkt führt. Es ist der **Camí de s'Illot des Porros,** benannt nach der Miniinsel vor der Küste, die wir jetzt hinter uns lassen. Über den sandigen Pfad erreichen wir eine Pforte und das **Refugio de Son Real,** eine Selbstversorgerherberge. Wir gehen rechts am Gebäude vorbei. Aus unserem Pfad ist ein breiter, gepflegter Weg geworden, die Landschaft um uns herum mutet wie ein natürlicher botanischer Garten an. Wir ahnen, wie sich viele fleißige Hände kümmern, damit die Flächen nicht verwildern.

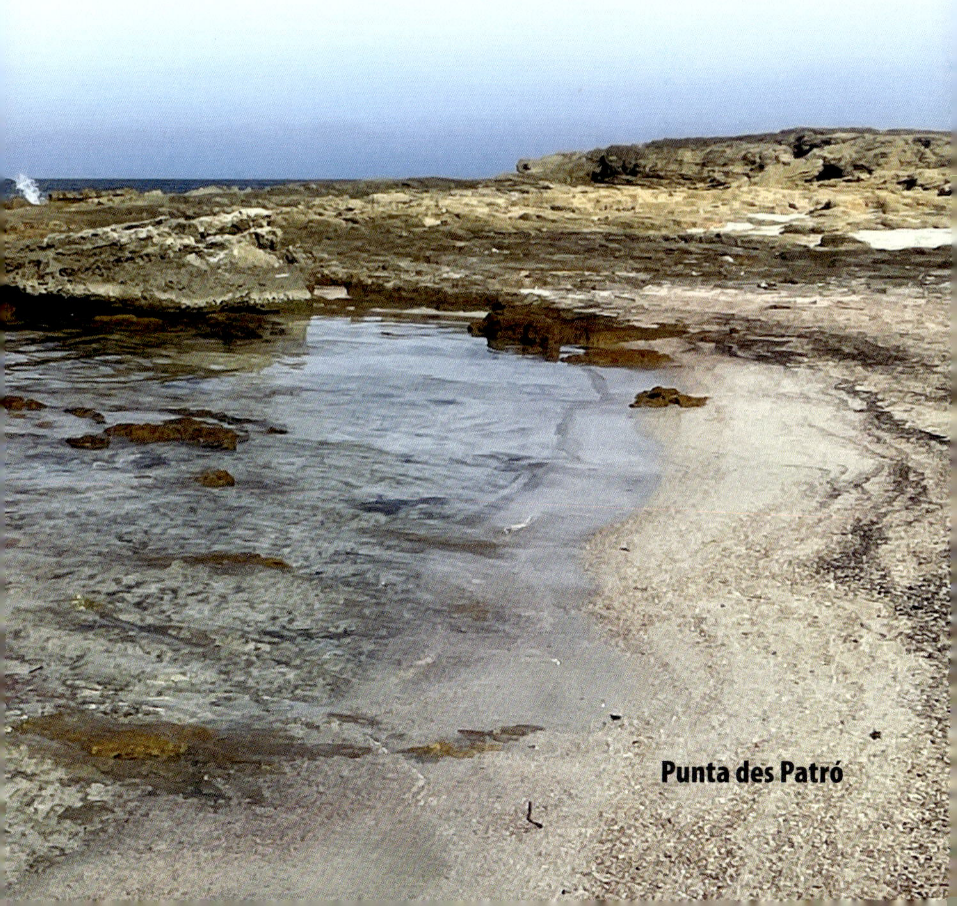

Punta des Patró

Auszeittour 4

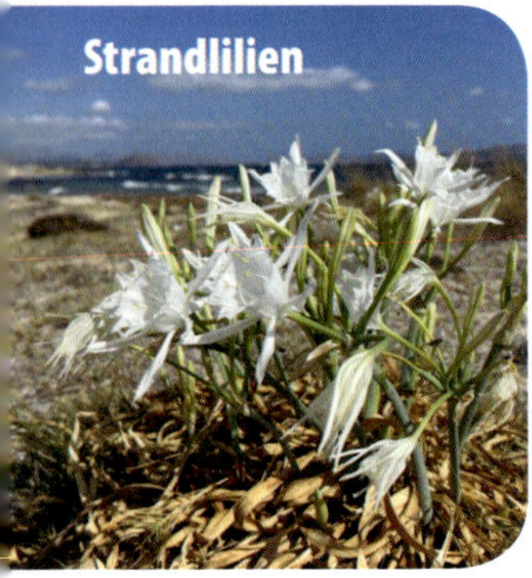

Entlang der Strecke wachsen Erdbeerbäume. Schmetterlinge flattern umher. Jasius, der Erdbeerbaumfalter, ist hier zahlreich anzutreffen. Seine Raupen leben in den Erdbeerbäumen, daher der Name. Mit etwas Glück können wir diesen größten europäischen Tagfalter beobachten.

Etwa 300 Meter nach der Herberge treffen und vereinen sich die Wege 2 und 3, bis zurück zur Parkposition verlaufen beide Wege parallel. 1 Kilometer weiter stößt auch noch der Weg 4 hinzu. Nach dieser Kreuzung sind wir wieder auf bekanntem Terrain, das letzte Teilstück sind wir bereits zu Anfang der Runde gewandert. Nach 500 Metern gelangen wir zurück zum Ausgangspunkt.

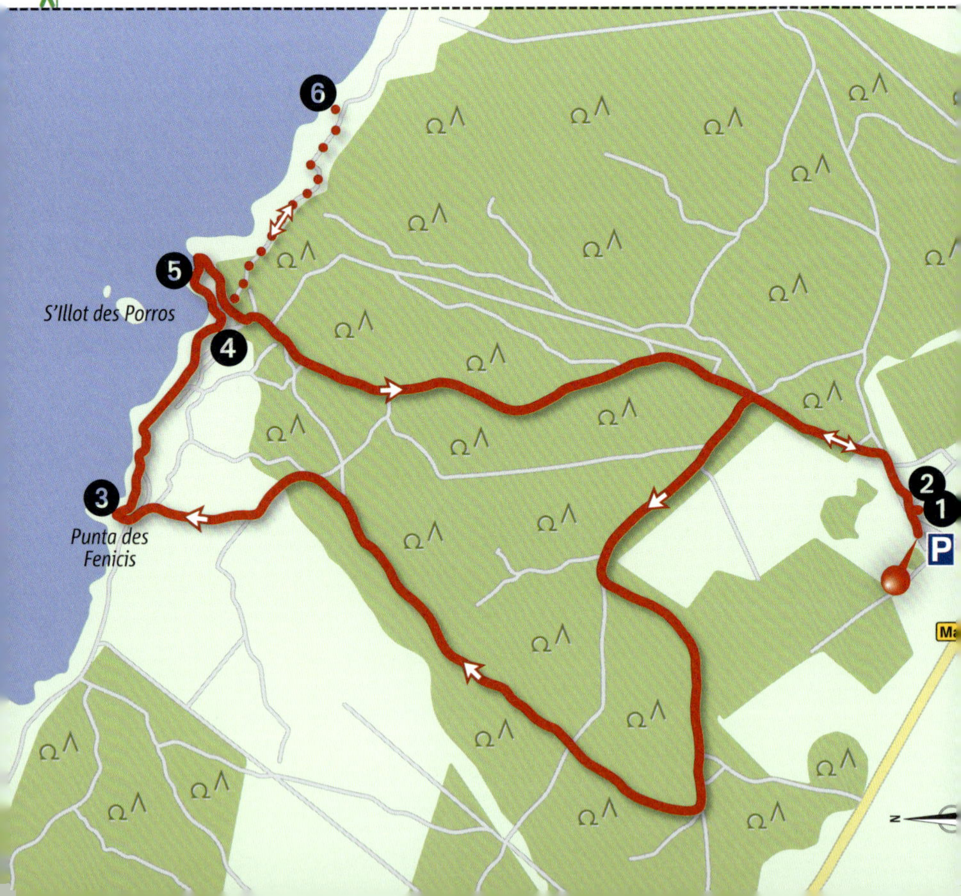

Entspannung ✱✱✱✱✱

Genuss ✱✱✱✱✱

Romantik ✱✱✱✱✱

WIE & WANN:

Sanfte, ebene Spazierwanderung entlang gemütlicher Wege und Küstenpfade – sei es unter der wärmenden Sonne des Frühlings und Sommers oder begleitet vom kühlen Meereswind im Herbst und Winter.

HIN & WEG:

Auto: Finca pública de Son Real, Kilometer 17,7 der Landstraße Artà–Port d'Alcúdia Ma-12 (GPS: 39.73696, 3.181739)

ÖPNV: Keine direkte Busanbindung an die Strecke. Bis Can Picafort/Son Bauló verkehren die Linien 302 (ab Palma), 316 (ab Inca) und 324 (ab Alcúdia), Haltestelle Oficina municipal. Ab dort Zustieg über den Küstenweg möglich.

ESSEN & ENTSPANNEN:

Zahlreiche Einkehrmöglichkeiten in Can Picafort, zum Beispiel:

Nusa Dua Beach Club, Carrer Silenci 18, 07458 Can Picafort, Tel. +34 605 65 90 06, www.nusaduacanpicafort.com

ENTDECKEN & ERLEBEN:

Gebäude und Informationsbüro Son Real ❶ Tel. +34 971 18 53 63, de.balearsnatura.com/parque_natural/finca-publica-de-son-real/

Museum mit Multimedia-Ausstellung ❷ Tel. +34 971 18 53 63, de.balearsnatura.com/parque_natural/finca-publica-de-son-real/

Punta des Fenicis mit Necròpolis ❸

Peilungsturm ❹

Punta des Patró ❺

Strand von Arenal d'en Casat ❻

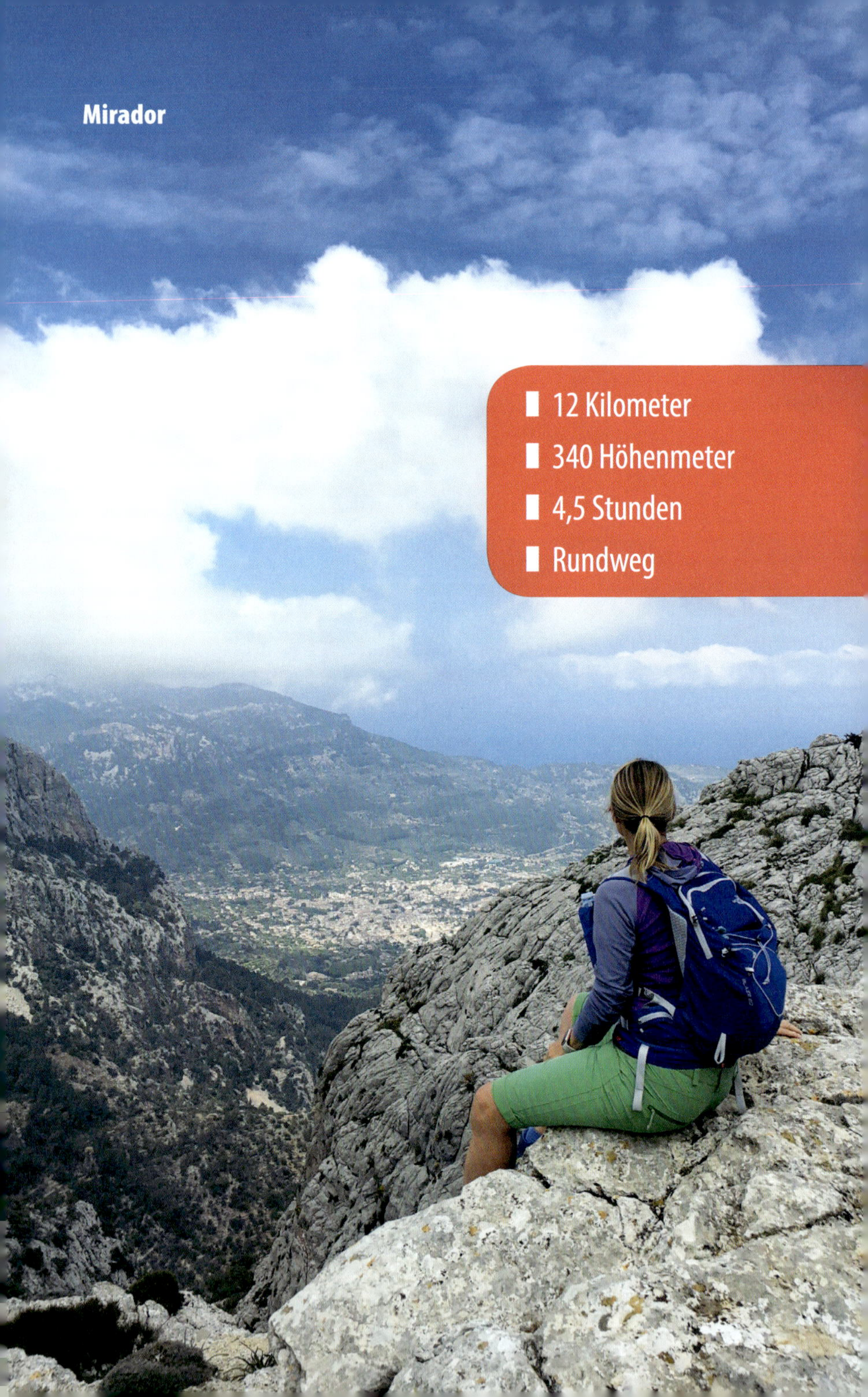

Mirador

- 12 Kilometer
- 340 Höhenmeter
- 4,5 Stunden
- Rundweg

Sind wir bereit, unsere Komfortzone zu verlassen? Über uns hinauszuwachsen und in unbekannte Höhen aufzusteigen? Der Gebirgszug der Serra de Tramuntana ist Mallorcas bester Platz dafür. Er zieht sich über 90 Kilometer entlang der Nordwestküste. Rund um die beiden Stauseen Cúber und Gorg Blau gibt es

Abenteuerparadies

Hoch über dem Cúber-Stausee

reichlich Wanderrouten für jeden Geschmack. Wir entscheiden uns heute für einen Klassiker: Die Besteigung des 1093 Meter hohen Puig de Lofra. Die Tour fängt ganz einfach an, doch die Herausforderung mit ein bisschen Nervenkitzel folgt. Versprochen!

Ausgangs- und Endpunkt unserer Gipfelrunde ist der **Cúber-Stausee** ❶ in einem Hochtal auf 750 Metern Höhe. Wir stehen inmitten einer wunderschönen Bergkulisse direkt neben dem Puig Major, dem höchsten Gipfel Mallorcas mit der markanten Radarkugel auf der Spitze und steilen Felsflanken aus Kalkgestein, die sich bis zum Penyal des Migdia mit seinem spitzen Grat ziehen.

Wir betreten unser Abenteuerparadies durch die Pforte neben dem verschlossenen Schotterweg, der für regulären Autoverkehr gesperrt ist. Uns werden die Schilder des Fernwanderweges GR 221 auffallen, er wird uns heute ein großes Stück leiten.

Eine Tafel informiert über Berge und Wanderrouten. Viel zu viele für einen einzigen Tag, doch wir können ja wiederkommen. Jetzt starten wir auf dem **GR 221 nach rechts** in Richtung Biniaraix. Das typische

*Auf Mallorca überschreiten 54 **Gipfel** die 1000-Meter-Marke. Der höchste ist der Puig Major mit 1445 Metern. Der Puig de Lofra schafft es zwar nur auf Platz 22 in der Rangliste, zählt jedoch dank der moderaten Aufstiegsroute zu den beliebtesten Tausendern.*

Panoramatour 5

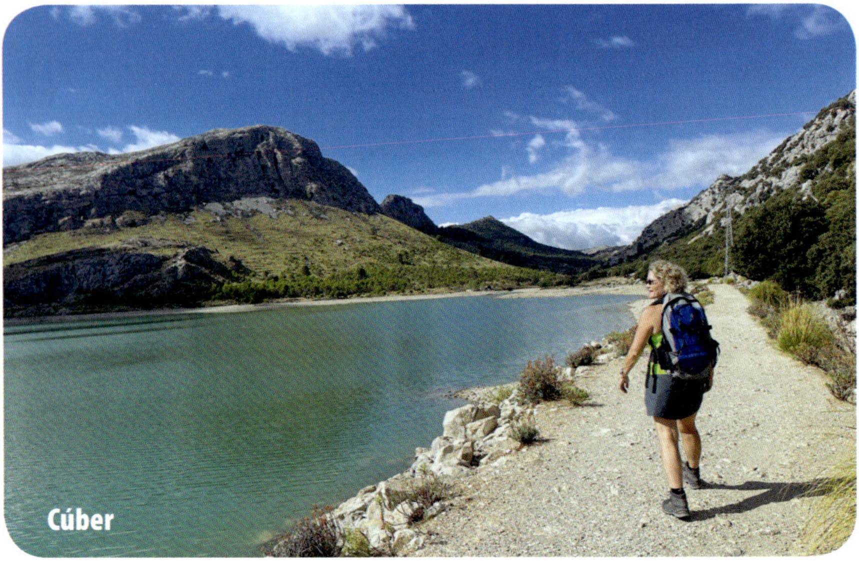

Dissgras und Steineichen prägen die idyllische Gegend um den See, ein schöner Kontrast zum rauen Kalkgestein ringsum. Das Morgenlicht über dem glitzernden Wasser verzaubert uns.

Wir wandern auf dem **Dammweg** am Nordufer des Sees entlang. In regenstarken Jahren kann es vorkommen, dass das Wasser fast bis an die Dammkrone heranreicht. Doch in den letzten Jahren gab es eher zu wenig Regen als zu viel, sodass die Uferböschung meist komplett frei liegt. Aber wenn es mal regnet, dann regnet es oft richtig! Dann rauscht Wasser von allen Seiten in den See. Das können wir zum Beispiel sehen, wenn wir am Ende des Sees den Zufluss des **Torrent de Lofra** queren. Wenn es kurz zuvor stark geregnet hat, müssen wir über die Steine balancieren, um trockenen Fußes auf die andere Seite zu kommen.

Der ***Cúber-Stausee*** *(4,64 Kubikhektometer) und der benachbarte größere Stausee Gorg Blau (7,36 Kubikhektometer) sind künstliche Wasserreservoire, die seit 1972 die Stadt Palma und ihre Umgebung mit Wasser versorgen.*

Längst haben wir unseren Gipfel im Blick, den Puig de Lofra, den bewaldeten Kegel mit der blanken Felskuppe am Ende der Bergkette zu unserer Linken. Aufgereiht stehen dort die drei Tausendergipfel **Puig de sa**

Rateta (1113 Meter), **Puig de na Franquesa** (1067 Meter) und ganz hinten unser **Puig de Lofra.** Zu unserer rechten Seite verläuft der Bergkamm der **Serra de Cúber** mit Höhen knapp unter 1000 Metern.

Wir erreichen die Steinmauer einer Grundstücksgrenze, gehen durch das Metallgatter und befinden uns

Für die Seele

Wir tauchen ein in die Zurückgezogenheit der Berge und erwandern uns ein Stück Himmel auf dem Gipfel des Lofra in über 1000 Metern Höhe.

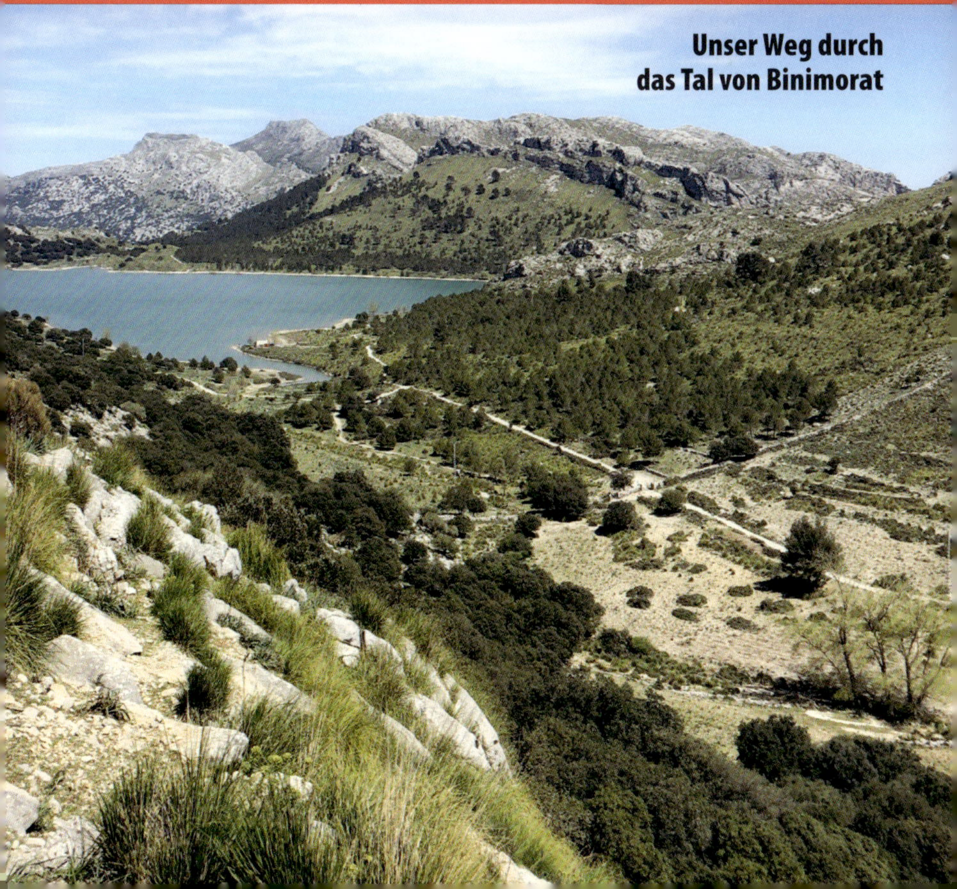

Unser Weg durch das Tal von Binimorat

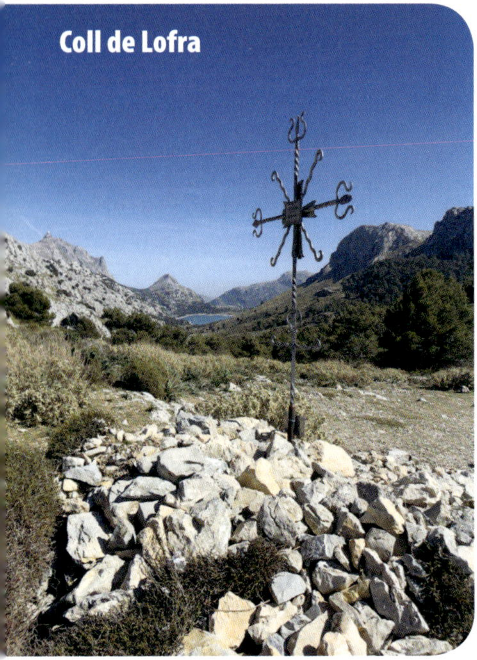

dahinter erneut auf dem Schotterweg vom Toureinstieg, auf dem wir jetzt 1,5 gemütliche Kilometer wandern. Es ist möglich, dass uns die „mallorquinischen Big Five“ am Wegesrand begrüßen. Gemeint sind natürlich nicht Elefant, Löwe, Leopard, Nashorn und Büffel. Nein, hier leben glückliche Kühe, Pferde, Esel, Schafe und Ziegen.

Am verlassenen Gebäude der **Finca Binimorat** wechselt der GR 221 nach rechts auf einen Pfad, der sich durch ein Kiefernwäldchen bis zum Pass **Coll de Lofra** ❷ windet. Dort wartet schon ein markantes **schmiedeeisernes Kreuz** auf uns, das im Jahr 2003 von einer Gruppe deutscher Wanderer aufgestellt wurde. Bis zum Pass sind wir insgesamt eine gute Stunde gewandert, haben allerdings erst rund 120 Höhenmeter bewältigt. Die fehlenden 220 sehen wir, wenn wir den Kopf nach links oben drehen, denn der Lofra-Gipfel befindet sich jetzt exakt neben uns. Der Pass ist ein beliebtes Pausenziel für alle Wanderer, ein wohltuender Platz zum Verschnaufen.

Bevor es weitergeht, nutzen wir doch den Moment für den kurzen Abstecher zu einem natürlichen Mirador, einem **Aussichtspunkt** ❸ mit sensationellem Tiefblick in den Barranc de Biniaraix, durch den der GR 221 nach unten führt. Dazu gehen wir hinter dem Kreuz schräg nach rechts, etwa 50 Meter weit, bis wir an einer Felskante stehen und tief unter uns die Stadt Sóller sehen. Was für ein Ausblick! Und noch sind wir nicht ganz oben! Es wird also noch besser …

Wir begeben uns zurück auf die Strecke. Nach 30 Metern biegt der GR 221 rechts ab, für die Fernwanderer geht es dort hinunter in den Barranc de

Biniaraix. Nicht für uns! Wir verabschieden uns von den vertrauten Schildern und bleiben noch einige Meter auf dem Fahrweg. An der nächsten Gabelung nehmen wir den linken Abzweig und folgen dem Weg 1 Kilometer bis zum Pass **Coll de Poma,** zu erkennen an einer Grenzmauer. Wir sollten aufmerksam sein, denn wir müssen gleich nach der Mauer den nach links abgehenden Waldpfad suchen. Es gibt keine Wegweiser, dafür viele Zeichen der Wandercommunity: Steinmännchen.

Nun folgt der anstrengende Teil unserer Tour, der stärkste Anstieg der Strecke. Wie die Gemsen steigen wir durch Dissgras und viel Gebüsch über Felsstufen stetig nach oben, mit offenen Augen ist der Steig kaum zu verfehlen. Nach etwa 20 Minuten, kurz unter dem Gipfel, gabelt sich der Pfad an einem mit einer blassen blauen Schrift markierten großen Felsen. Hier zweigt rechts die spätere Abstiegsroute ab. Zum Gipfel geht es

*Die **Baumgrenze** auf Mallorca liegt schon bei etwa 800 Metern, an einzelnen Stellen manchmal auch etwas höher. Zum Vergleich: In den Alpen liegt sie zwischen 1800 und 2200 Metern über Meereshöhe.*

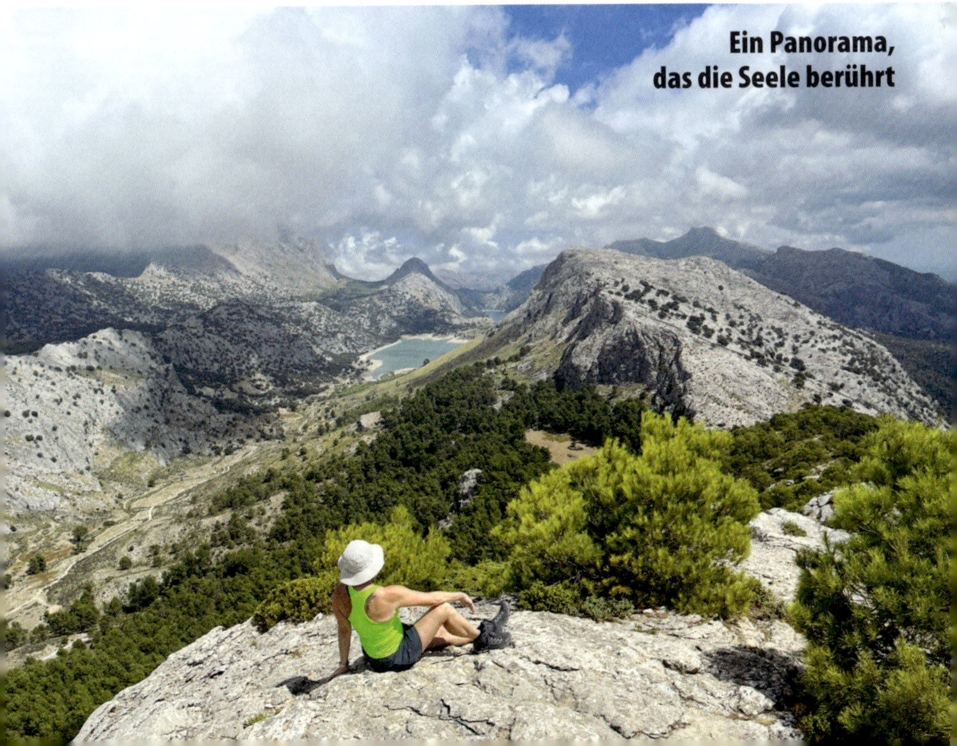

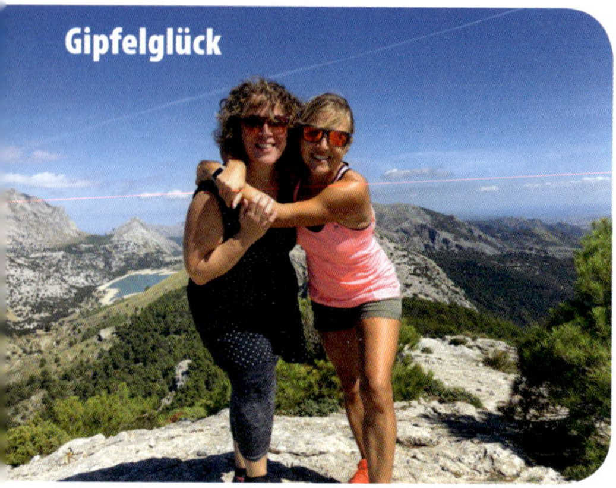

geradeaus weiter, nur 5 Minuten später stehen wir auf der felsigen Kuppe des **Puig de Lofra** ❹ in 1093 Metern Höhe.

Wir halten für einen Moment die Luft an, so überwältigend ist der sensationelle Rundumblick! Alles ist so gewaltig und wir fühlen uns wie ein winziges Teilchen mitten im großen Universum. Tief unter uns liegt der weite Talkessel von Sóller mit seinem Naturhafen, der Cúber-Stausee und unser Weg, auf dem wir eben noch gewandert sind. Wir sehen all die anderen Berge und Täler und Gipfel, allen voran den alles überragenden Puig Major. Wir freuen uns über die Mönchsgeier, die majestätisch durch die Lüfte kreisen, deren Population auf der Insel dank Tierschützern stetig wächst. Auch wenn wir vermutlich nicht allein sind, ist das total egal. Menschen werden winzig klein und bedeutungslos vor diesem Panorama. Haben wir einen windstillen Tag erwischt, können wir das Gipfelglück ausgiebig auskosten. Ausgestreckt auf den glatten Felsen lassen wir unseren Gedanken freien Lauf und genießen unser Picknick.

*Gipfelkreuze sucht man auf Mallorca oft vergeblich. Verbreitet sind **Gipfelsäulen** auf einer Bodenplatte aus Beton oder auch einfache Steinhaufen wie auf dem Puig de Lofra.*

Ausgeruht und frisch gestärkt wird es irgendwann Zeit für den Abstieg. Dazu steigen wir zurück zum markierten Felsen, direkt dahinter geht es nun scharf links ab. Weniger steil als beim Anstieg bringt uns der etwas eingewachsene, jedoch gut erkennbare Pfad über den breiten Bergrücken talwärts. Diese Seite des Berges fällt sanfter ab, unsere Knie danken es uns. Am **Coll des Cards,** dem Sattel zwischen dem Lofra und dem Nachbarberg Puig de na Franquesa, treffen wir auf einen Strommast und eine Trockensteinmauer. Wir gehen nach links durch die Maueröffnung und weiter durch den Wald abwärts bis zu einer Gabelung. Links geht es zurück zum Coll de Lofra, wir wählen den rechten

Pfad, der uns parallel zur Stromleitung immer weiter abwärts bringt. Vor dem vierten Strommast, am Ende des Waldes, können wir den Beginn einer schmalen Waldpiste ausmachen, auf die wir nach links einschwenken. Es geht an der **Quelle Font de s'Aritja** vorbei und kurz darauf an einer verlassenen Hütte. „Son Repós" steht an der Tür, doch hier ist wohl schon lange niemand mehr zu Hause. 150 Meter weiter kommen wir an einen breiteren Weg, auf dem wir nach rechts

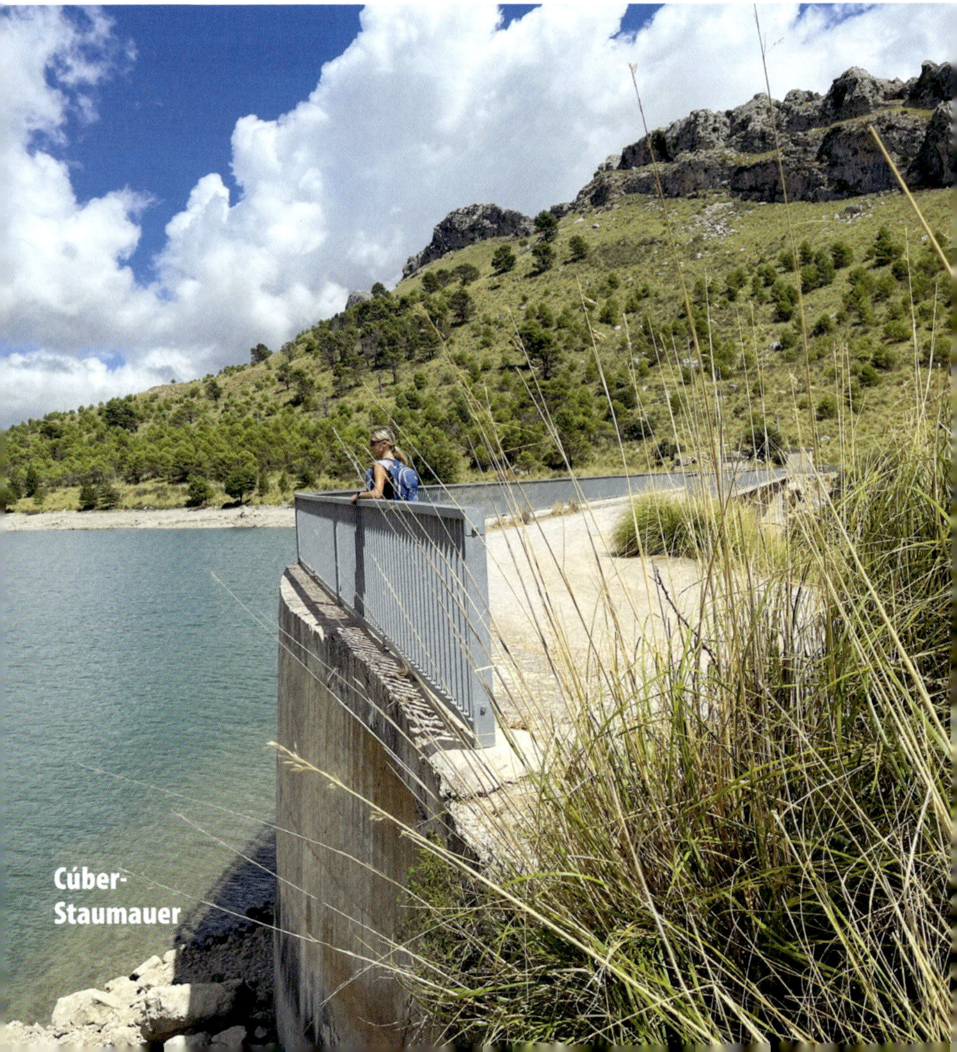

Cúber-Staumauer

weiterwandern. Nur zwei lange Kurven später sind wir wieder an der **Finca Binimorat** und auf dem Fernwanderweg GR 221. Die folgenden 1,5 Kilometer kennen wir ja schon, das war der gemütliche Teil von vorhin.

Nach der Grundstücksgrenze mit der Tür bleiben wir auf dem Schotterweg, auf dem es jetzt am anderen, am südlichen Seeufer entlanggeht. Die Route führt an der Selbstversorgerhütte **Refugio de Cúber** vorbei und erreicht dann die **Staumauer des Sees 5,** wo wir in das enge Tal des Torrent d'Almadrà hinunterschauen.

Nach rund 4 Stunden stehen wir wieder am Parkplatz, glücklicher und leichter. Zurückgelegt haben wir etwa 10 Kilometer und stolze 680 Höhenmeter. Was für ein Geschenk!

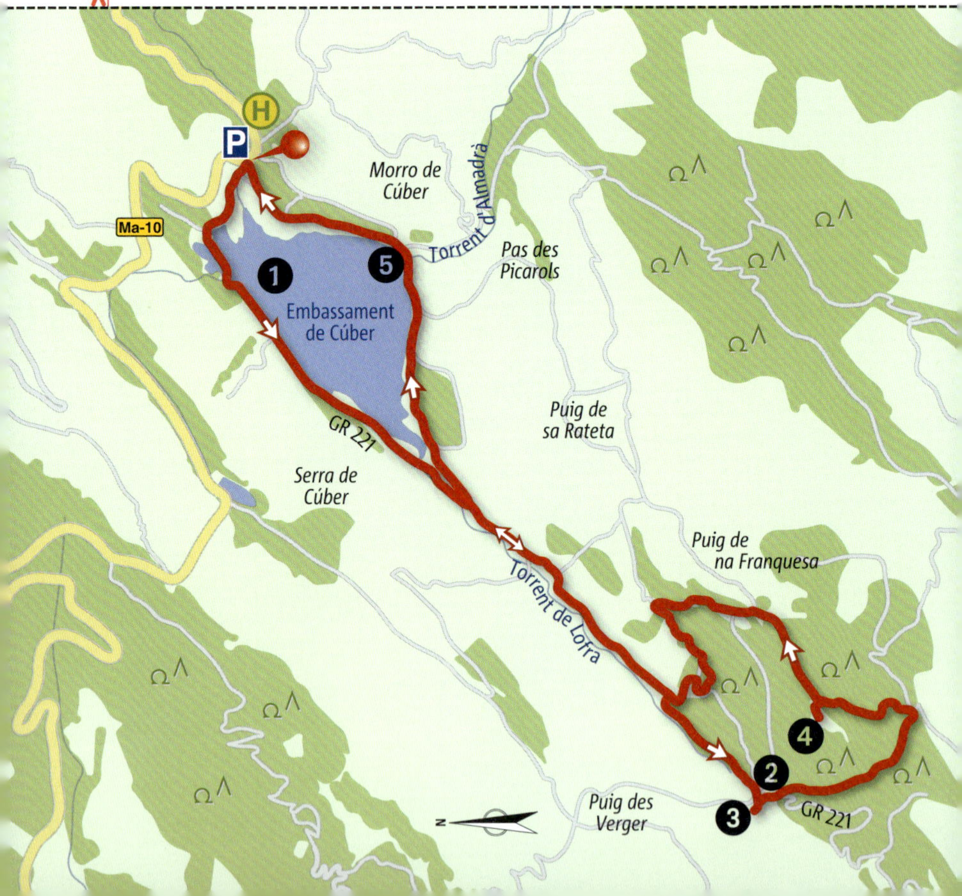

Alles auf einen Blick

WIE & WANN:
Einfache Gebirgswanderung mit etwas anspruchsvollerem Gipfelaufstieg bzw. -abstieg. Wir haben die Option, den Gipfel ganz auszulassen und vom Coll de Lofra zurück zum Cúber zu wandern. Ganzjährig möglich, vielleicht nicht gerade an den heißesten Tagen.

Entspannung ✱✱✱✱✱ (3 von 5)
Genuss ✱✱✱✱✱ (3 von 5)
Romantik ✱✱✱✱✱ (5 von 5)

HIN & WEG:
Auto: Kostenlose Wanderparkplätze am Cúber-Stausee (GPS 39.787207, 2.797039) oder Font des Noguer (GPS 39.787098, 2.79933)
ÖPNV: Haltestelle Cúber, Bus 231

ESSEN & ENTSPANNEN:
An der Wanderstrecke gibt es leider keine Einkehrmöglichkeit.

Abseits der Route empfehlenswert:
Restaurant Mirador de ses Barques, Carretera Lluc, Ma-10, Kilometer 45, 07100 Sóller, Tel. +34 971 63 07 92 (toll zum Sonnenuntergang!)

ENTDECKEN & ERLEBEN:
Cúber-Stausee ❶
Pass Coll de Lofra ❷
Natürlicher Aussichtspunkt/Mirador ❸
Gipfel Puig de Lofra ❹
Staumauer Cúber ❺

Sa Potada des Gegant

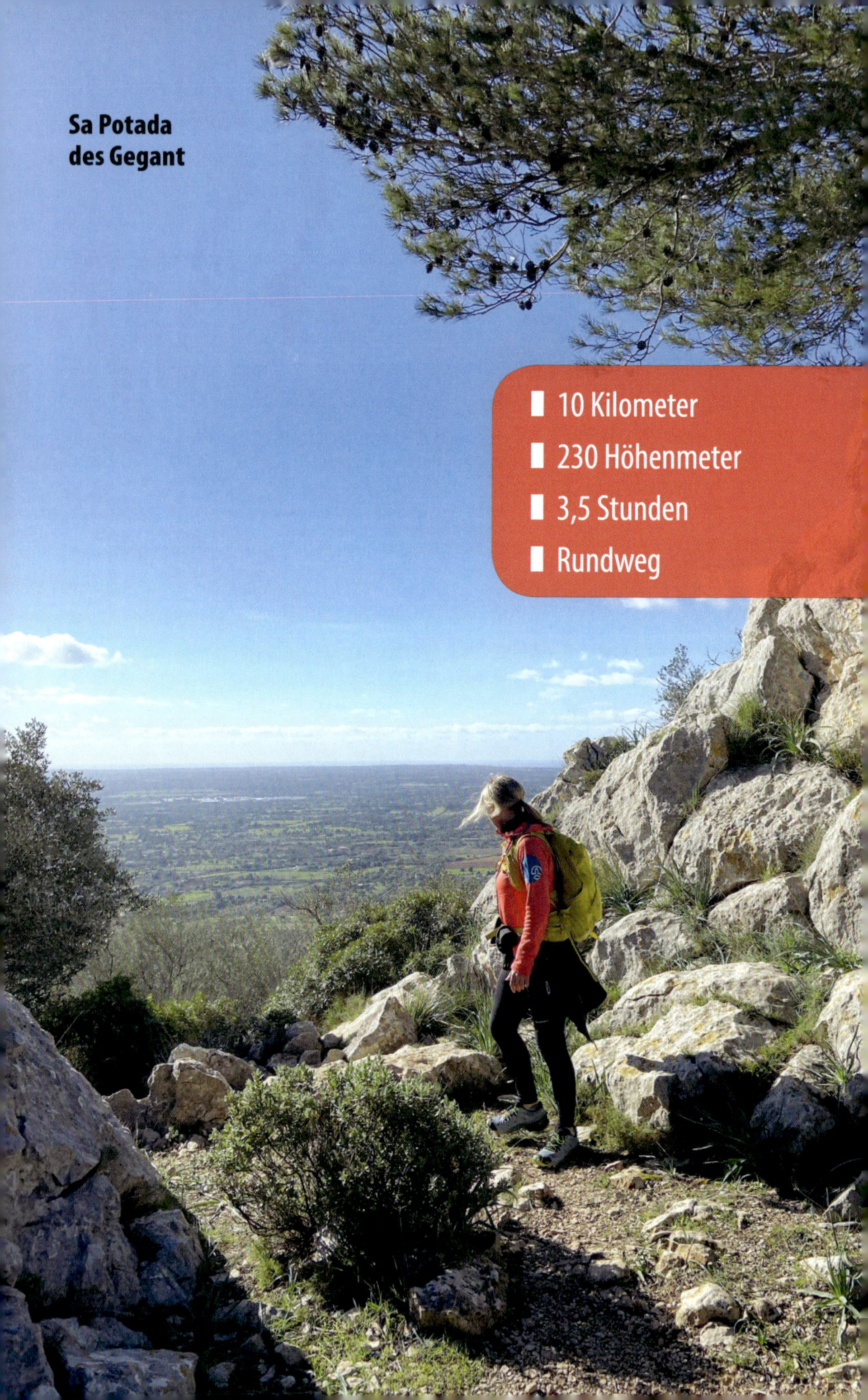

- 10 Kilometer
- 230 Höhenmeter
- 3,5 Stunden
- Rundweg

Der sagenumwobene felsige **Puig de ses Bruixes,** der Hexenberg, ist der spektakulärste, wenn auch mit 352 Metern der niedrigste von drei Gipfeln, die den Höhenzug **Serra de Galdent** zwischen Llucmajor und Algaida bilden. Dort oben auf der Felsspitze liegt die gesamte Insel vor unseren Füßen. Ein Gefühl, als

Hexengeschichten

Über die Serra de Galdent

könnten auch wir fliegen und uns *witch*-und-weg an jeden Ort der Welt beamen.

Doch zuerst wollen wir wandern, uns warmlaufen über die stillen Feldwege, um dann aufzusteigen in die Höhen des Mini-Gebirges in der Inselmitte. Vom Friedhof von Llucmajor wandern wir auf dem asphaltierten Fahrweg **Camí de Galdent** in Richtung Norden und halten uns nach nur wenigen Metern an der Gabelung rechts. Ein Wegweiser offeriert zwei Nordic-Walking-Routen und eine Wanderroute (**Nr. 5, blau**), doch leider wird unsere Strecke nicht durchgehend beschildert sein und wir müssen uns wie so oft auf unseren Orientierungssinn oder den GPS-Track verlassen.

Blick zum Hexenberg

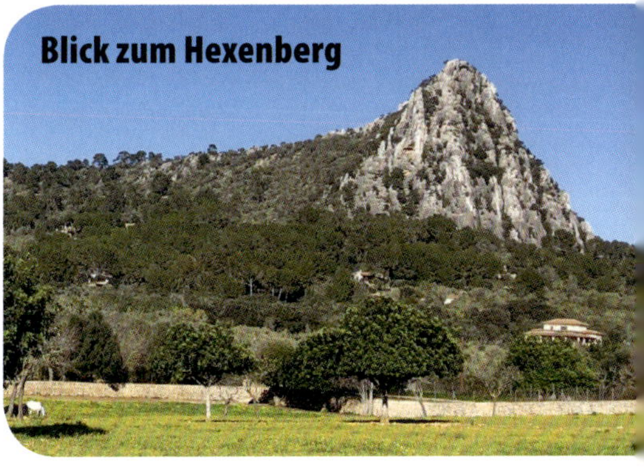

Nach circa 700 Metern finden wir an einem Holzpfeiler einen nächsten Hinweis auf die Wanderroute 5. Wir biegen nach rechts auf den **Camí de Ferrutxelles** ab. Es ist das typisch ländliche Umland mit Bauernhöfen, Feldern und

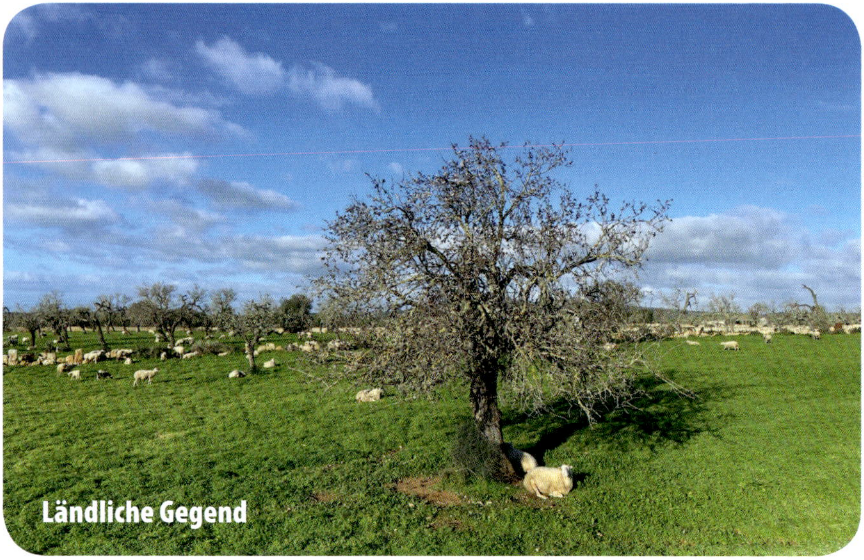
Ländliche Gegend

Schafweiden – unser nahes Ziel, die Serra de Galdent haben wir stets fest im Blick. Der Höhenzug vereint aneinandergereiht die drei Gipfel **Puig de Galdent** (419 Meter), **Puig d'en Claret** (378 Meter) und **Puig de ses Bruixes** (Hexenberg, 352 Meter).

An der nächsten Kreuzung hört der Asphalt auf. Von links kommt der Camí des Puig, auf dem wir später zurückkehren werden. Jetzt gehen wir geradeaus weiter.

*Besonders auf dem Land konnte man an langen Winterabenden am Kaminfeuer die **„Rondaies mallorquines"** hören, wie die Mythen, Sagen und Märchen auf Mallorca genannt werden. Uns sind bis heute rund 400 Geschichten überliefert.*

Es gibt ein altes Märchen über die Hexen in dieser Gegend, wie es überhaupt auf Mallorca vielerorts ähnliche Geschichten von versteckten Schätzen, Riesen, Wasserfrauen oder eben Hexen gibt, die auch heute noch den Kindern erzählt werden. Hier also will uns die Sage glauben machen, es lebten einst Hexen in einer Höhle im Berg. Sie dachten sich ständig Späße aus, um die Einwohner aus Llucmajor und Algaida zu necken. Sahen sie zum Beispiel einen Bauern mit einem Eselskarren vorbeifahren, kamen sie lautlos und unsichtbar auf ihren Besen daher und setzten sich auf den Karren des armen Mannes. Sehr zum Leidwesen des Esels, der die Last nicht mehr ziehen konnte. Schallendes Hexengelächter war dabei in der ganzen Gegend zu hören. Die Vorfälle kamen irgendwann auch König Jaume I. zu Ohren. Der Monarch persönlich verpflichtete sich, die Hexen zu vertreiben, und

Für die Seele

Ländliche Idylle, ein mallorquinisches Märchen und eine Felsspitze – eine unvergessliche Tour mit 360-Grad-Panorama, die uns himmlische Gefühle beschert.

stellte auf dem Berg ein Kreuz auf. Von da an wurden die Hexen in der Gegend weder gehört noch gesehen. Wir werden später feststellen, dass auch von diesem Kreuz nichts mehr zu sehen ist.

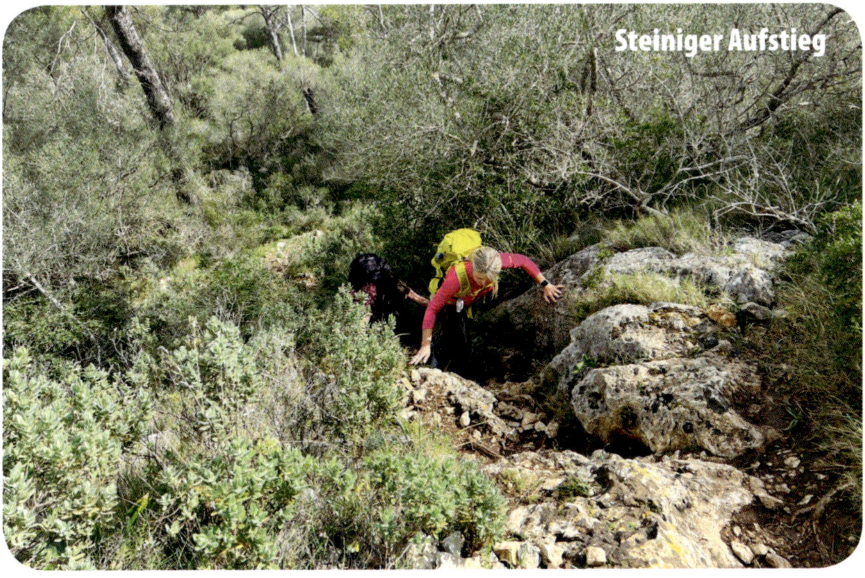
Steiniger Aufstieg

An der nächsten **Gabelung** müssen wir aufpassen! Das Gefühl sagt „links“, doch dieser Weg ist eine Sackgasse. Wir gehen nach rechts, der Weg fällt etwas ab, wir sind noch immer auf dem **Camí de Ferrutxelles,** bevor wir an der nächsten Kreuzung auf dem **Camí de Son Saleta** nach links abbiegen. Auf diesem Weg, dessen Verlauf wir die nächsten rund 2 Kilometer folgen, werden wir das Bergmassiv zunächst umrunden und dann von hinten aufsteigen.

Im ersten Abschnitt sehen wir am rechten Wegesrand eine alte **Wasserrinne,** die früher der Wasserversorgung der anliegenden Gehöfte diente. Heute werden die Bewohner außerorts von den Wasserwagen der Gemeinde versorgt, wenn sie nicht über eigene Brunnen verfügen. Moderne Wasserleitungen zur zentralen Versorgung gibt es auf Mallorca meist nur in den Dörfern und Städten, nicht außerhalb.

Es geht weiter, Abzweige ignorieren wir. Der Weg ist gesäumt mit Steinmäuerchen, hin und wieder wilden Brombeerhecken oder Olivensträuchern. Dahinter Wiesen, Felder mit Feigen-, Johannisbrot- oder Mandelbäumen und sogar Weinreben. Dazwischen vereinzelte Häuser, eine romantische, abgeschiedene Gegend. Auch ein **Windrad** aus vergangenen Zeiten ist zu sehen, mit der Kraft solcher Räder wurde das Wasser zum Bewässern der Felder aus den Brunnen gepumpt, bevor es Dieselmotoren und Strom gab. Früher stand auf fast jedem Feld so ein Windrad.

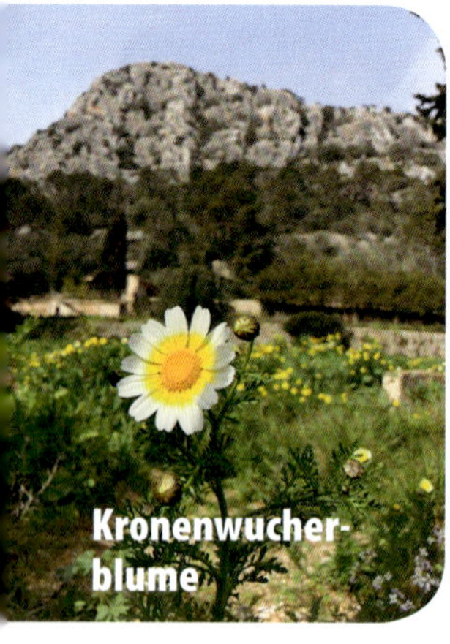

Kronenwucherblume

Auf der rechten Seite haben wir jetzt einen schönen Blick auf den Nachbarberg **Puig de Randa,** auf dessen Gipfel sich ein Kloster und eine Radaranlage erheben.

Nachdem der Weg deutlich nach links abgeknickt ist, passieren wir vereinzelte Wochenendhäuser auf der linken Seite, umgeben von lichtem Kiefernbestand. Wie eine kleine Siedlung. Achtung! Etwa 50 Meter nach dem letzten Haus zweigt links ein **schmaler, verwunschener Pfad** ab, nur mit einem Stein-

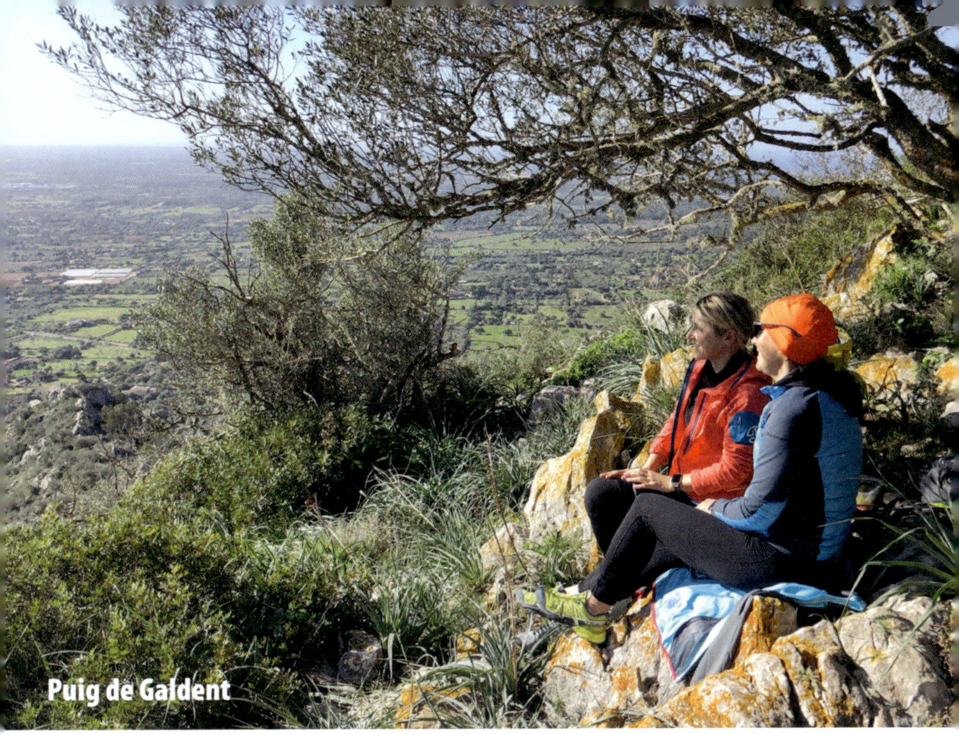

häufchen und einem blassen roten Punkt markiert. Hinein in den Dschungel!

Bis hier waren wir jetzt insgesamt eine gute Stunde unterwegs, es folgt der etwa 30-minütige Aufstieg. Es wird sportlicher, 200 abenteuerliche Höhenmeter wollen überwunden werden. Von beiden Seiten dicht bewachsen schlängelt sich der Dschungelpfad in die Höhe. Vor allem das auf Mallorca allgegenwärtige Dissgras säumt die Strecke. Dahinter allerlei Buschwerk und Kiefern. Doch keine Angst, dort lauern keine gefährlichen Tiere. Je höher wir kommen, desto felsiger wird der Weg. Wir müssen hin und wieder beim Steigen die Hände zu Hilfe nehmen. Der ein oder die andere wünscht sich vielleicht gerade jetzt einen Hexenbesen, der schnell nach oben fliegt.

Oben angekommen müssen wir innehalten, völlig sprachlos stehen wir in luftiger Höhe von knapp 420 Metern auf dem höchsten der drei Gipfel, dem **Puig de Galdent ❶.** Was für ein Panorama in alle Himmelsrichtungen! Es ist ein bisschen wie aus dem

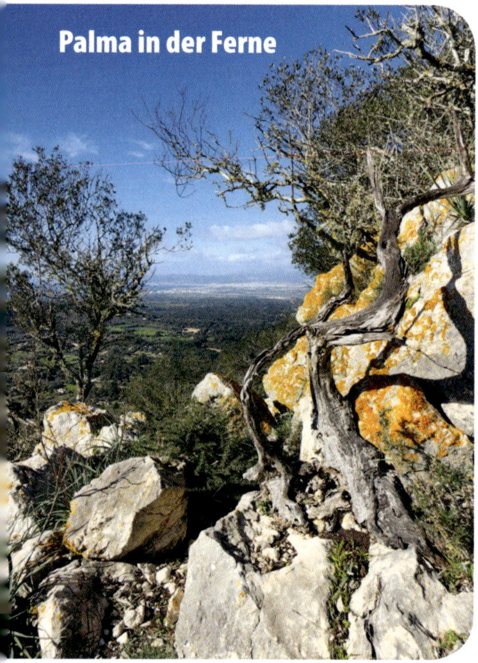

Palma in der Ferne

Flugzeug zu schauen, es erinnert an den Landeanflug, da sieht es ähnlich aus. Die Gegend, die sich um uns herum ausbreitet, ist plattes Bauernland. Die Landschaft nördlich bis hin zur Bucht von Alcúdia heißt passenderweise auf mallorquinisch **Es Pla,** die Ebene. Die Gegend dort um Sa Pobla ist die fruchtbarste, da wachsen Kartoffeln, Zwiebeln und anderes Gemüse besonders gut. Nach Süden schließt sich die ebenfalls flache Region **Migjorn** an. Im Westen zeigt sich die zackige Kette der Serra de Tramuntana in voller Länge. Nach Osten hin dominiert der nahe Puig de Randa das Panorama und weiter in der Ferne die Hügel der Serra de Llevant. Wenn das kein Platz für eine wohlverdiente Rast ist! Wir thronen hoch oben und lassen uns unser Picknick schmecken.

Danach geht es über Stock und Stein in südöstliche Richtung leicht absteigend über den Bergrücken weiter, Mallorca liegt uns zu Füßen. Uns erwartet Gipfel Nummer zwei, der Puig d'en Claret – die bewaldete Erhebung vor uns. Trotz der vielen Felsen und Steine ist die Wegführung gut erkennbar. Nach ungefähr 10 Minuten erreichen wir einen Abzweig, wir bleiben links.

*Zu einer typischen **Brotzeit** der Mallorquiner gehören Brot, meist mit Öl und Tomate, die Streichwurst Sobrassada oder die harte Wurst Fuet, ein Stück Käse, dazu ein paar Oliven. Und als Nachspeise süße Cremadillos.*

Auf dem folgenden Wegabschnitt werden die Kräuterhexen unter uns Freude an den vielen Zistrosen haben, die uns im Frühjahr ihre hübschen zarten Blüten entgegenstrecken. Wir erreichen die **Felsmulde Sa Potada des Gegant ②,** zu der es auch eine Legende gibt, und 200 Meter weiter den **Puig d'en Claret ③.** Dieser Gipfel ist mit Kiefern und Garrigue bedeckt und daher eher unspektakulär, wir können jedoch von einer Felskante den Fernblick in südliche Richtung auskosten. Dort, in 20 Kilometern Entfernung, liegt der lange Sandstrand Es Trenc neben Colònia de Sant Jordi und dem Cap de ses Salines. Und in 40 Kilometern Luftlinie zeichnet sich die Inselgruppe von Cabrera am Horizont ab. Noch ist das Aussichtsspektakel nicht vorbei, es erwartet uns Gipfel Nummer drei!

Bald verlassen wir den Kiefernwald und der Grat des Puig de ses Bruixes mit seinen großen Felsblöcken kommt Schritt für Schritt näher. Der allerletzte Abschnitt beginnt an einem größeren Steinhaufen. An dieser Stelle müssen wir später wieder nach unten, durch Pfeile nach rechts markiert. Zuvor turnen wir aber noch die letzten Meter über die Felsen nach oben. Auch das ist jetzt kein Hexenwerk mehr und so stehen wir stolz und euphorisch auf dem Gipfel des „Hexenberges" **Puig de ses Bruixes 4**. Bleiben wir doch einen Moment, setzen wir uns auf die glatten Felsen und bestaunen die Landschaft! Oder führen wir vor Glück einen Hexentanz auf? Jeder hat andere Gipfelrituale.

***Sa Potada des Gegant**, übersetzt: der „Riesenfuß" – es heißt, dass die Lücke im Felskamm von einem Riesen verursacht wurde. Als der Gigant über den Berg steigen wollte, stolperte er und blieb mit dem Zeh am Felsen hängen, worauf dieser brach.*

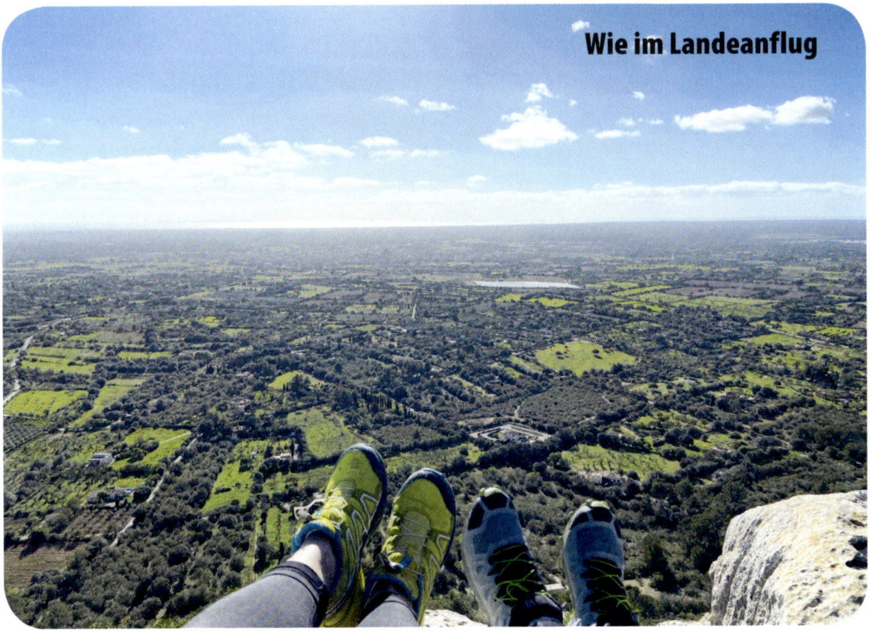

Wie im Landeanflug

Panoramatour 6

Wir klettern zurück bis zum letzten Abzweig mit dem großen Steinmännchen und müssen zwischen den Felsen den Pfad finden, der nach links unten führt. Jetzt beginnt der Abstieg, steiler, als uns lieb ist. Nach 300 gerölligen Metern haben wir auf dem **Camí des Puig** jedoch wieder festen Boden unter den Füßen und können uns auf 2 Kilometer gemütliches „Auslaufen“ freuen. An der nächsten Kreuzung finden wir sogar wieder einen Holzpfeiler vor, wie wir ihn vom Hinweg kennen. Es geht dem Pfeil nach, nach links. Nach 500 Metern stoßen wir wieder auf den **Camí de Ferrutxelles,** wo die Runde sich schließt. Bis zur Parkposition am Friedhof geht es auf bekanntem Terrain zurück.

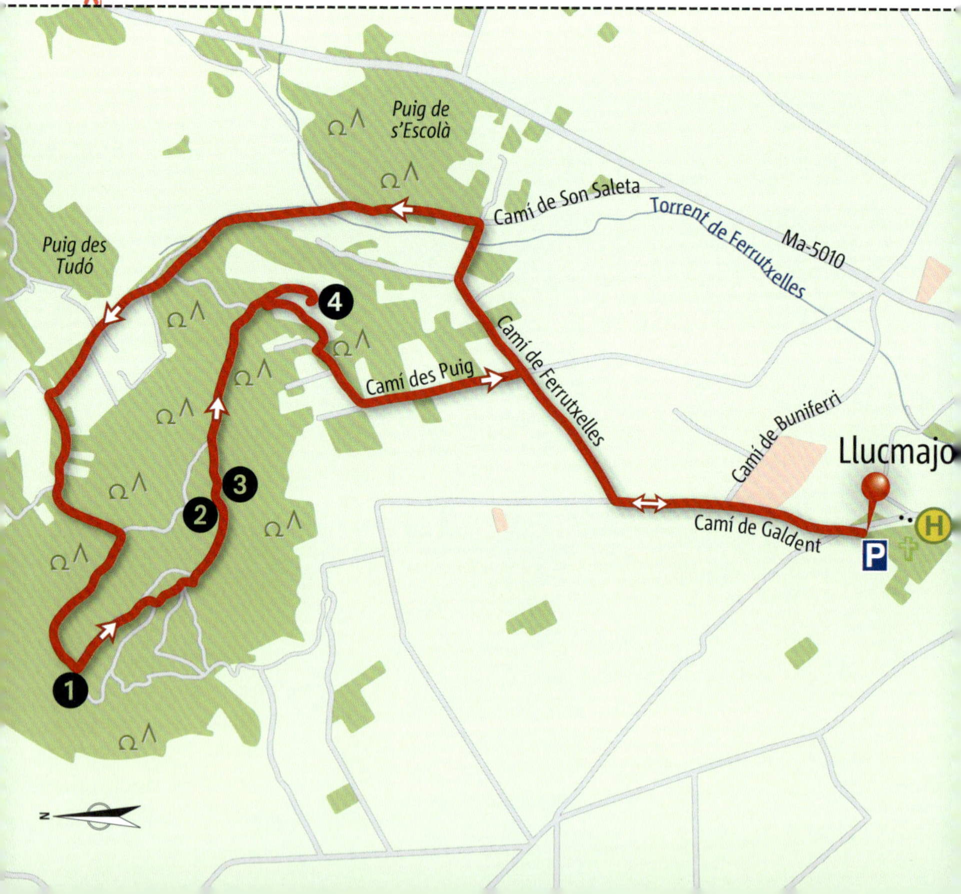

Alles auf einen Blick

WIE & WANN:
Mittelschwere Wanderung über einen kleinen Gebirgszug in der Inselmitte. Wir müssen sowohl beim Auf- als auch beim Abstieg steile und felsige Abschnitte bewältigen, die festes Schuhwerk und Trittsicherheit erfordern. Beste Wanderzeit zwischen September und Mai. Empfehlenswert ist ein Tag mit guter Fernsicht.

Entspannung ✱✱✱✱✱ (3 von 5)
Genuss ✱✱✱✱✱ (3 von 5)
Romantik ✱✱✱✱✱ (4 von 5)

HIN & WEG:
Auto: Parkplatz am Friedhof Llucmajor (Cementiri), Camí de Galdent, 07620 Llucmajor (GPS: 39.501111, 2.88725)
ÖPNV: Haltestelle Llucmajor Oest, Busse 501, 502 und 503

ESSEN & ENTSPANNEN:
Bars und Restaurants gibt es rund um die Plaça d'Espanya im Ortszentrum von Llucmajor. Empfehlenswert ist das traditionsreiche **Café Colón**, Plaça Espanya 17, 07620 Llucmajor, Tel. +34 971 10 72 07, www.cafecolon1928.es

ENTDECKEN & ERLEBEN:
Puig de Galdent ❶
Sa Potada des Gegant ❷
Puig d'en Claret ❸
Puig de ses Bruixes ❹

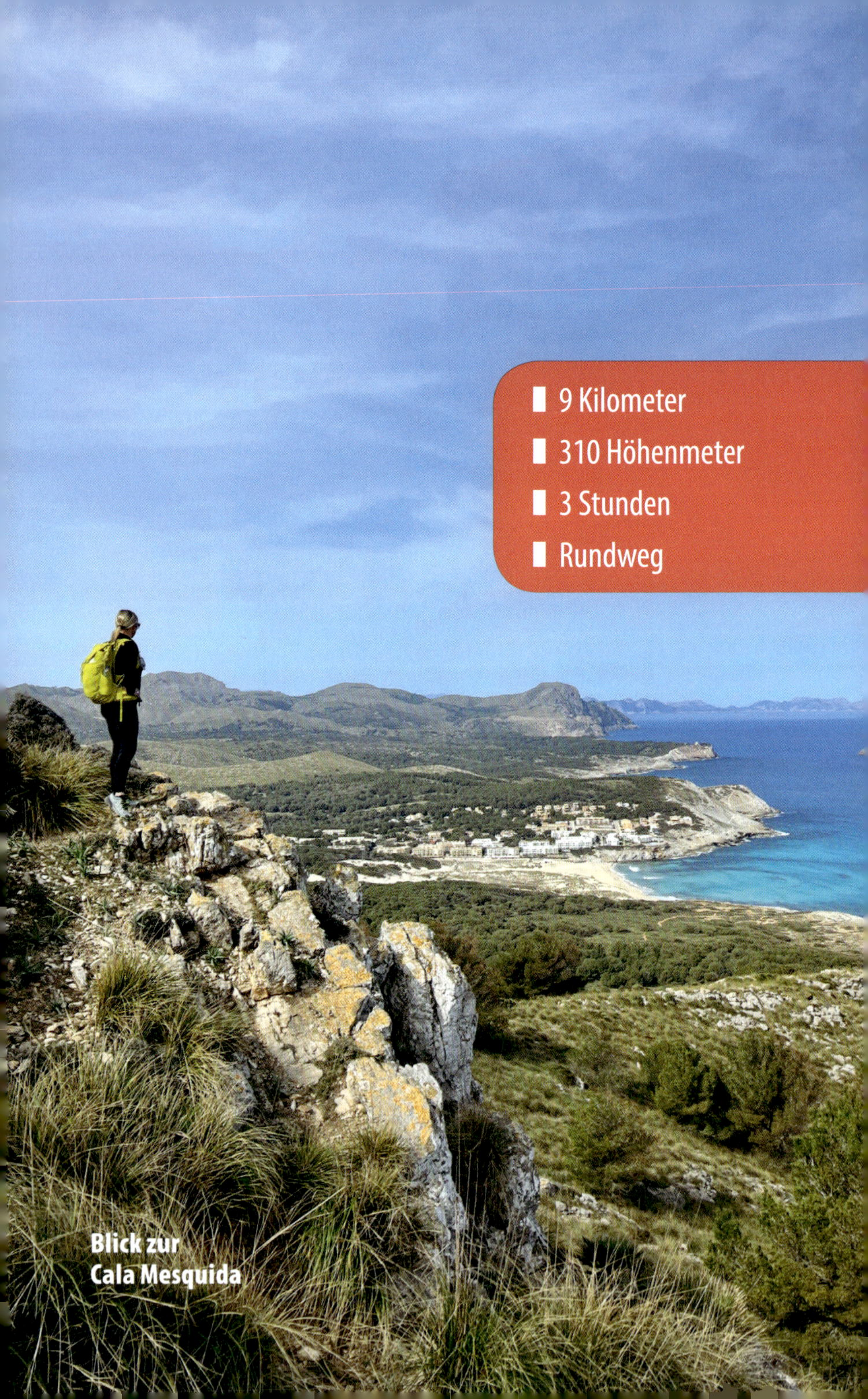

Blick zur Cala Mesquida

Cala Rajada, Hotspot des Tourismus und Tummelplatz deutscher Urlauber, verkörperte unlängst genau das, wofür Mallorca jahrzehntelang so berühmt war und was der Insel den Beinamen „17. Bundesland" einbrachte: deutsche Küche, Rambazamba und Party rund um die Uhr. Doch die Zeiten haben sich glück-

Dünenlandschaft

Von Cala Agulla zur Cala Mesquida

licherweise geändert und Mallorcas Image wird seit Jahren ordentlich aufpoliert. Mehr Qualität statt Masse, so haben es sich die Verantwortlichen auf die Fahnen geschrieben, und so kommt es auch, dass immer mehr Gemeinden die Gegenden um die Urlaubsorte mit Wander- und Radwegen erschließen und für aktive Gäste malerische Routen offerieren.

In und um Cala Rajada – der Ort gehört zur Gemeinde Capdepera – gibt es fußläufig einige schöne Wanderwege, einer davon startet am Strand von **Cala Agulla ❶** und wird uns über den Talaia de Son Jaumell nach Cala Mesquida bringen.

Von der Parkposition zieht es uns wahrscheinlich zuerst an den Strand. Ja, bitte, das Meer ist so nah. Wir können es spüren und riechen. Salzige Meeresluft, herrlich! Einmal mit den Füßen in den Sand, vielleicht ist noch Zeit (und die passende Temperatur) für ein Bad? Doch auch der Berg ruft und so laufen wir am Strand entlang in Richtung Norden, wo wir am Ende hinter einem Strandhaus in einem Kiefernwäldchen unseren Wanderweg finden. **Camí des Coll de Marina,** verrät uns ein Holzschild den Namen dieses Weges. Rechts von

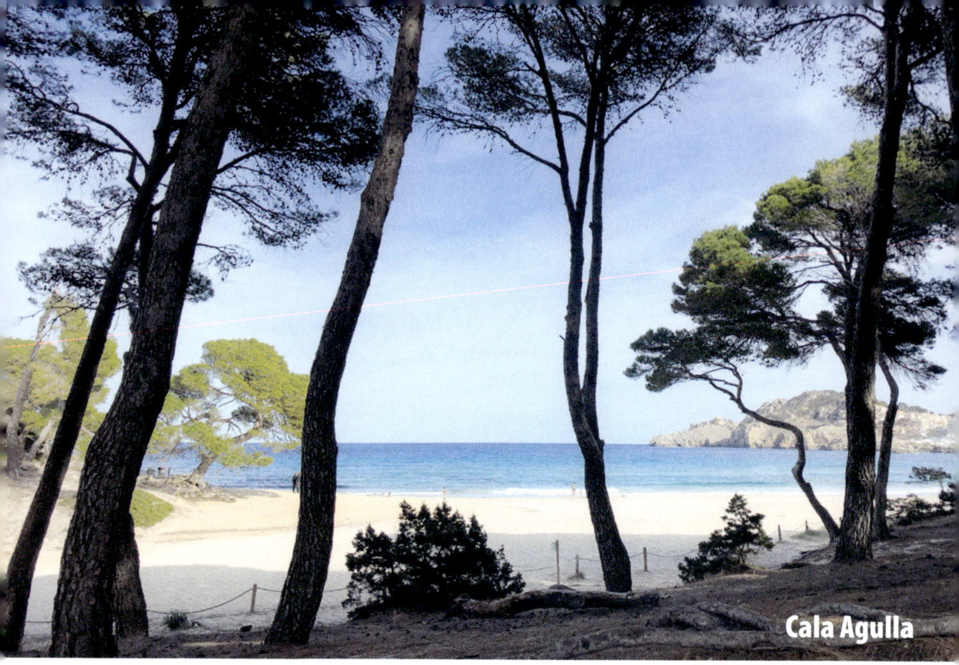

uns liegt die schmale Landzunge **Punta des Gulló,** die „Nadelspitze“, die die Cala Agulla von der benachbarten ruhigen Naturbucht **Cala Moltó ❷** trennt. Einige Escars, so heißen die kleinen inseltypischen mallorquinischen Bootsgaragen, stehen verlassen am Ufer.

Wir passieren ein offenes Tor und tauchen in ein herrliches Waldgebiet ein. Es duftet nach Kiefern und mediterranem Waldboden. Der Weg ist breit und bequem und wir könnten so gemütlich immer weiter geradeaus bis zur Cala Mesquida wandern, wenn da nicht ein Hügel wäre, der uns mit seinem Rundumpanorama lockt.

Eine Viertelstunde nach dem Tor halten wir Ausschau nach einem Pfosten mit bunten Wegweisern. Für uns gilt olivgrün **„Talaia de Son Jaumell“,** der Pfeil weist nach rechts. Wir wandern nun mäßig ansteigend durch den schattigen Kiefernwald, kommen an einem verfallenen Kalkofen vorbei, bleiben immer auf dem Pfad. Ein freundlicher Mensch hat hin und wieder rote Kleckse auf die Steine getupft. 20 Minuten später lichtet sich der Wald und gibt einen ersten Blick auf den Turmstumpf des Talaia de Son Jaumell frei. Die meisten Höhenmeter sind sogar schon überwunden. Der Bergrücken, über den wir jetzt weiter voranschreiten, ist mit hohem Dissgras bewachsen. Dicke Büschel wiegen sich im Wind.

Schon bald ist die Sicht hinunter zu beiden Seiten frei. Gen Süden blinzeln wir in die Sonne und sehen

Für die Seele

Wir wandern zu den Sanddünen von Cala Mesquida und erkunden einen alten Wachturm, wo wir mit einem fantastischen Rundblick belohnt werden.

die Cala Agulla und Cala Rajada im Gegenlicht. Drehen wir uns nach Norden, liegt dort die Bucht von Cala Mesquida – das klare, flach abfallende Wasser, das den Strand so beliebt macht, strahlt türkis im

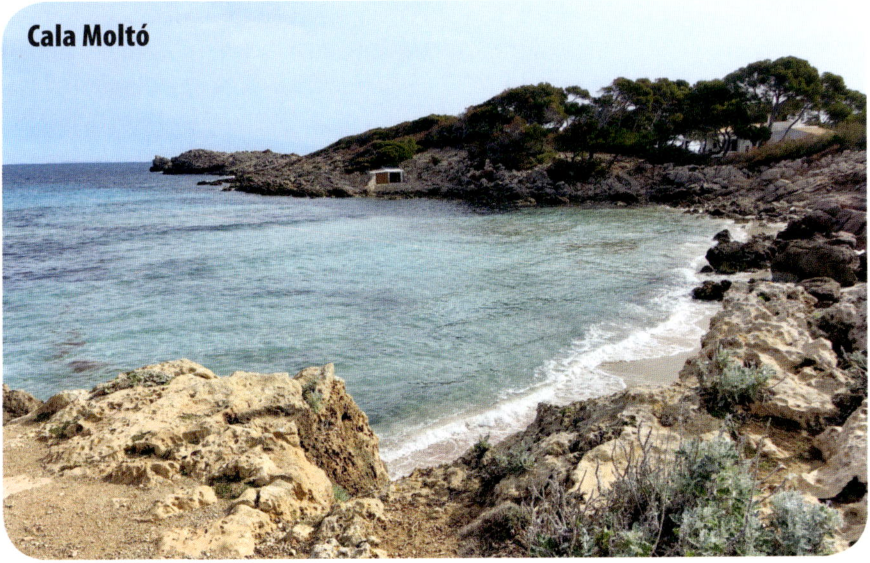

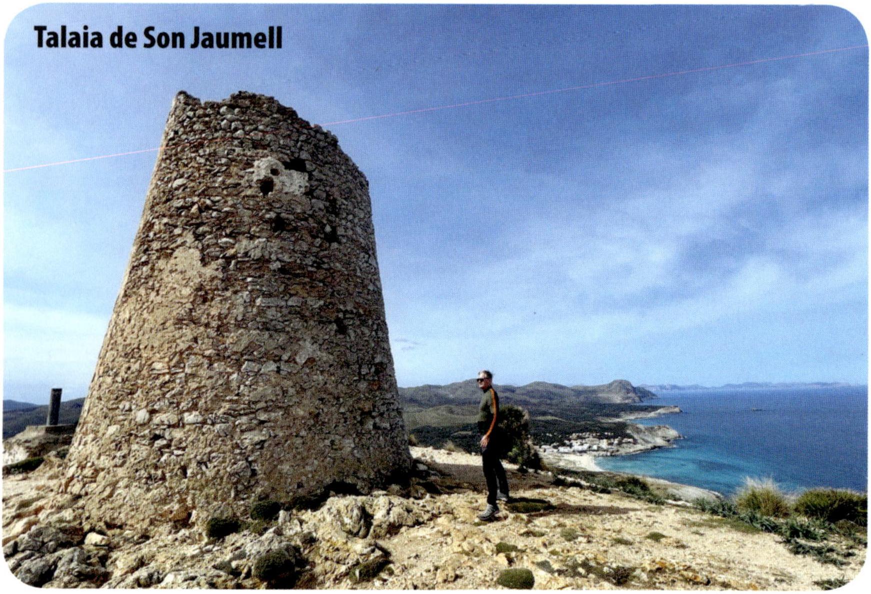

85 **Wachtürme** gab es ursprünglich auf Mallorca. Etwa 50 davon sind heute noch erhalten. Die Türme wurden in Sichtweite zueinander erbaut, so konnten sich die Wachen mit Rauch- und Feuerzeichen warnen, wenn feindliche Schiffe erspäht wurden.

Sonnenlicht. Wir sehen die einzigartige Dünenlandschaft dahinter. Ahnen die Kraft, wie die vom Meer aufs Land treffenden Winde den Sand auftürmten, der sich fast 1 Kilometer weit ins Land zieht. Wer bekommt da keine glänzenden Augen, wenn er nach einiger Anstrengung oben steht! Es soll ja Menschen geben, für die es im Urlaub nur Hotel und Pool gibt. Wir gehören definitiv nicht dazu!

Beseelt steigen wir noch das letzte Stück bis zum **Talaia de Son Jaumell ❸.** Der Turm, beziehungsweise die Hälfte, die noch davon übrig ist, stammt aus dem 16. Jahrhundert und gehörte zum inselumspannenden Netz von Wachtürmen, den Talaias, die die Bewohner vor Angreifern warnen sollten. Der Name „Son Jaumell" ist eine bewusste Deformation des Namens Jaume II., früherer König von Mallorca und Gründer von Capdepera. Andere Zeiten, anderer Humor.

Wir stehen in 273 Metern Höhe, und die sind real, denn das viele Blau dort unten liegt bei null. Die felsige

Landspitze schräg vor uns heißt übrigens **Cap des Freu.** Bei Seefahrern war die Stelle stets gefürchtet, besonders bei Sturm aus Nord und Nordost. So manch eine unglückliche Seele soll hier Schiffbruch erlitten haben.

Für den Abstieg gehen wir zunächst etwa 100 Meter zurück und halten die Augen offen für einen rechts abzweigenden Pfad durch den Grashang, der mit einem Steinmännchen markiert sein sollte. Danach beginnt ein kleines Abenteuer, der Abstieg im ersten Stück ist nämlich steil! Mit Bedacht setzen wir einen Fuß vor den anderen, damit wir nicht ins Rutschen kommen. Eine simple Methode ist, beherzt kräftige Büschel Dissgras zu greifen, um sich nach unten zu hangeln. (Keine einzelnen Halme, sonst schneiden wir uns!)

Der steile Abschnitt ist bald überwunden und es geht mit „normalem" Gefälle weiter abwärts, die schöne, lockende Cala Mesquida immer im Blick. Nach etwa 40 Abwärtsminuten haben wir dann endlich weichen weißen Sand unter den Sohlen. Um die Dünen in ihrer Schönheit zu bewundern, halten wir uns leicht links, weg von der Küste, und laufen zum **Holzsteg ④,** der das Dünensystem schützen soll und so seine Regeneration ermöglichen. Am Anfang des Steges informiert uns eine Tafel über die Dünen und ihren Schutz, der so bedeutsam ist für das Ökosystem mit den dort ansässigen Vogel- und Pflanzenarten. Wir spazieren auf den Holzplanken schwebend über dem Sand, fast 500 Meter sind es bis zur anderen Seite. In den Dünen wachsen Strandhafer, Wacholder und die Wildblumen des Mittelmeers. Eine der schönsten Küstenpflanzen

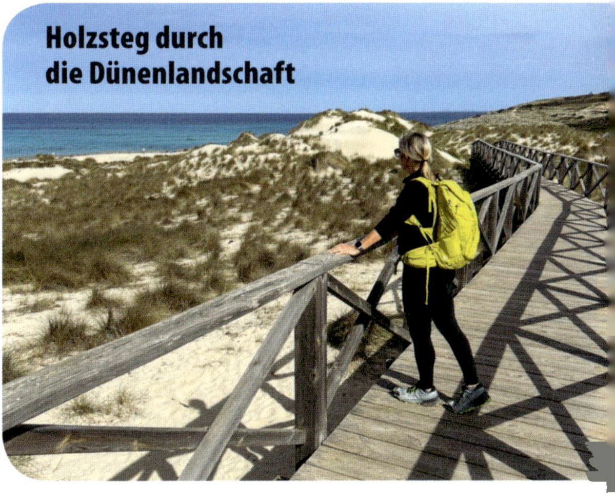

Holzsteg durch die Dünenlandschaft

ist die grazile Dünen-Trichternarzisse. Ihr machen Hitze und Dürre nichts aus, sie blüht genau dann, wenn es am heißesten ist, mitten im Sommer.

Cala Mesquida ist auch ein Ort, in dem man gut seinen Urlaub verbringen kann. Es gibt eine Siedlung und mehrere ruhige Hotelanlagen. Am **Strand 5** empfängt während der Saison die **Mirablau Beach Bar & Restaurant 6** hungrige und durstige Gäste. Wir können uns hier stärken, bevor wir an den Rückweg denken. Den finden wir, indem wir über den Strand oder wieder über den Steg zurück zur anderen Seite gehen. Dort gelangen wir nach rechts auf den beschilderten, 2,5 Kilometer langen Wanderweg durch den Kiefernwald zurück zur Cala Agulla.

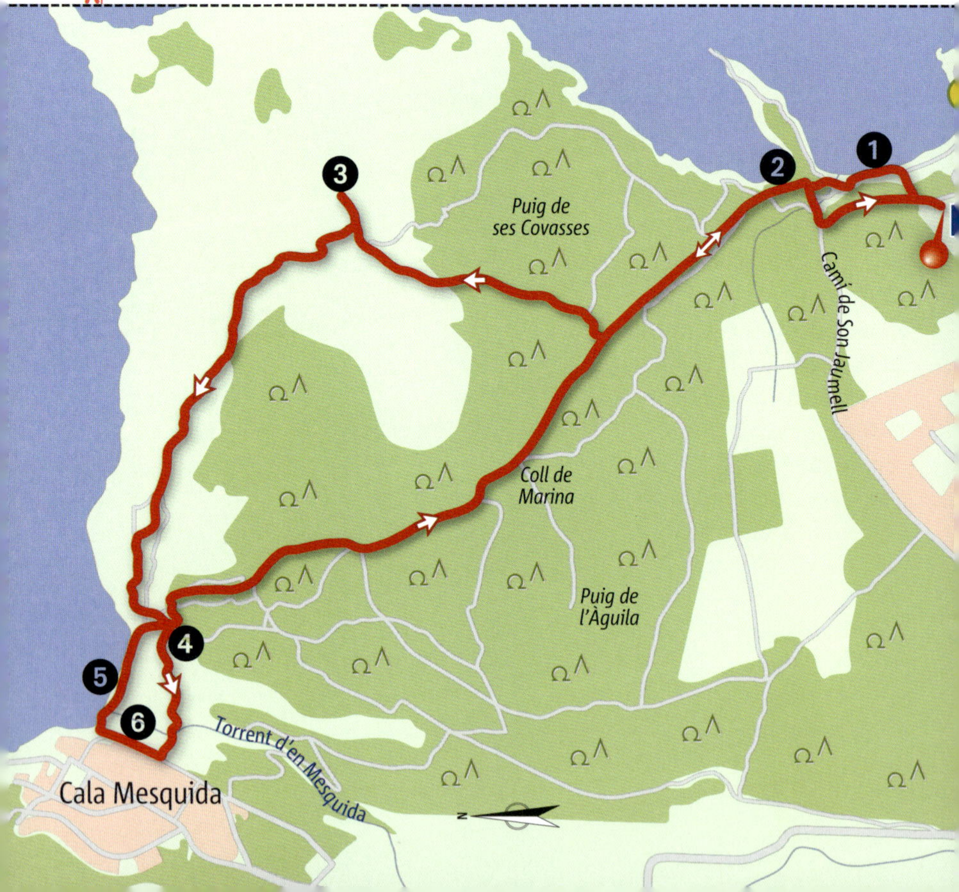

Alles auf einen Blick

WIE & WANN:
Eine mittelschwere Rundtour wartet auf uns, die abschnittsweise anspruchsvoll ist, aber mit einem tollen Küstenpanorama belohnt. Die Wanderung erfordert Trittsicherheit, insbesondere beim steilen Abstieg vom Talaia. Besonders empfehlenswert in der ruhigen Nebensaison zwischen Oktober und Juni.

Entspannung ★★★☆☆
Genuss ★★★☆☆
Romantik ★★★★☆

HIN & WEG:
Auto: Parkplatz Cala Agulla (in Saisonzeiten gebührenpflichtig), Camí de Cala Agulla, 07590 Cala Agulla (GPS: 39.720958, 3.451204)
ÖPNV: Haltestelle Cala Agulla, Busse 411, 422, 423 und 424

ESSEN & ENTSPANNEN:
Mirablau Beach Bar & Restaurant ❻ 07589 Cala Mesquida, Tel. +34 971 89 40 50

ENTDECKEN & ERLEBEN:
Cala Agulla ❶
Cala Moltó ❷
Talaia de Son Jaumell ❸
Holzsteg durch die Dünen ❹
Strand von Cala Mesquida ❺

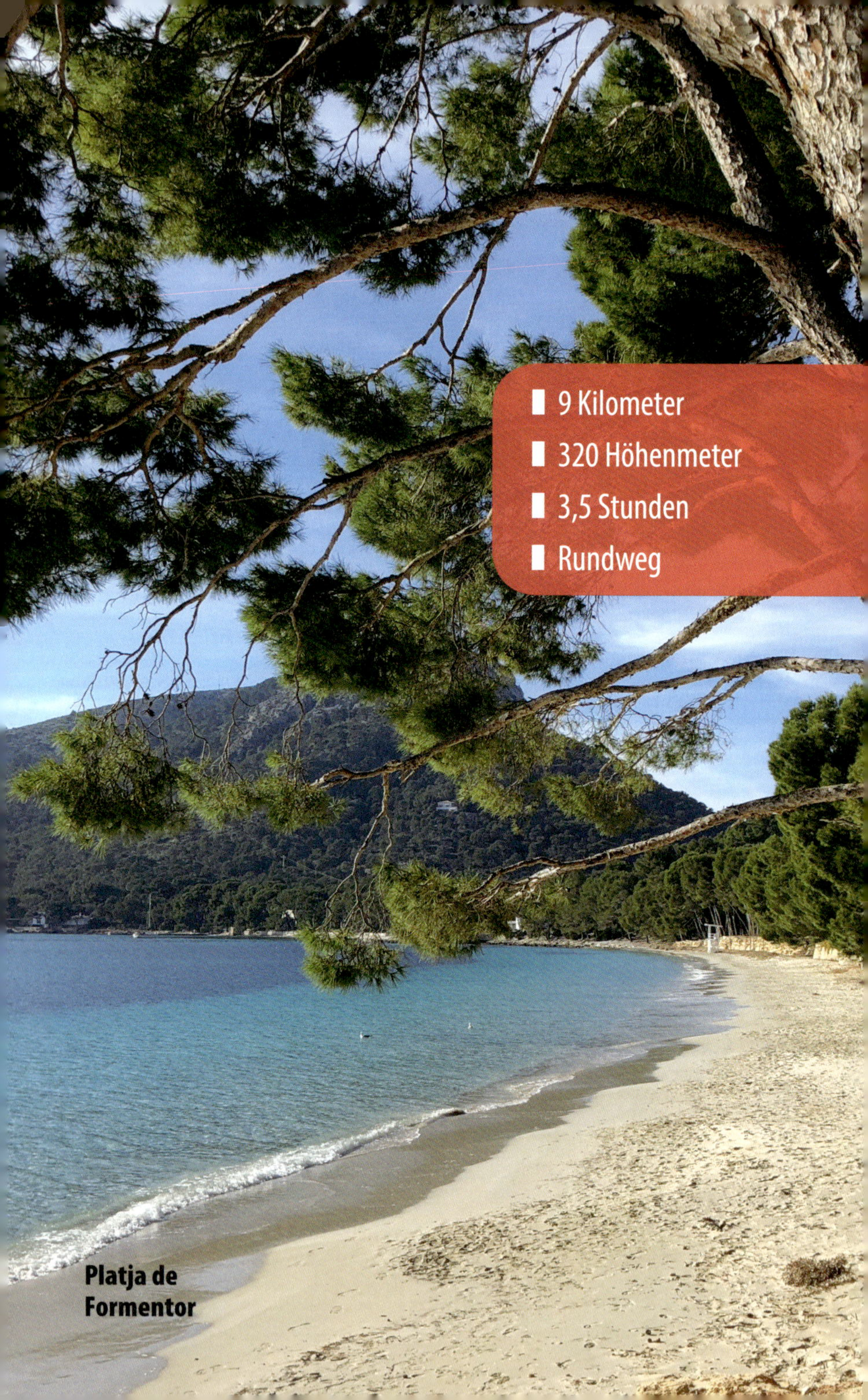

- 9 Kilometer
- 320 Höhenmeter
- 3,5 Stunden
- Rundweg

Platja de Formentor

Es gibt einen Punkt auf Mallorca, der uns alle, Urlauber ebenso wie Einheimische, in seinen Bann zieht. Es ist der nördlichste Punkt Mallorcas, das Cap de Formentor. Wer sich einmal mit Auto, Bus oder Fahrrad die 19 Kilometer über die abenteuerliche Serpentinenstraße bis zum Leuchtturm vorwagt und dort auf

Lieblingsstrand

Auf der Halbinsel Formentor

den steilen, bizarren Klippen steht, wird den Zauber dieser einzigartigen Kulisse spüren. Wir sollten unseren Tag auf jeden Fall so planen, dass vor oder nach unserer Wanderung noch Zeit bleibt, bis zum Leuchtturm zu fahren und damit unser Wandererlebnis abzurunden.

Doch nicht nur für die Panoramastraße, auch für reizvolle Panoramawanderungen ist der schmale Landfinger der Halbinsel Formentor mit seinem schroffen Gebirgszug über idyllischen Steineichen- und Kiefernwäldern bekannt.

Unsere Tour über die 328 Meter hohe Spitze der Na Blanca, was so viel wie „die Weiße" bedeutet, startet an der **Platja de Formentor ①,** einem wahren Postkartenstrand und für viele Mallorcafans der schönste Strand der ganzen Insel. Vom **Parkplatz** aus gelangen wir nach 200 Metern an den Strand, den wir nicht verfehlen können. Es ist ein schmaler Sandstrand, mit Kiefern gesäumt, feinster Sand, kristallklares Wasser. Sind wir im Paradies? Wir gehen am Ufer entlang nach links, am Bootsanleger und an den Restaurants vorbei, laufen auf dem schattigen Pfad unter den

!

*Die **Straße zum Leuchtturm** am Cap de Formentor gilt als ein Meisterwerk der Straßenbaukunst. Geplant wurde sie in den 1930er-Jahren vom Ingenieur Antonio Parietti, der zuvor auch die berühmte Straße nach Sa Calobra errichten ließ.*

*Das **Hotel Formentor** war einst erste Adresse der Insel, wo sich Stars, Staatsoberhäupter, Scheiche und selbst der Dalai Lama im noblen Ambiente betteten. Erst kürzlich trat ein neuer Investor das prestigereiche Erbe an, um das Haus neu erstrahlen zu lassen.*

Kiefern oder, wer Lust darauf hat, barfuß im flachen Wasser. Wir sehen das vorgelagerte Inselchen **Illa de Formentor** und auf der gegenüberliegenden Seite der Bucht die Halbinsel La Victoria. Dort, wo der Strand endet, bleiben wir auf dem Küstenpfad. Links von uns, versteckt in einer weitläufigen Gartenanlage, liegt das traditionsreiche **Hotel Formentor ❷,** ein Luxushotel mit einer fast hundertjährigen Geschichte.

Der Pfad mündet in eine asphaltierte Anwohnerstraße, die sich nach links vom Meer abwendet und uns für etwa 1 Kilometer leicht ansteigend durch ein exklusives **Villengebiet** leitet. Es ist eine Sackgasse, bald ist das letzte Anwesen erreicht und wir ahnen schon, wie es weitergeht. Auf der linken Seite sehen wir, auf Fels gemalt, **zwei dicke rote Pfeile,** die auf einen mit Zwergpalmen, Kiefern und allerlei Gebüsch bewachsenen Hang zeigen. Dort hinauf? Puh, das wird wohl anstrengend. Der Steig verlangt uns einiges ab, doch Schritt für Schritt gewinnen wir vorsichtig und

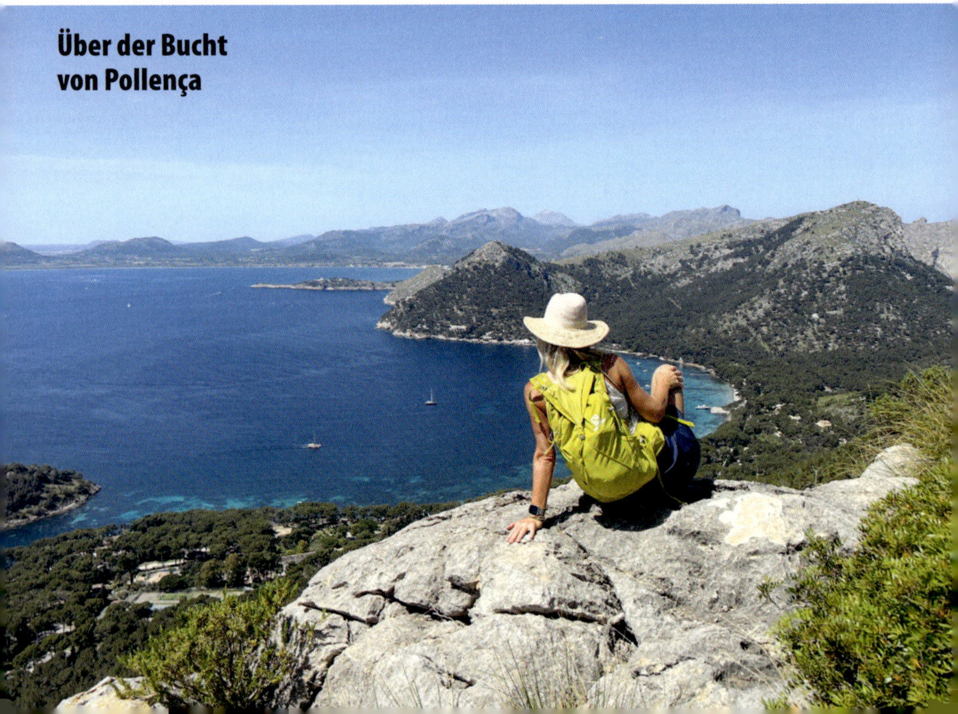

Über der Bucht von Pollença

langsam an Höhe. Ein dichtes Netz an **Steinmännchen** hilft bei der Orientierung. Hin und wieder gibt die lichter werdende Vegetation den Blick auf die Bucht frei. Unsere Vorfreude auf das, was uns oben wohl erwarten wird, steigt. Der Anstieg ist schon bald weniger steil. Doch das Gelände wird felsiger, der stark ver-

Für die Seele

Am nördlichsten Ende der Insel schwelgen wir auf der stillen Na Blanca im Gipfelglück mit unvergesslichem Panorama der türkisblauen Bucht von Pollença.

karstete Untergrund fordert unsere ganze Aufmerksamkeit. Ein Weg ist nicht mehr auszumachen, uns bleiben nur die Steinmännchen und unser Orientierungssinn. Der Verlauf des Bergrückens gibt die Richtung vor, Nordwesten. Bevor wir dann tatsächlich auf dem **Gipfel der Na Blanca** ❸ stehen, werden wir schon unzählige Fotos geschossen haben, so grandios ist der Rundumblick von hier oben. Das ist jeden Schweißtropfen wert!

Wir schauen über die Halbinsel Formentor, die weitschweifige Bucht von Pollença bis zum Tramuntana-Gebirge mit den über 1000 Meter hohen Bergen. An klaren Tagen taucht östlich die Schwesterinsel Menorca am Horizont auf. Hach, ist das herrlich! Am liebsten hätten wir jetzt Flügel, könnten unsere Schwingen ausbreiten, durch die Lüfte gleiten und wie ein Vogel durch diese atemberaubende Szenerie schweben.

Kosten wir diesen Augenblick noch etwas aus, bevor wir unsere Tour fortsetzen. Für den Abstieg wenden wir uns nach Nordosten, blicken in Richtung des Verlaufs der Halbinsel Formentor, in deren Silhouette zwei Felsnasen herausstechen, die etwas höher sind als

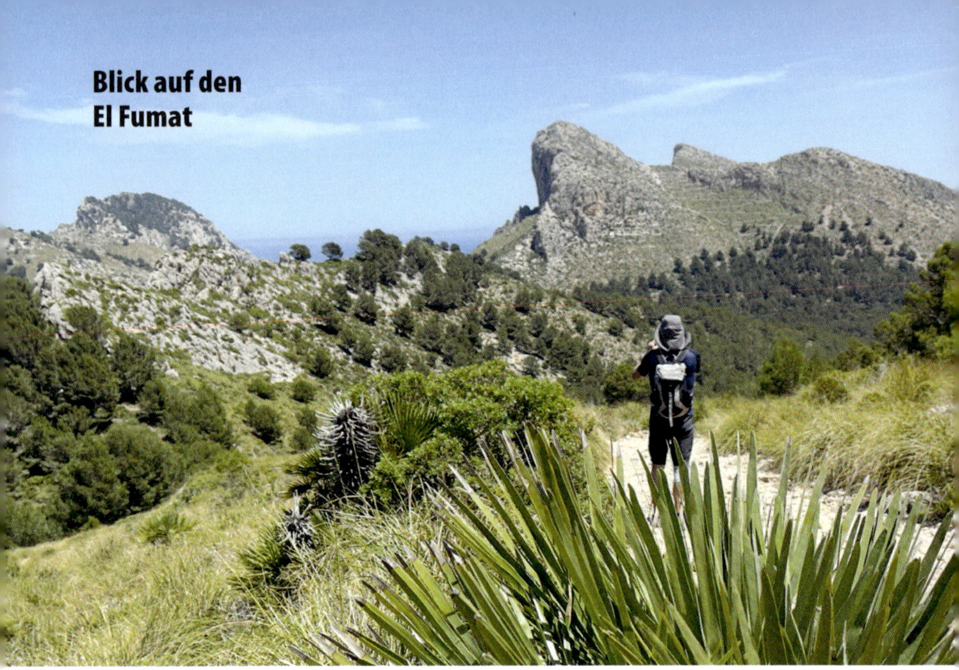

Blick auf den El Fumat

wir momentan. Da ist zum einen **El Fumat,** 335 Meter hoch, und gleich dahinter **La Roca Blanca,** 325 Meter. Die dicke Fumat-Nase dient uns als Richtungsweiser, denn wieder müssen wir zunächst durch wegloses Terrain. Die Steinmännchen auf dieser Seite des Berges sind etwas spärlicher gesät, also heißt es aufpassen!

Felsen und Dissgras wechseln sich ab. Nach etwa 500 Metern Abstieg sehen wir in einer Senke vor uns Überreste eines alten Hydranten stehen und direkt daneben den **Beginn einer unbefestigten Piste,** die leicht nach rechts führt. Dort wollen wir hin und damit ist der anstrengende Teil der Tour absolviert. Wir folgen also dieser Piste gemütlich bergab.

Je näher wir dem Fumat kommen – wir sind nur 2 Kilometer Luftlinie entfernt – desto deutlicher sehen wir an seiner rechten Flanke einen akkuraten Zick-Zack-Weg, das ist der alte Weg, der seinerzeit für den Bau des Leuchtturms am Cap de Formentor angelegt wurde.

Es gibt im Verlauf unseres Weges über 1 Kilometer lang keine nennenswerten Wegkreuzungen. Der einzige Abzweig, der zur Cala Feliu führt, ist so zugewachsen, dass wir ihn vermutlich gar nicht wahrnehmen. Erst nach einer lang gezogenen Linkskurve gibt es am Pass **Coll de l'Olivardar** ❹ einen Abzweig nach rechts zur Cala Murta. Wir ignorieren ihn und ebenso einen darauffolgenden weiteren Abzweig. Wir halten uns links und bleiben auf unserem Weg, der sich nach einigen Kehren schließlich nach Südwesten wendet. Die Straße zum Cap de Formentor befindet sich jetzt parallel zu uns auf unserer rechten Seite. Zwischen uns und der Straße erstrecken sich die nördlichsten Weinfelder Mallorcas des Weinguts **Vinyes de Formentor** ❺. Der Wein, der hier angebaut wird, trägt passenderweise ebenfalls den Namen „Na Blanca", wie unser Berg.

Auf der rechten Seite die Reben, auf der linken ein herrlicher Kiefernwald, wandern wir nun ganz entspannt, ohne Höhenmeter nach oben oder unten bewältigen zu müssen. Auch um die Richtung machen wir uns keine Gedanken, es geht mehr oder weniger immer geradeaus. Wir werden rechts und links mehrere Alleen finden, aber wir folgen immer dem Haupt-

*Im nördlichsten **Weinanbaugebiet** Mallorcas treffen Reben auf Meeresluft. Es liegt nur 1 Kilometer von der Küste entfernt, geerntet wird manuell. Auf 12 Hektar wachsen vor allem die einheimischen Trauben Giró Blanc, Malvasía und Prensal Blanc.*

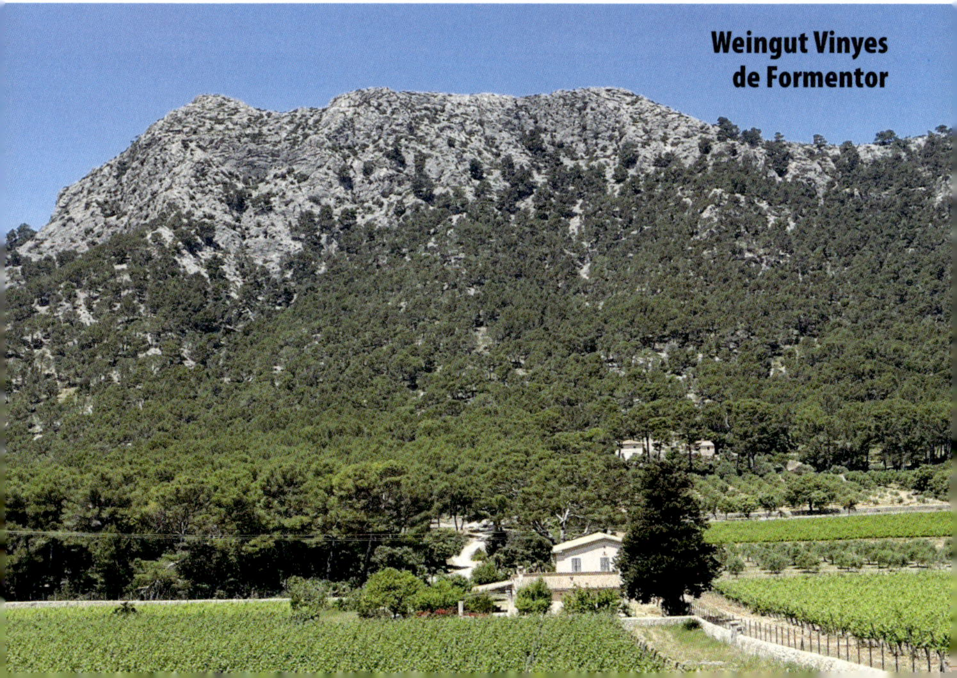

Weingut Vinyes de Formentor

weg. Wo der Wald sich lichtet, können wir auf der linken Seite noch einmal unseren Gipfel sehen – von hier aus eine senkrechte, unbezwingbare Felswand. Ja, da oben standen wir!

Etwa 1,5 Kilometer nach den Weinfeldern erreichen wir eine große freie Sandfläche, die **Pla de Pujol.** Wir überqueren diesen Platz schräg nach links und finden am Ende eine **Weggabelung,** an der wir den rechten Weg wählen. Markant ist hier unter einem Felsvorsprung ein Viehunterstand hinter einer groben Trockensteinmauer. Was auch immer es für Tiere waren, es sind keine mehr zu sehen. Der Wald gehört uns.

Ab hier sind es nur noch 400 Meter bis zum Parkplatz, wo sich unsere Runde schließt.

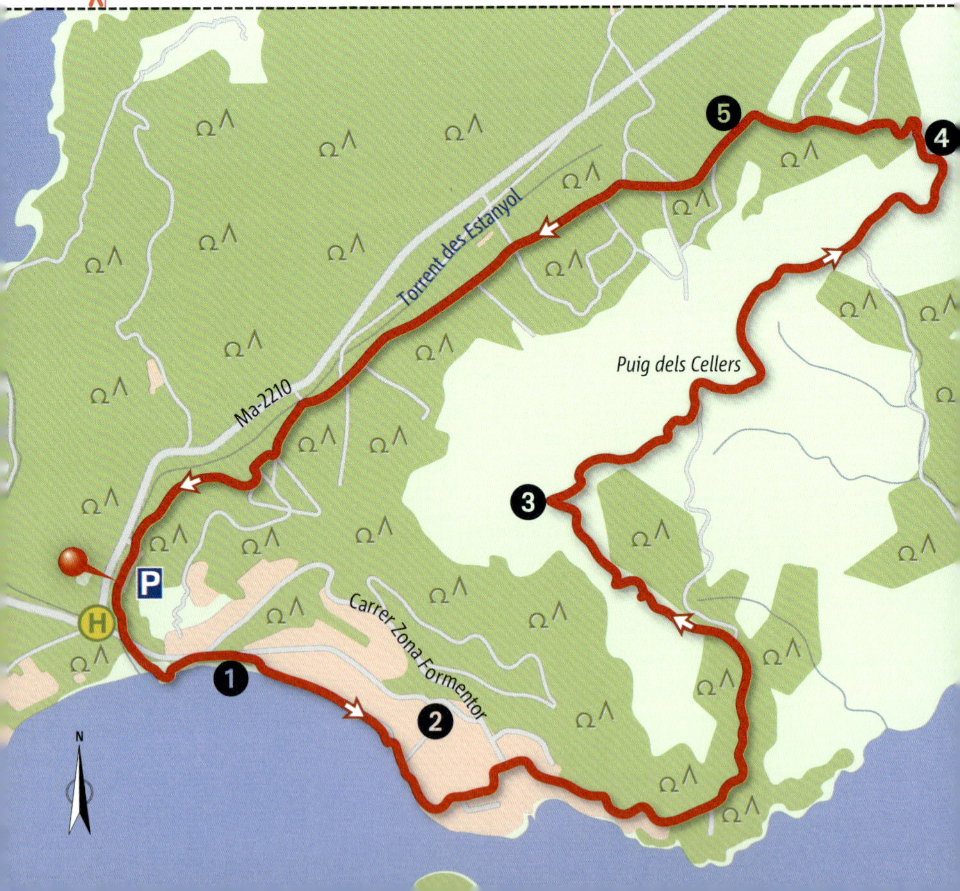

Alles auf einen Blick

WIE & WANN:
Mittelschwere Wanderung mit steilem, anspruchsvollem Anstieg. Wir brauchen eine gute Grundkondition sowie Trittsicherheit und sollten für alle Eventualitäten den GPS-Track gespeichert haben. Am schönsten ist die Tour in Verbindung mit einer Abkühlung im Meer, jedoch nicht im heißen Hochsommer.

Entspannung ★★☆☆☆
Genuss ★★★☆☆
Romantik ★★★★★

HIN & WEG:
Auto: Parkplatz Platja de Formentor (gebührenpflichtig), Carrer Zona Formentor MA-2210, 07460 Pollença (GPS: 39.930024, 3.134313). Achtung: Zwischen Juni und Mitte September gibt es Zufahrtsbeschränkungen nach Formentor. Aktuelle Informationen dazu unter formentor.conselldemallorca.cat
ÖPNV: Haltestelle Platja de Formentor, Bus 334

ESSEN & ENTSPANNEN:
Gastronomie direkt am Strand von Formentor: **L'Espigó BeachBar, Restaurante Platja Mar**
Tipp: Wer kein üppiges Urlaubsbudget zur Verfügung hat, sollte sein Picknick im Rucksack mitbringen, denn der Strand von Formentor ist exklusiv und beliebt und die Gastronomie teurer als andernorts.

ENTDECKEN & ERLEBEN:
Platja de Formentor ❶
Hotel Formentor ❷
Gipfel Na Blanca ❸
Coll de l'Olivardar ❹
Vinyes de Formentor ❺

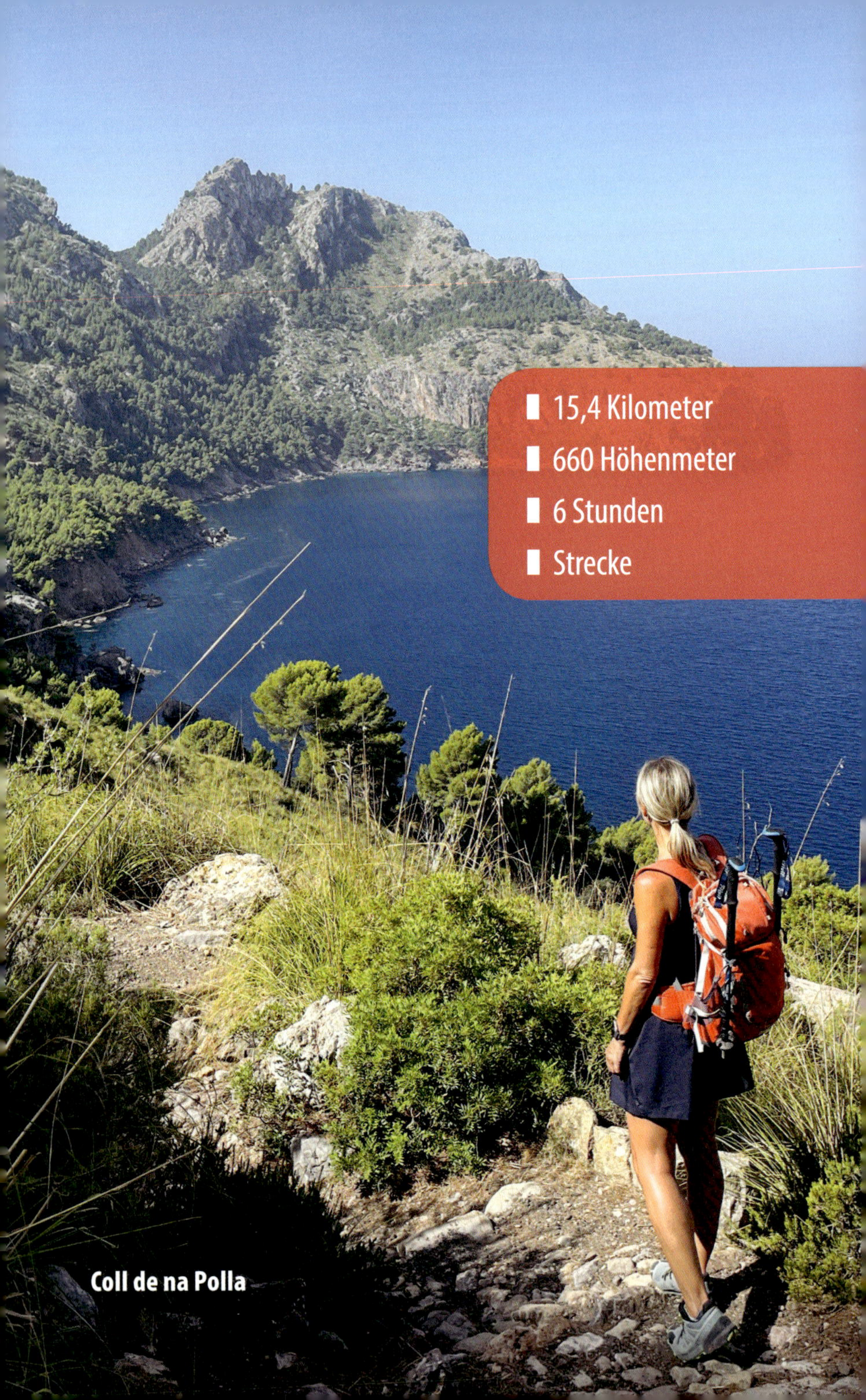

- 15,4 Kilometer
- 660 Höhenmeter
- 6 Stunden
- Strecke

Coll de na Polla

Wenn die Bergbewohner von Sa Calobra und Cala Tuent in früheren Zeiten, bevor es Straßen gab, für Erledigungen nach Sóller oder Port de Sóller mussten, gab es für sie nur den langen Marsch durch die Berge. Wir haben es gut, denn wir müssen nicht, wir wollen! Für uns ist es purer Genuss, auf diesem herrlichen

Seitenwechsel

Von Cala Tuent nach Port de Sóller

Flecken Erde zu wandern, auch wenn die Strecke immer noch genau so weit ist wie früher und wir eine gute Kondition dafür brauchen.

Bevor es richtig losgeht, bringt uns eines der Ausflugsboote ab Port de Sóller zur **Cala Tuent,** wir buchen „one way“. Alle an Bord! Schon auf der 50-minütigen Schiffspassage durch tiefblaues Wasser unmittelbar an der unberührten Küste entlang kommen wir vermutlich aus dem Staunen nicht heraus. Wir sehen schroffe, steil ins Meer abfallende Klippen, in denen Adler nisten, imposante Felsformationen und Grotten, winzige Felsinseln, alte Wachtürme, die spektakuläre Mündung des Torrent de na Móra.

In **Cala Tuent** ❶ angekommen legt das Schiff direkt neben dem wundervollen Naturstrand an, der eingerahmt von hohen Bergen vor uns liegt. Hier gibt es Kies und keinen Sand, auch keine Liegen und keinen Kiosk. Pure Natur eben. Für uns heißt es jetzt: Wir wandern die Strecke, die wir eben so bequem per Boot zurückgelegt haben, zurück bis Port de Sóller.

Am gegenüberliegenden Ende des 180 Meter langen Strandes finden wir einen ersten **hölzernen Weg-**

*Die Siedlung **Cala Tuent** gehört zu Escorca, dem Gemeindegebiet mit den wenigsten Einwohnern. Nur 252 Menschen leben in der schroffen Bergregion. Verwaltungssitz ist das Kloster Lluc (siehe auch Tour 2).*

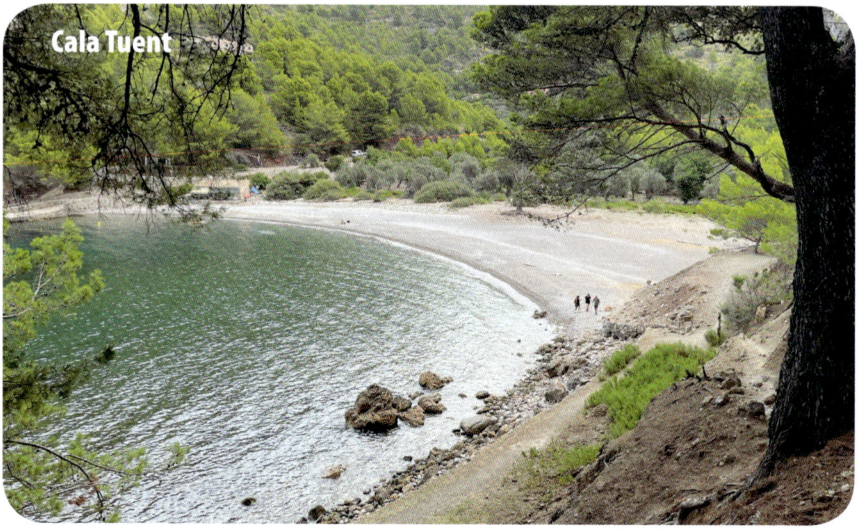

Die **Font des Verger** ist die mächtigste Quelle Mallorcas. Sie liefert im Durchschnitt 8 Millionen Kubikmeter Wasser pro Jahr, das über Rohre am Meeresboden nach Port de Sóller und von dort weiter in die Trinkwasserdepots der Insel geleitet wird.

weiser, der uns auf einen Pfad in Richtung Sa Costera und Sóller schickt, auf den **Camí de sa Costera.** Der Weg, mit Holzpfosten markiert und teilweise grob gepflastert, windet sich durch Kiefernwald leicht ansteigend in südwestliche Richtung, vorbei am **Restaurante Es Vergeret ❷,** kreuzt hin und wieder einen Fahrweg, bis er uns nach etwa 1,5 Kilometern und 130 überwundenen Höhenmetern zum Pass **Coll de na Polla ❸** bringt. Wir durchschreiten den Mauerdurchgang, der die Passhöhe markiert, und halten den Atem an. Vor uns öffnet sich ein fantastischer Blick auf Gebirge und Meer. Wer ist bei diesem Panorama nicht schockverliebt in diese überwältigende grün-blaue Wildnis! Wie eine große Sichel umschließen die zackigen Berge – ihr klangvoller Name lautet Muntanya de Moncaire – schützend die Küstenlinie. In der nächsten Stunde wird dieser Anblick unser Begleiter sein, denn jetzt verläuft der Camí de sa Costera parallel zur Küste. Da drüben, an der gegenüberliegenden Seite, können wir schon den Bergsattel Coll de Biniamar ausmachen, über den wir später ins Bàlitx-Tal absteigen werden.

Etwa 40 Minuten nach dem Pass verweist ein Schild auf eine Option: ein steiler Abstecher hinunter ans Meer zur **Quelle Font des Verger** und zum stillgelegten **Wasserkraftwerk Sa Fabrica ④,** der sich aber nur lohnt, wenn es in den Tagen zuvor viel geregnet hat und sich sprudelnde Wasserfälle ins Meer ergießen.

Für die Seele

Auf einem alten Küstenweg durchwandern wir die am dünnsten besiedelte Region Mallorcas, wo uns ein Gefühl der Freiheit und Zufriedenheit umgibt.

Wir sollten es uns gut überlegen, denn wir müssen 150 Höhenmeter runter und wieder rauf! Und vor uns liegt ohnehin noch ein weiter Weg.

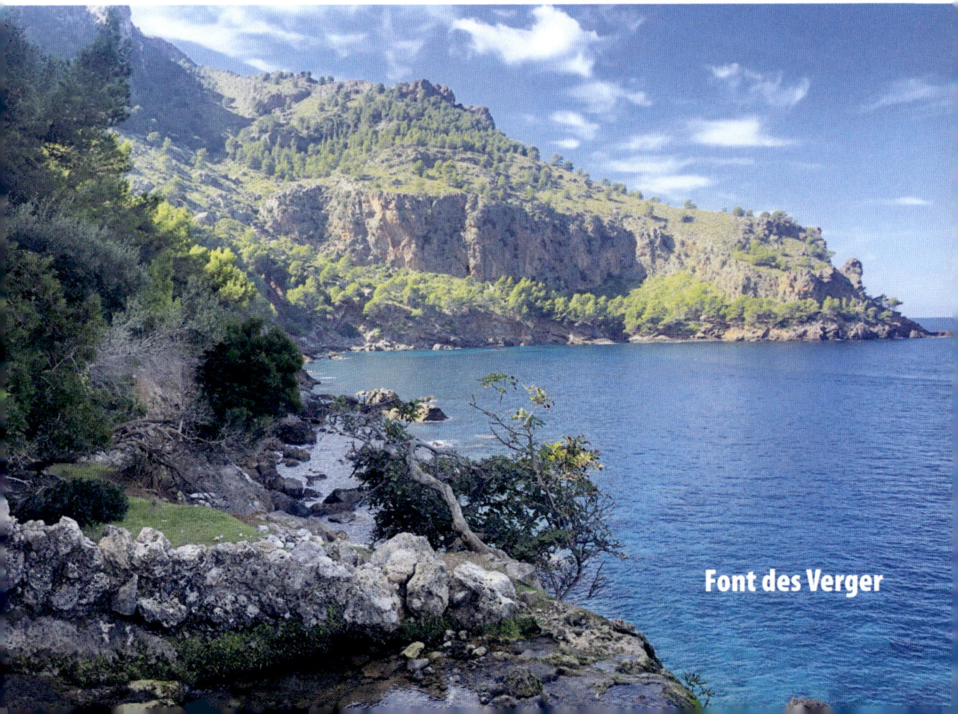

Font des Verger

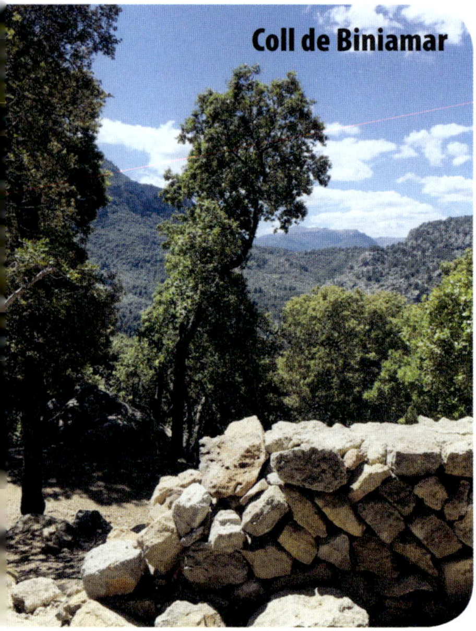

Also ziehen wir weiter auf unserem Küstenpfad. Haben wir uns schon sattsehen können? Falls nicht, dann sollten wir all unsere Sinne auf Empfang stellen und diese Eindrücke unbedingt speichern. Denn schon bald tauchen wir ein in einen verwunschenen Steineichenwald, durch den sich unser Weg – nun spürbar ansteigend – schlängelt. Aus unserem Pfad ist ein steiniger Karrenweg geworden, dessen Kurven wir hin und wieder abkürzen können.

Eine reichliche halbe Stunde dauert der Anstieg, dann stehen wir am (meist) windigen Pass **Coll de Biniamar** ❺ auf 340 Metern Höhe. Für eine Pause zum Ausruhen finden wir sicher zwischen den Steineichen ein geschütztes Plätzchen.

Nach dem Pass geht's nun rasch abwärts ins **Bàlitx-Tal.** In diesem Talkessel haben Menschen vor Jahrhunderten unzählige Terrassen errichtet, um fruchtbaren Boden am Hang festzuhalten und darauf Oliven anzubauen.

Wir bleiben auf der gerölligen Piste (Achtung, Rutschgefahr) bis wir 10 Minuten später in einer spitzen Rechtskehre geradeaus in einen Pfad ausscheren, der gut sichtbar mit Holzpfosten und Steinen gekennzeichnet ist. Die nächsten 20 Minuten brauchen wir noch, um den Talgrund und die Gebäude der **Finca Bàlitx d'Avall** ❻ zu erreichen. Vor nicht allzu langer Zeit, in der Vor-Covid-Ära, spielte sich hier noch reges Landleben ab. Es gab eine Ölmühle, viele Tiere, Fremdenzimmer und für die Wanderer immer ein Glas frisch gepressten Orangensaft. Die Zeiten ändern sich, jetzt liegt der Hof einsam und verlassen vor uns.

*Das Bàlitx-Tal besteht aus drei **Landgütern**, deren Namen arabischen Ursprung erkennen lassen: Bàlitx d'Avall, das Untere, Bàlitx d'Enmig, das Mittlere, und Bàlitx d'Amunt, das Obere. Jahrhundertelang wurden hier Oliven angebaut und zu Öl verarbeitet.*

Die Wegweiser führen uns an den Gebäuden vorbei und auf einen gepflasterten Saumpfad, auf dem es nun wieder bergauf geht. Serpentinen machen den Aufstieg relativ bequem. An den Wegrändern finden wir Baumheide, die im Herbst und Winter so hübsch blüht. Und dann, etwas weiter oben, dominieren Terrassen mit knorrigen Olivenbäumen das Landschaftsbild.

Die Wegführung durch das Tal wurde 2020 geändert, wer die Strecke vielleicht noch von einer früheren Wanderung kennt oder eine ältere Wanderkarte nutzt, wird es bemerken. Neu ist, dass das mittlere Anwesen **Bàlitx d'Enmig** großräumig umgangen werden muss, weil die neuen Eigentümer es so wünschen. Doch Schilder und Wegweiser machen die Wegfindung eindeutig und leiten uns durch die herrlichen Olivenhaine, mal auf Pfaden, mal auf Fahrwegen.

Ungefähr eine Stunde, nachdem wir Bàlitx d'Avall passiert haben, erreichen wir eine große Grenzmauer und das Ende des Tals. Wir blicken noch einmal

Olivenhain im Bàlitx-Tal

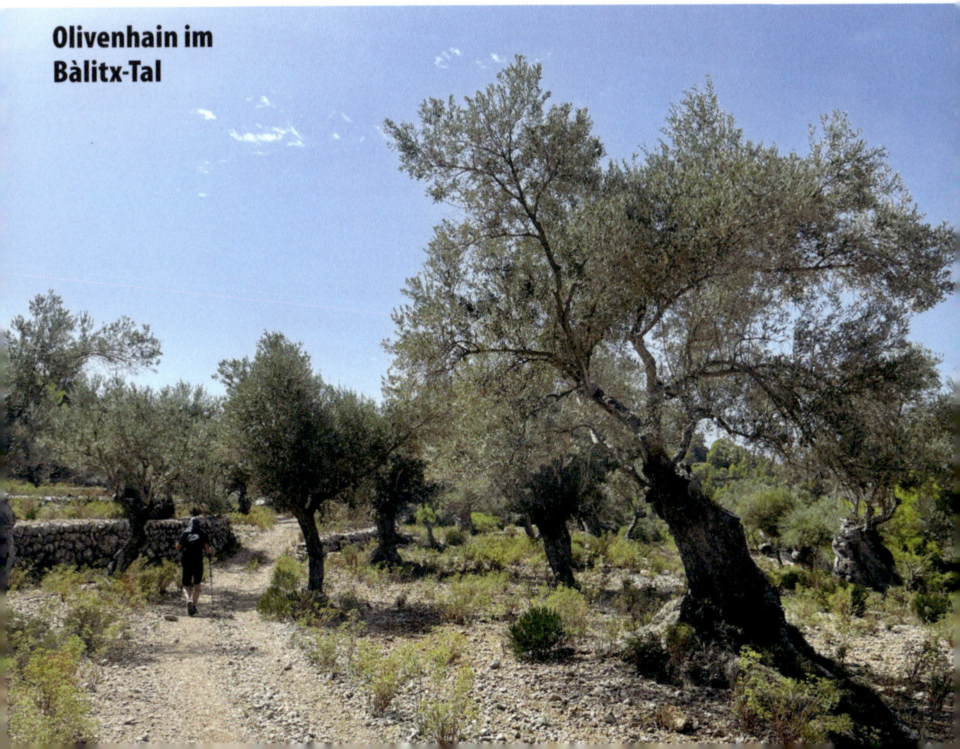

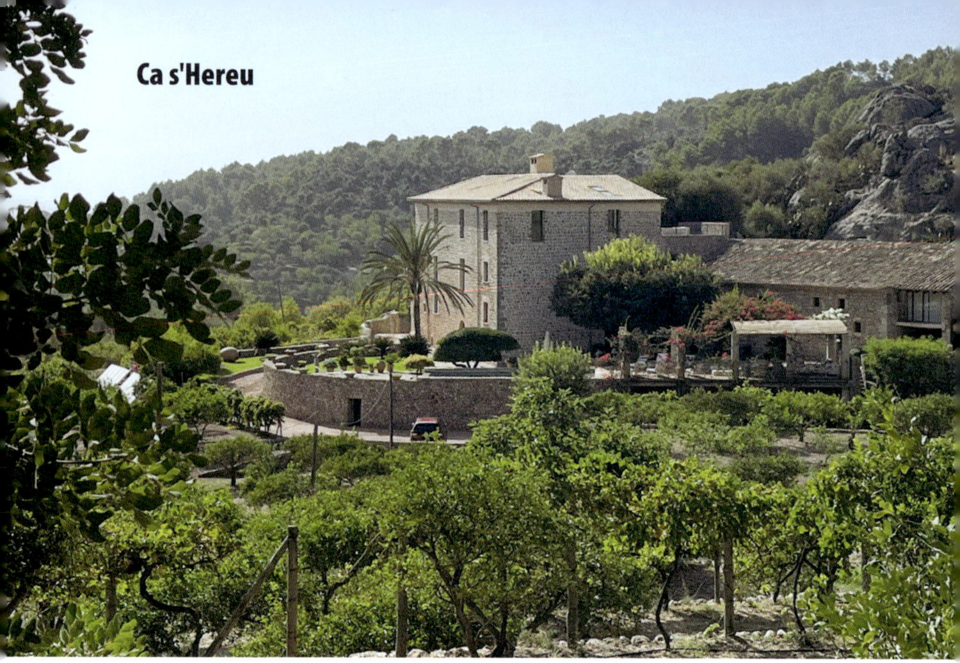

zurück, schauen über den idyllischen Talkessel zum Coll de Biniamar genau gegenüber. Da drüben standen wir! Seit unserem Tourstart sind wir jetzt insgesamt rund 9 Kilometer gewandert. Wer merken sollte, dass die Wanderung eventuell doch etwas zu lang ausfallen könnte, bekommt schon bald eine Möglichkeit zur Abkürzung. Doch zunächst müssen wir durch das Tor in der Mauer. Gleich dahinter befindet sich rechts die Einfahrt zur **Finca Bàlitx d'Amunt** und vor uns, richtig, der nächste Olivenhain.

Der Weg zwischen den alten Bäumen ist jetzt eben. Kein Auf und kein Ab. 10 Minuten weiter kommen wir an eine Kreuzung. Der Moment der Entscheidung ist da. Wer jetzt schon genug hat, geht geradeaus weiter zum Restaurant **Mirador de ses Barques 7,** kann dort aus der Tour aussteigen und ein Taxi rufen (Taxi Sóller, Tel. +34 971 63 84 84), um weiter nach Port de Sóller zu fahren.

Wer sich noch 5 Abwärtskilometer zutraut, biegt nach rechts ab und folgt weiter den Wegweisern in Richtung Sóller/Port de Sóller. Wir sind jetzt wieder auf einem dieser urigen, grob gepflasterten Pfade, die so typisch für Mallorca sind. Dieser trägt den Namen **Camí Vell de Bàlitx,** „der alte Weg von Bàlitx". Wie viele Füße hier wohl im Laufe der Jahrhunderte schon über die Steine geschlurft sind? Barfuß oder in Hightech-Wanderstiefeln. Wir passieren eine Pforte und etwas später noch eine, bevor wir an der nächsten Kreuzung auf einen Fahrweg nach rechts, nach Port de Sóller, abbiegen müssen. Dies ist schon das Umland von Sóller, eine terrassierte Kulturlandschaft mit Gärten, vereinzelten Häusern und jeder Menge Trockensteinmauern. Wie überall sind die Ortschaften sehr zersiedelt. Jeder hat irgendwo ein Stückchen Land, das er nutzt – oder auch nicht.

An der nächsten Gabelung gehen wir links und folgen dem Pfad für 500 Meter, auf denen es wieder Gatter gibt, die zu öffnen und zu schließen sind. Dann erreichen wir den asphaltierten **Camí de Cas Bernats.** Wir gehen nach links und sofort wieder rechts, schlagen also einen kleinen Haken und sind jetzt auf einer „richtigen Straße", der Landstraße Ma-2124. Doch viel Verkehr gibt es zum Glück nicht.

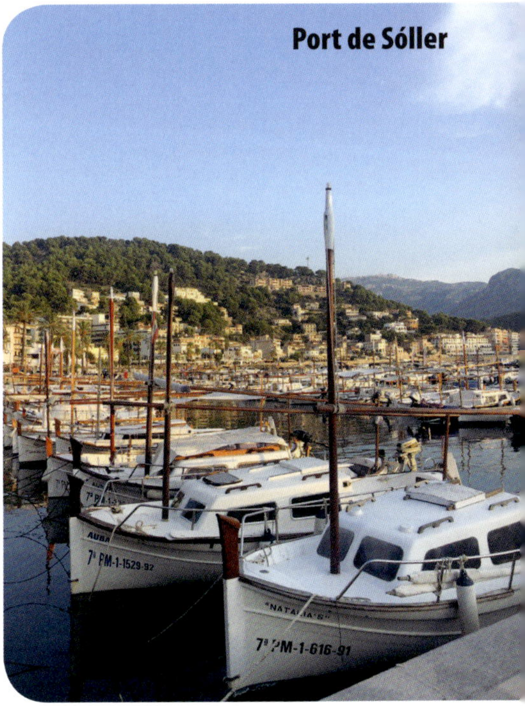

Port de Sóller

Wenn wir nach ein paar Minuten nach einer scharfen Linkskurve per Wegweiser rechts in eine Grundstückseinfahrt geschickt werden, fühlt sich das vielleicht komisch und nicht richtig an, aber: Das ist Mallorca, die Wegerechte sind manchmal unergründlich! Wir öffnen und schließen also das Metalltor und gehen direkt auf ein Wohnhaus zu, vor dem der Weg jedoch nach links wegknickt. Wenn wir leise sind, stören wir auch niemanden.

Panoramatour 9

*Jedes Jahr im Mai feiern Sóller und Tausende verkleidete Besucher **„Moros i Cristians“**, Mauren und Christen. Höhepunkt des lautstarken und feuchtfröhlichen Historienspektakels ist der nachgestellte Piratenangriff vom 11. Mai 1561.*

Ein Stück weiter werden wir wieder auf einen Pfad durch terrassiertes Gelände geleitet, der etwa 400 Meter weiter auf ein Sträßchen trifft. Links von uns sehen wir die Ländereien und das stattliche Anwesen von **Ca s'Hereu 8**, einem exklusiven Fincahotel. Wir wandern direkt am Gästehaus vorbei und kommen kurz danach zur kleinen **Siedlung Sa Figuera,** einem Ortsteil von Port de Sóller, und schließlich wieder auf die Landstraße Ma-2124.

Von hier ist es nur noch 1 Kilometer durch Orangen- und Olivenhaine bis Port de Sóller. Oder 1,5, wenn wir bis zum Strand weiterlaufen, wo wir unsere dampfenden Füße wohlverdient in Sand oder Meerwasser tauchen können.

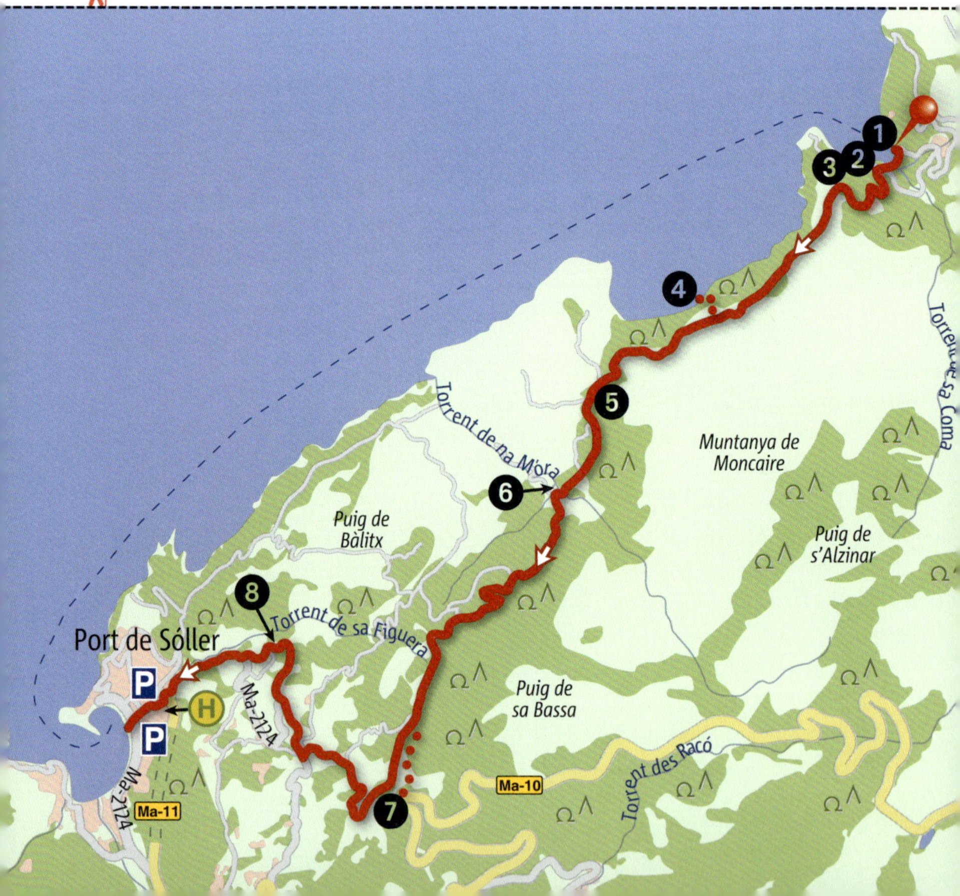

Alles auf einen Blick

WIE & WANN:
Lange Wanderung, die eine sehr gute Kondition von uns erfordert, technisch jedoch recht einfach ist. Die Wege sind durchweg gut markiert. Empfohlen im Frühjahr von März bis Juni sowie im Herbst im September und Oktober. Die Tour ist in beide Richtungen möglich, bitte die Abfahrtszeiten der Schiffe beachten!

Entspannung ★★★☆☆
Genuss ★★★☆☆
Romantik ★★★★★

HIN & WEG:
Auto: Parkplatz Avinguda de l'11 de Maig, 07108 Port de Sóller (GPS 39.798060, 2.699036) oder Parkhaus Lepanto, Carrer de Lepanto 7, 07108 Port de Sóller (GPS 39.795842, 2.698672), beide kostenpflichtig
ÖPNV: Haltestelle Port de Sóller, Busse 203, 204, 231 und 232
Schifffahrt zum Startpunkt: Barcos Azules, Moll comercial, 07108 Port de Sóller, Tel. +34 971 63 01 70, www.barcoscalobra.com

ESSEN & ENTSPANNEN:
Es Vergeret ❷ Carrer Cala Tuent, 07315 Cala Tuent, Tel. +34 971 51 71 05
Mirador de ses Barques ❼ Carretera Lluc, Ma-10, Kilometer 45, 07100 Sóller, Tel. +34 971 63 07 92

ENTDECKEN & ERLEBEN:
Bootsanleger Cala Tuent ❶
Pass Coll de na Polla ❸
Quelle Font des Verger und Wasserkraftwerk Sa Fabrica ❹
Pass Coll de Biniamar ❺
Finca Bàlitx d'Avall ❻
Fincahotel Ca s'Hereu ❽

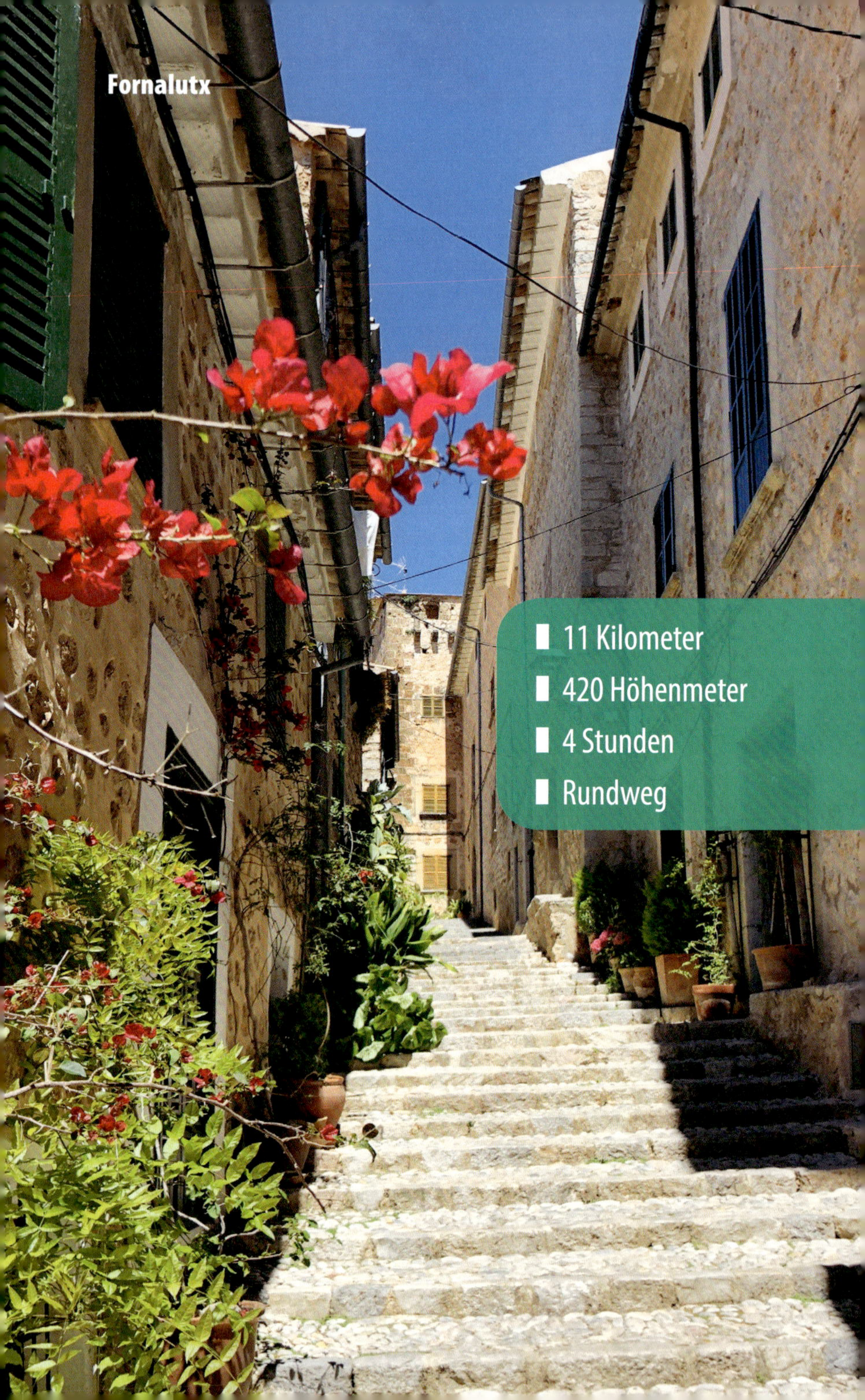

Fornalutx

- 11 Kilometer
- 420 Höhenmeter
- 4 Stunden
- Rundweg

Orangental

Ein Streifzug rund um Sóller

Wo wachsen eigentlich Mallorcas Orangen? Na, überall auf der Insel, könnte die Antwort lauten. Und doch gibt es einen Ort, an dem sie besonders gedeihen und der seit Jahrhunderten bekannt ist für seine saftigen, von der Sonne verwöhnten Früchte: das Tal von Sóller – **La Vall dels Tarongers,** wie die Mallorquiner es nennen. Es ist ein Tal wie aus dem Bilderbuch, so üppig grün, umarmt von 1000 Meter hohen Bergen, ursprünglich und gelassen.

Also los, worauf warten wir noch, fahren wir nach **Fornalutx!** Das Dorf wurde schon mehrfach als eines der schönsten Dörfer Spaniens gekürt und eventuell müssen wir hier gleich zu Beginn etwas mehr Zeit einplanen, weil wir gar nicht genug bekommen von den niedlichen Gassen, versteckten Winkeln, hübschen Natursteinhäusern und farbenfroh rankenden Pflanzen.

Unser Parkplatz ist auf inseltypischen Steinterrassen angelegt, die Parkreihen sind gesäumt mit Orangenbäumen. Wir schwenken hinter dem obersten Parkdeck auf der linken Seite in ein verwunschenes Gässchen ein. Auf Treppenstufen steigen wir hinab zum Dorfplatz, der **Plaça Espanya ❶,** mit urigen Cafés und dem Dorfladen. Wir gehen nach rechts in die **Carrer de sa Plaça.** Die Bezeichnung Carrer, also Straße, ist in Fornalutx etwas übertrieben, denn die meisten dieser Straßen sind so schmal, dass hier keine Autos durchpassen.

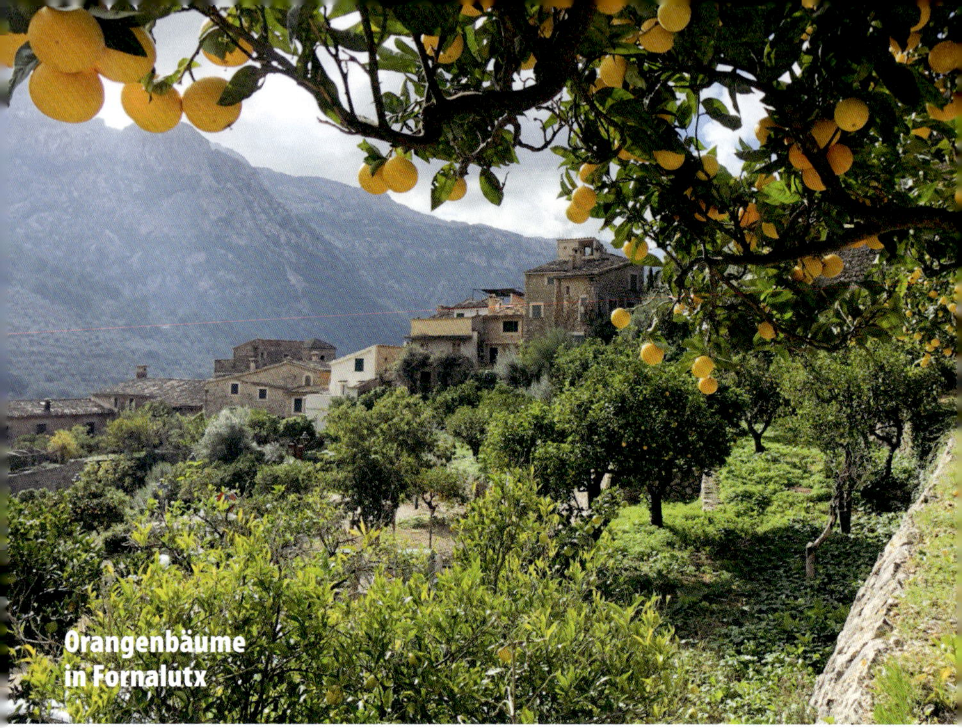

Orangenbäume in Fornalutx

Geradewegs wandern wir zum Dorf hinaus. Ungefähr dort, wo auf einer hölzernen Tafel der Plan des Dorfes abgebildet ist, sollten wir noch einen Blick zurück werfen. Von hier sehen wir Fornalutx ganz kompakt, angeschmiegt am Hang, mit dem imposanten Felsmassiv des Penyal des Migdia im Hintergrund.

Auch zur anderen Talseite hin öffnet sich jetzt der Blick. Wir sind auf dem **Camí de Binibassí,** zunächst noch auf einem bequemen Fahrweg, der jedoch circa 300 Meter nach dem Friedhof in einen schmaleren Pfad mündet, der uns an Trockensteinmauern entlangführt. An einem Gatter gibt uns ein kunstvoll hergestelltes Holzschild mit der Aufschrift „Sóller" die Gewissheit, auf dem richtigen Weg zu sein. Die nahe Stadt selbst tritt nur wenige Meter später in der Ferne in unser Blickfeld.

Das nächste Gatter folgt und wir sind in **Binibassí ❷.** Das Landgut, ursprünglich aus der arabischen Zeit der Insel, ist umgeben von paradiesischen **Orangenplantagen.**

*„**Bini**" in Ortsnamen deutet auf einen arabischen Ursprung hin und bedeutet „Sohn von". Binibassí heißt frei übersetzt „Sohn des Lächelnden". Ein reizender Name, nicht wahr? Nicht ganz so charmant ist die Übersetzung von Biniaraix: „Sohn des Hinkenden".*

Herrlich, dieser Ausblick über das Tal! Genau gegenüber sehen wir Biniaraix, wo wir später noch hinkommen, und dahinter die gewaltige **Schlucht von Biniaraix.** Das Panorama wird uns vorerst erhalten bleiben und so gehen wir langsam weiter. Alsbald erreichen wir eine kleine Straße und folgen dem Wegweiser nach rechts in Richtung Sóller.

Auf uns wartet etwas abseits der Route ein Leckerbissen der anderen Art, eine märchenhafte, verwunschene Kapelle im Wald, die **Sa Capelleta ③.** Der Preis dafür sind etwa 100 zusätzliche Höhenmeter, verteilt auf 700 Meter. Wer kommt mit? Der Abzweig **Camí de sa Capelleta** befindet sich auf der rechten Seite. Der Aufstieg über einen alten Pflasterpfad ist mit Holzpfeilern markiert. Oben angekommen finden wir das außergewöhnliche Bauwerk umgeben von Schatten spendenden Bäumen. Ein wenig erinnert es an die Lebkuchenhäuser aus unserer Kindheit, oder? Die Fassade aus Keksen, der Innenraum eine Grotte aus Zuckerguss. Das Portal ist leider verschlossen, doch es gibt Fensteröffnungen für unsere neugierigen Blicke.

Für die Seele

Auf einer malerischen Runde durch die Orte Fornalutx, Sóller, Biniaraix und ihre üppigen Orangenplantagen kommen Augen und Gaumen auf ihre Kosten.

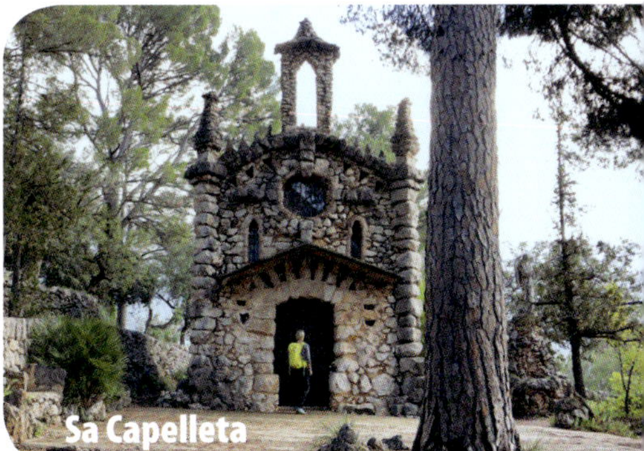

Sa Capelleta

Wieder unten an der Straße biegen wir nach 70 Metern links in den **Camí de ses Moncades,** über den wir bald an eine Kreuzung gelan-

Verwöhntour 10

Die Hauptsaison für **Orangen** ist zwischen November und März. Die reifen Früchte können jedoch sehr lange am Baum „gelagert" werden, ohne dass sie verderben. Zitronen gibt es das ganze Jahr, ein Baum trägt gleichzeitig Blüten und Früchte in allen Reifegraden.

gen, wo wir nun ins quirlige städtische Leben eintauchen. Wir gehen nach rechts entlang des Wildbachs **Torrent de Fornalutx.** Nach 250 Metern gelangen wir zur **Avenida d'Astúries,** eine Allee mit noch recht jungen Judasbäumen. Es geht nach links weiter. Im Frühjahr tragen die Bäume leuchtende pinkfarbene Blüten. Die stattlichen Häuser hinter Vorgärten verraten, dass die Stadt wohlhabend ist oder zumindest war. Zurückzuführen ist das auf den Handel mit Frankreich im 19. und 20. Jahrhundert und darauf, dass viele Einwohner einst auswanderten, in der Ferne ihr Glück fanden und vermögend zurückkehrten.

Wir gehen so lange geradeaus, bis die Straße, eine Einbahnstraße, sich teilt und auf der Ecke eine große Platane steht. Hier folgen wir der Richtung des Verkehrs nach rechts und geradewegs auf einen öffentlichen Parkplatz zu. Vor dem Parkplatz biegen wir nach links in die **Carrer de sa Romaguera,** sie wird nach einem Mini-Kreisel geradeaus zu einer schmalen Gasse. Nach 60 Metern passieren wir das luxuriöse **Gran Hotel Sóller** auf der linken Seite, gefolgt von der **Markthalle** der Stadt, ebenfalls links. Wir haben die **Avenida de Cristòfol Colom** erreicht. Gegenüber auf der rechten Straßenseite sehen wir **Sa Fabrica de Gelats,** die Eisfabrik, und daneben den Delikatessenladen von **Fet a Sóller** ④. Hier können wir mallorquinische Spezialitäten wie Olivenöl, Wein, Käse und Meersalz und auch naturbelassene Orangen kaufen. Im Innenhof der Eisfabrik lässt es sich bei einem großen Orangeneis wunderbar ausruhen.

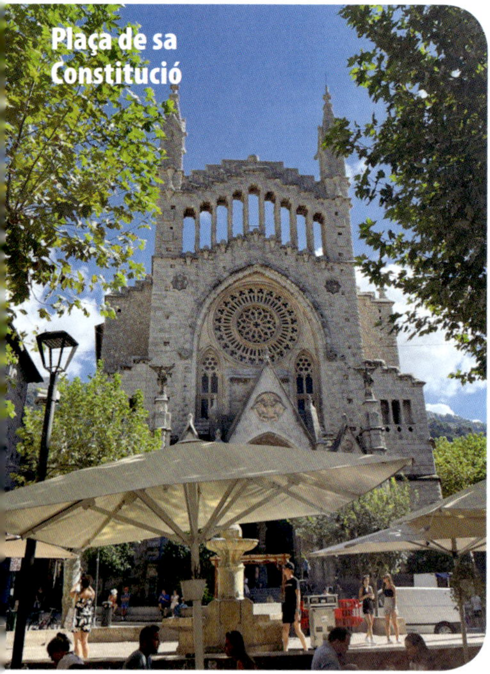
Plaça de sa Constitució

100 Meter weiter kommen wir zur **Plaça de sa Constitució** ⑤, dem

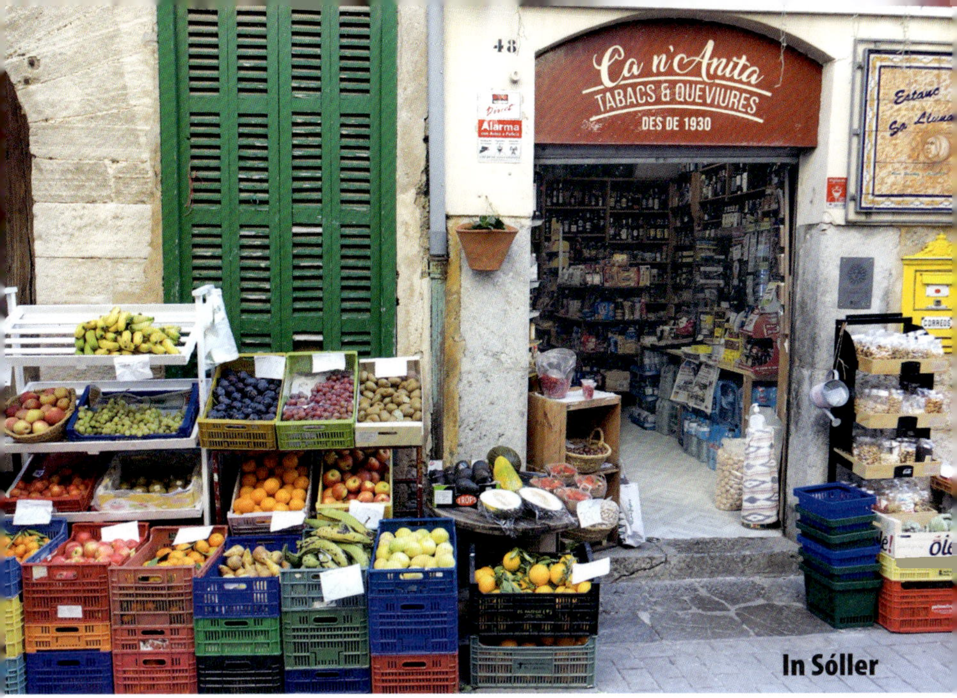

In Sóller

Mittelpunkt der Stadt. Wir schauen zwischen hohen Platanen hindurch auf die modernistische **Kirche Sant Bartolomé,** die vom **Rathaus** und der **Banco de Sóller** flankiert wird. Die anderen drei Seiten des Platzes sind mit hübschen Cafés und Bars ausgestattet. Quer über den Platz verlaufen die Schienen der historischen Straßenbahn, die zwischen Sóller und Port de Sóller pendelt und bei Touristen sehr beliebt ist.

Es lohnt sich, den Schienen noch bis zum **Bahnhofsgebäude** 6 zu folgen. Im Jugendstil errichtet, beherbergt es zwei sehenswerte Dauerausstellungen zum Nulltarif mit Originalwerken von Miró und Picasso.

Nun ist es höchste Zeit für eine Einkehr. Bewegung in frischer Inselluft regt den Appetit an! Auf dem kleinen Platz vor dem Bahnhof lädt die **Bar El Tren** 7 zu frisch gepresstem Orangensaft, selbst gebackenem Mandelkuchen oder einem typischen Pa amb Oli ein. Oder wir schlendern zur Plaça zurück und stärken uns dort. Auswahl gibt es reichlich.

An der nördlichen Ecke der Plaça beginnt die **Carrer de sa Lluna,** die Shoppingmeile von Sóller. Wir

*Orangen aus Sóller und andere Köstlichkeiten (sogar das beliebte Orangeneis!) sind im Onlineshop von **Fet a Sóller**, www.fetasoller.com, erhältlich und werden schnell und günstig nach Deutschland versandt.*

*Seit 1912 verbindet der **Tren de Sóller** die Hauptstadt Palma mit Sóller. Damals transportierte er Orangen aus dem isolierten und nur mühsam erreichbaren Tal. Heute ist der alte Holzzug, der liebevoll „Roter Blitz" genannt wird, ein Touristenmagnet.*

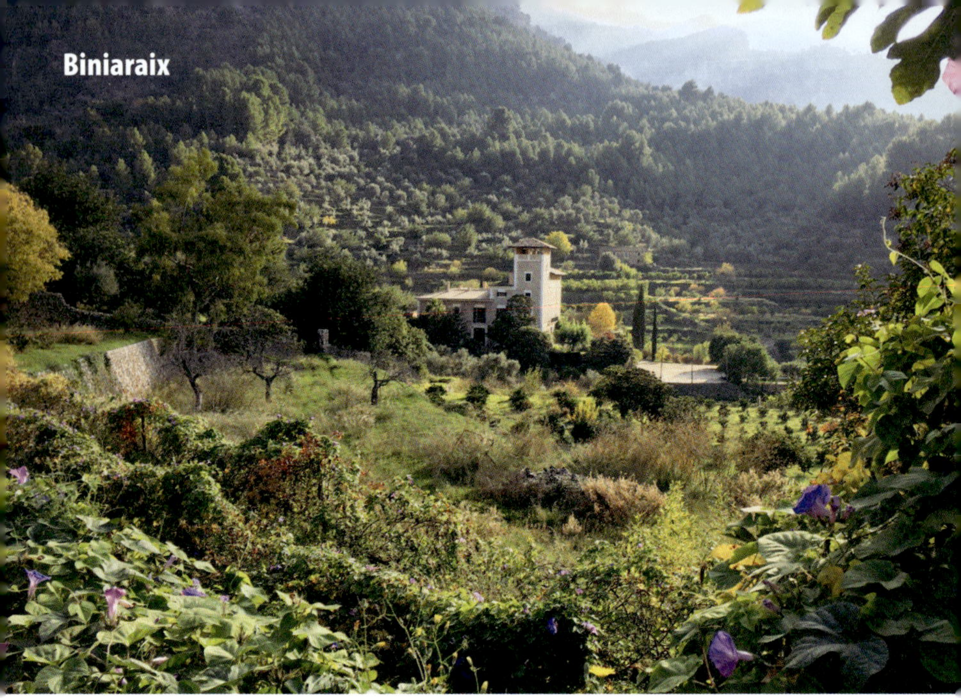

bummeln an den netten kleinen Geschäften entlang, am Kunstmuseum von Can Prunera vorbei, immer geradeaus und verlassen schließlich die Stadt auf der schmalen **Carrer de l'Alqueria del Comte.** Dort, wo wir die **Landstraße Ma-2121** kreuzen, um wiederum geradeaus zu gehen, finden wir ein paar Häuser weiter, bei Hausnummer 8 der Carrer d'Ozones, die fabelhafte **Ölmühle Can Det ⑧.** Die alten Gemäuer sind einen Besuch wert und die Eigentümer sehr herzlich. Auch ohne offiziellen Termin für eine Führung können wir uns während der Öffnungszeiten in Ruhe umschauen.

Unser nächstes Ziel ist das kleine Dorf Biniaraix. Wir folgen der Straße weiter durch das ländliche Umland mit Gärten, Orangen- und Zitronenhainen, sind umgeben von den faszinierenden Bergen. Am Ortseingang in der Kurve zweigt links eine Steintreppe ab, das ist der kürzeste Weg durch die Gassen. **Biniaraix ⑨** war vor langer Zeit eine arabische Siedlung. Auch heute wirkt alles ursprünglich, jedoch geschmackvoll restauriert. Nach nur 250 Metern ist der kleine Ort durchquert, wir gehen ganz bis zum Ende und ignorieren das Straßenschild nach Fornalutx. Man könnte abkürzen, doch wir nehmen den Wanderweg. Hinter dem alten Waschplatz, wo früher mit Muskelkraft die Wäsche geschrubbt wurde, steht eine Tafel des Fernwanderweges GR 221, der hoch in die Berge nach Lluc führt. Doch wir haben ja ein anderes Ziel, wollen zurück nach Fornalutx. Wir gehen gleich hinter dem **Waschplatz** scharf links. Die meisten der heute geplanten Höhenmeter haben wir jetzt vor uns, doch wird uns die immerwährende Aussicht auf das Tal für unsere Mühen entschädigen.

Auf den nächsten 2 Kilometern schlängelt sich der Weg, der mit Holzpfeilern markiert ist und an einigen Stellen Serpentinen abkürzt, über die vielen Terrassenfelder in die Höhe. Zunächst durch opulente Orangenhaine, in denen die Äste der stämmigen Bäume fast den Boden berühren. Weiter oben wachsen Olivenbäume auf den Terrassen. Jeder Baum könnte uralte Geschichten erzählen. Besonders einer muss erwähnt werden: einer der Olivenbäume auf

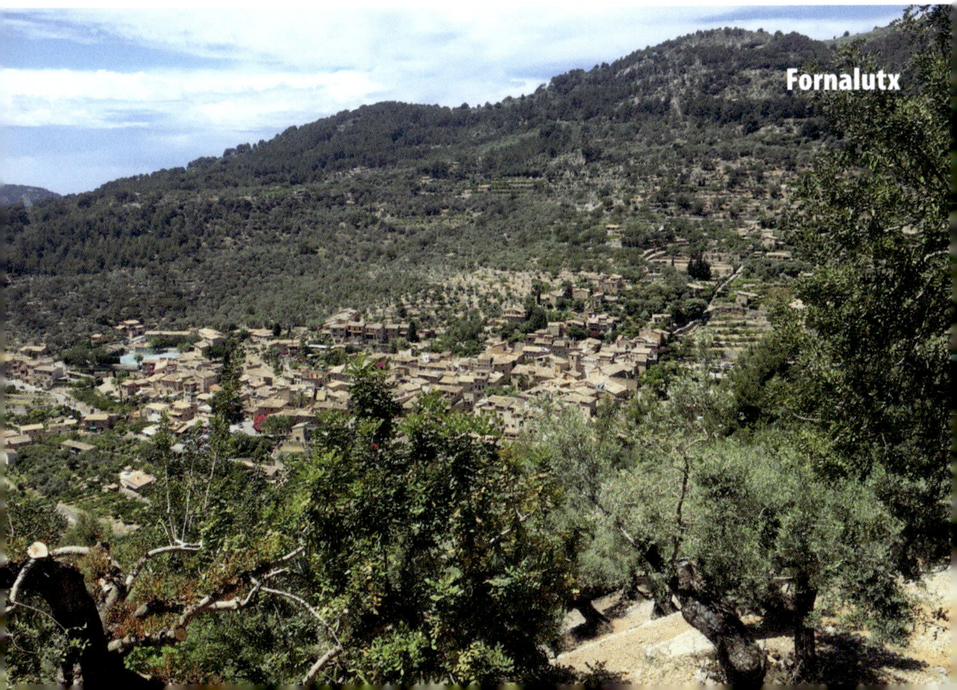
Fornalutx

Verwöhntour 10

der **Finca Can Det** – die dazugehörige Ölmühle haben wir bereits gesehen – wurde als **bester Monumental-Olivenbaum Spaniens 2020** ⑩ ausgezeichnet. Wir finden diesen Baum, den Muslime im 9. Jahrhundert gepflanzt haben, in einem Olivenhain auf der rechten Seite. Eine große Holztafel am Weg weist auf die Attraktion hin und lädt uns auf einen Abstecher zu diesem Prachtexemplar ein.

500 Meter weiter ist dann der höchste Punkt der Strecke erreicht, ein Holzschild weist nach links: „Camí des Creuer, Fornalutx, 25 min." Erfreulicherweise geht es nun bergab und wir erreichen schließlich unseren Ausgangspunkt nach einem Wandertag mit tausend neuen Eindrücken.

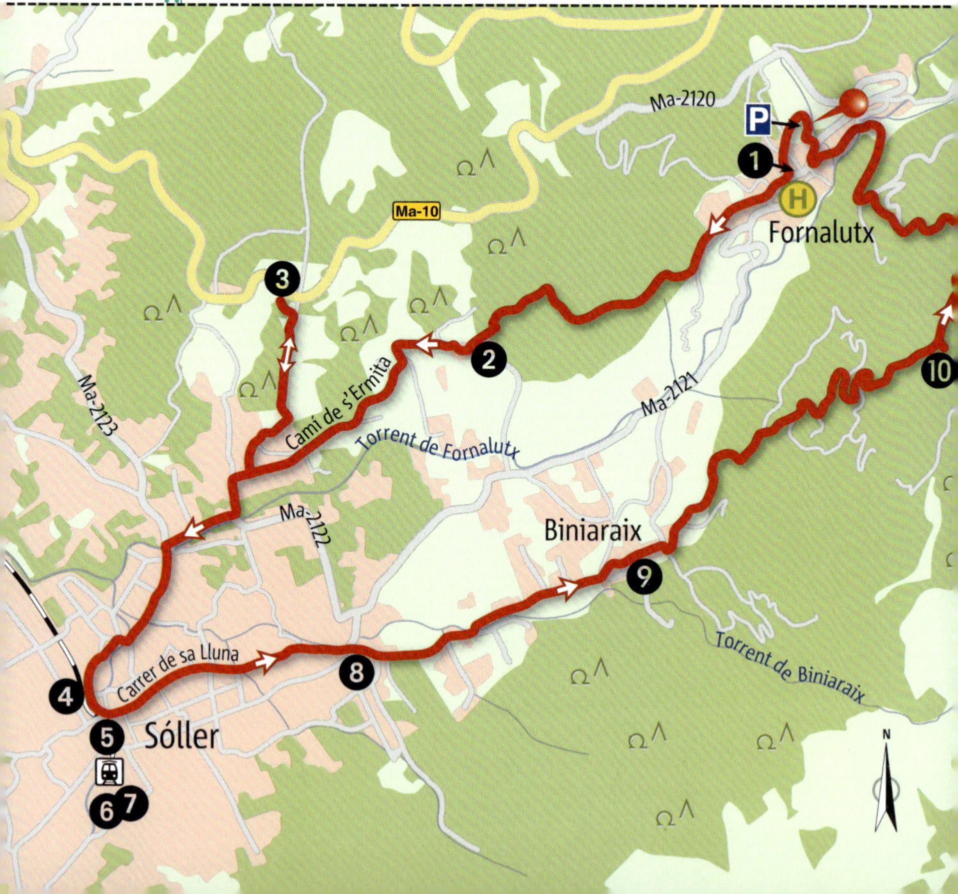

Alles auf einen Blick

WIE & WANN:
Mittelschwere Wanderung auf guten Wegen und Pfaden durch eine kultivierte Landschaft, teilweise markiert. Ganzjährig möglich, an heißen Tagen sollten wir den Aufstieg zur Sa Capelleta auslassen.

HIN & WEG:
Auto: Öffentlicher Parkplatz in Fornalutx, Carrer Arbona Colom, 07109 Fornalutx (GPS 39.783286, 2.7417). Der Parkplatz ist teilweise gebührenpflichtig, im oberen, nicht blau markierten Bereich ist das Parken kostenlos.
ÖPNV: Haltestelle Fornalutx, Bus 232, oder ab Palma mit dem historischen Tren de Sóller, dem „Roten Blitz", bis Sóller

Entspannung ★★★☆☆
Genuss ★★★★★
Romantik ★★★★☆

ESSEN & ENTSPANNEN:
Bar El Tren ❼ Plaça d'Espanya 5, 07100 Sóller, Tel. +34 971 63 02 27

ENTDECKEN & ERLEBEN:
Fornalutx, Plaça Espanya ❶
Binibassí ❷
Sa Capelleta ❸
Fet a Sóller und Sa Fabrica de Gelats ❹ www.fetasoller.com
Sóller, Plaça de sa Constitució ❺
Sóller, Bahnhofsgebäude ❻
Ölmühle Can Det ❽ www.candet.es
Biniaraix ❾
Olivenbaum Can Det ❿

Cala Deià

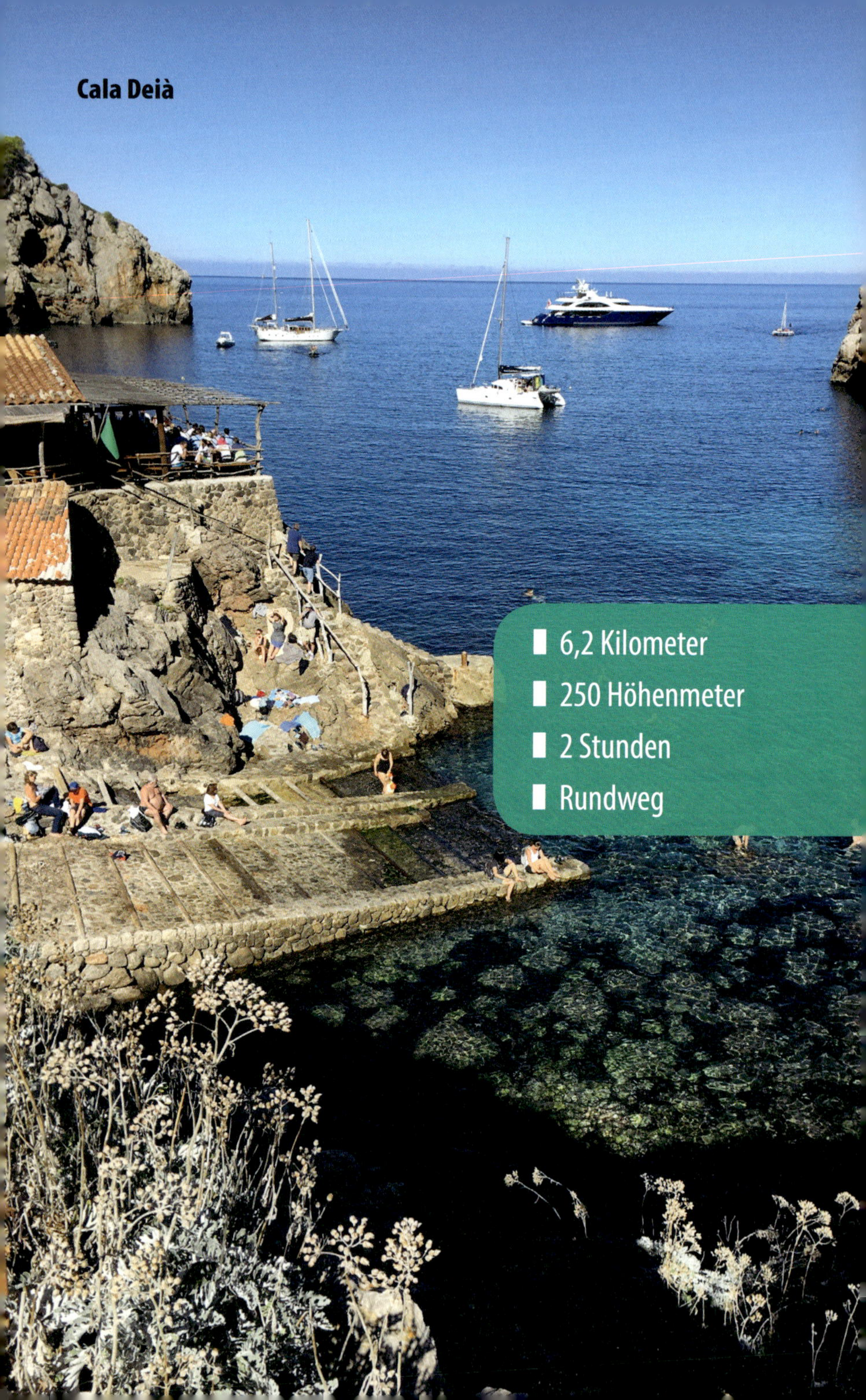

- 6,2 Kilometer
- 250 Höhenmeter
- 2 Stunden
- Rundweg

Stellen wir uns auf Genießen ein, denn **Deià** hält einige Leckerbissen bereit – landschaftlich und kulinarisch. Zugegeben, es geht touristisch zu, aber irgendwie auch wieder nicht. Es gibt nicht einmal Platz für große Reisebusse, Touristenströme wie in Valldemossa sind unerwünscht. Das allein macht das Dorf so wunderbar entspannt.

Wer nach Deià kommt, kommt über die eindrucksvolle **Küstenstraße Ma-10**. Die kurvige Straße zieht sich wie eine lange Ader entlang der Bergkette zwischen Andratx und Pollença. In Deià ist die Ma-10 die Hauptstraße und trägt hier den Namen **Carrer Arxiduc Luís Salvador.** Parkplätze gibt es leider (zu) wenige, doch wenn wir frühmorgens kommen, stehen unsere Chancen gut.

*In keinem anderen Ort der Insel finden wir so viele Restaurants, Bars und Cafés wie in **Deià**, bezogen auf die überschaubare Größe des kleines Bergdorfes.*

Glückshormone

Das bezaubernde Bergdorf Deià

Praktisch veranlagte Dorfplaner haben den Gehweg für Fußgänger als hängenden Holzsteg außen an die Straße geschraubt, das spart Platz. Auf diesem Steg schweben wir los und bewegen uns über Gärten voller duftender Zitronenbäume vor dem fotogenen **Dorfhügel Es Puig** mit den typischen Natursteinhäusern und einer Wehrkirche als Krone – unser erstes Ziel für heute.

Nach nur 50 Metern zweigt links ein getreppter Fußweg ab, auf dem wir abwärts in die Mulde **Es Clot** einschwenken, die den Hügel umgibt. Wir treffen auf die **Carrer des Clot,** eine schmale Straße mit kleinen Dorfhäusern und üppigen Gärten, in die wir nach rechts einbiegen. Nach Regenfällen hören wir einen Wildbach rauschen. Die Gärten ringsum profitieren

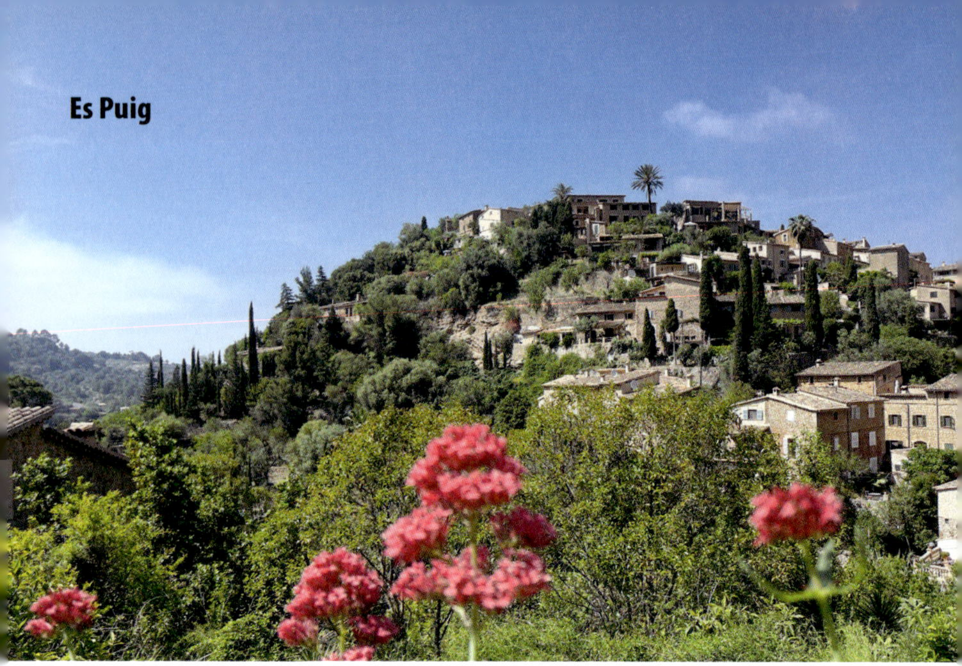

Es Puig

vom Wasser, Zäune und Mauern sind regelrecht überwuchert von Pflanzen. Wahre Gartendschungel sehen wir dort. Besonders die blau blühende Winde ist kaum noch zu bändigen, wie es scheint. An der nächsten Gabelung wenden wir uns nach links in die **Carrer de Felip Bauça,** die wir aber hinter der ersten Biegung schon wieder verlassen und geradeaus bergan durch eine **Treppengasse** weitergehen. Nun heißt es also Treppen steigen. Wenn uns die Kondition kurzzeitig in Stich lassen sollte, können wir auf den Stufen hier und da verweilen. Wahrscheinlich werden wir von unserem Staunen ohnehin immer wieder ausgebremst. Es gibt so viel zu schauen, so viele liebevolle Details, niedliche Gärten, leuchtende Blumen.

Auf Mallorca tragen viele Häuser Namen, in denen sich die Erbauer verewigt haben oder die an einen Standort oder eine Eigenschaft geknüpft sind. Wir können sie lesen, während wir aufsteigen: Ca na Micaleta, Ca'n Jueni, Ca'n Bernat, Ca na Bel. „Ca" bedeutet auf Mallorquin „Haus".

Stufe für Stufe gewinnen wir an Höhe. Dann denken wir, wir sind gleich oben – doch die Treppe knickt nach rechts und weiter geht's treppauf. Falls wir uns wundern, warum wir beim Steigen nicht so recht „in Fluss" kommen: Die Trittbreite der Stufen wurde früher nach der Schrittlänge der Maultiere bemessen, als die Leute ihre Lasten auf diese Weise transportierten. Bei uns Zweibeinern dürfte es also nicht ganz passen. Am Ende der Treppe müssen wir nach links in die **Carrer Ramon Llull** abbiegen, also weiter bergauf. Hier befinden wir uns auf dem **Kreuzweg zur Kirche,** dessen Stationen sind in den Wänden der Häuser als bemalte Steinfliesen eingelassen.

Oben angekommen werden wir belohnt mit einem großartigen Blick über das Dorf und die nahen Berge, die ringsum fast 1000 Meter steil in den Himmel ragen. Die **Pfarrkirche San Juan Bautista ❶** ist ein robuster einschiffiger Bau aus dem 18. Jahrhundert. Früher dienten solche Kirchen nicht nur religiösen, sondern auch Verteidigungszwecken, davon zeugen noch die beiden gusseisernen Kanonen auf dem Vorplatz.

*Die kleine Bronzeplastik zwischen den Kanonen ist dem mystischen **Myotragus Balearicus** und seinem Entdecker William Waldren gewidmet. Das Tier – optisch halb Ziege, halb Kuh – war wohl leicht zu jagen und ist leider seit 4000 Jahren ausgestorben.*

Für die Seele

Vorbei an bunten Gärten, über Terrassenfelder, durch Olivenhaine und duftenden Kiefernwald wandeln wir zur romantischen Cala Deià.

Gleich hinter der Kirche an einer der schönsten und malerischsten Stellen, die man sich dafür vorstellen kann, liegt der **Friedhof ❷.** Neben Musikern, Bildhauern und Dichtern ruhen hier unter anderem der englische Schriftsteller Robert

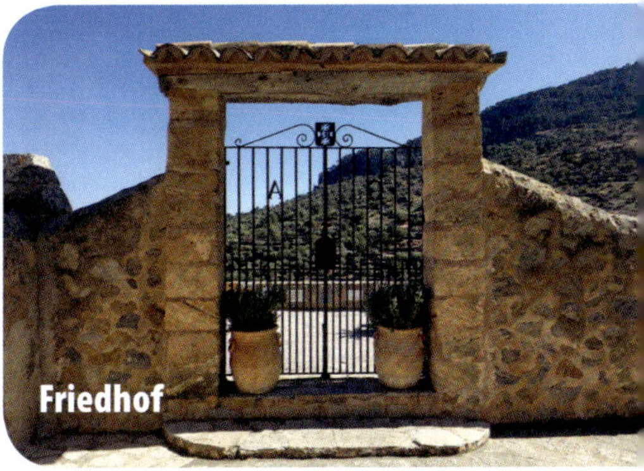

Friedhof

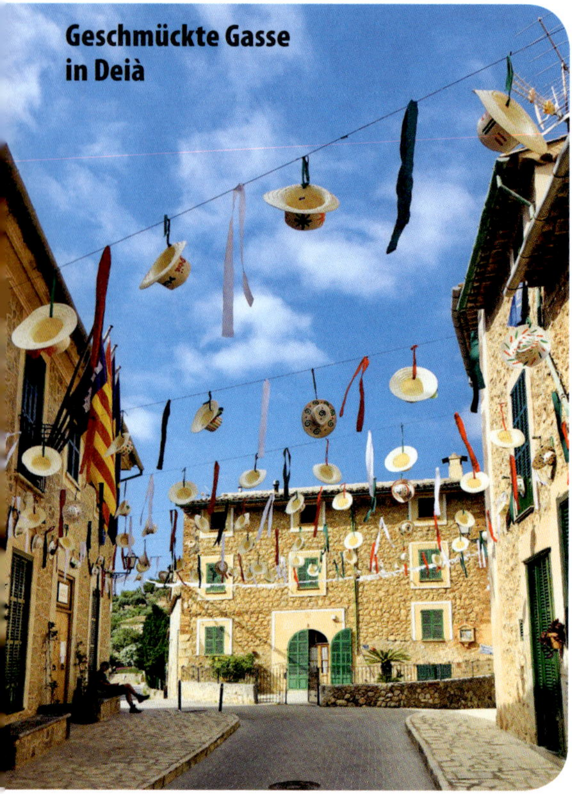

Geschmückte Gasse in Deià

Graves sowie der deutsche Maler Ulrich Leman, der in Deià 102 Jahre alt wurde. Deià war und ist Rückzugsort und Inspirationsquelle für viele Kreative.

Wir gehen weiter und steigen auf der anderen Seite der Kirche nun wieder treppab bis zur **Carrer des Puig,** auf der wir bis zur Hauptstraße **Carrer Arxiduc Luís Salvador** schlendern. An der Kreuzung halten wir nach dem **Wegweiser GR 221** Ausschau. Er weist nach links zum **Camí es Verger in Richtung der Cala Deià.** Nach 300 Metern ist die Straße zu Ende, das Dorf lassen wir nun hinter uns. Es folgt ein idyllischer Holperweg abwärts über alte Terrassen mit noch älteren Olivenbäumen, die Holzpfosten des GR 221 geben Orientierung. Dreimal queren wir den Fahrweg, der zur Cala führt. Wenn wir zum vierten Mal auf den Fahrweg stoßen, in der Talsohle, folgen wir ihm für 50 Meter, dann schickt uns der GR 221 nach rechts. Auf einer groben Leiter aus Ästen eines Olivenbaumes ist ein Zaun zu übersteigen.

Wir wandern jetzt etwas bergauf und sind bald abermals umgeben von Olivenbäumen. Hinter uns liegt der Kirchhügel, da oben hatten wir eben noch Ausschau gehalten. Ja, wir verstehen, was all diese Künstler hierher gelockt hat … es ist dieses Licht! Die sanften Farben der Häuser und Trockensteinmauern verschmelzen fast mit dem Gestein der Berge. Diese Harmonie! Hach!

Dort, wo wir auf eine **Schotterpiste** treffen, verlassen wir den GR 221. Wir müssen auf dieser Piste nach links. Nach 200 Metern, auf der rechten Seite ein Haus hinter einem Gartenzaun, versteckt sich genau gegenüber auf der linken Seite unter hohen Kiefern der Ausguck **Mirador de Son Bujosa ③.** Wir treten näher und blicken aus exponierter Lage hinunter in die Cala Deià. Ein hübscher kleiner Vorgeschmack auf das nächste Teilstück. Unsere Route führt uns nun abwärts. Um uns herum Kiefern und Sträucher, das Meer blitzt verlockend zu uns herauf. An einer Gabelung ist die Wegführung nicht mehr eindeutig. Links geht es auf direktem Weg in die Cala Deià. Wir folgen jedoch dem auf Felsgestein aufgemalten **weißen Pfeil** auf den Pfad nach rechts, für eine kleine Extraschleife am Meer entlang. Unsere Fähigkeit als geübte Wegdetektive lässt uns sicher durch den Wald

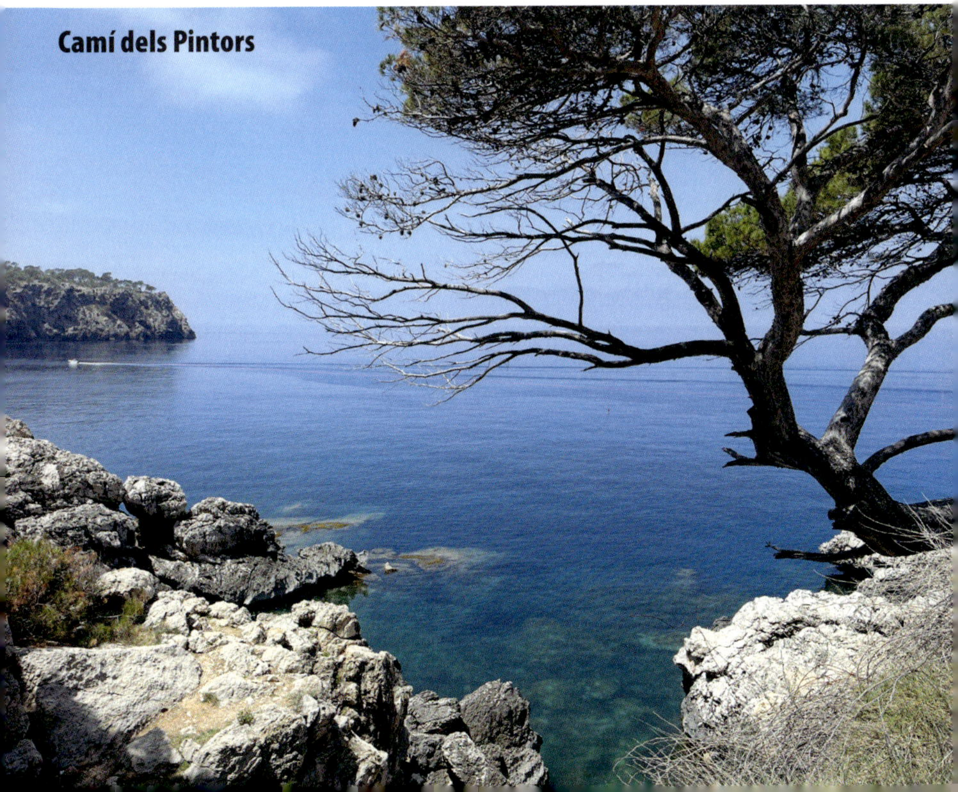

Camí dels Pintors

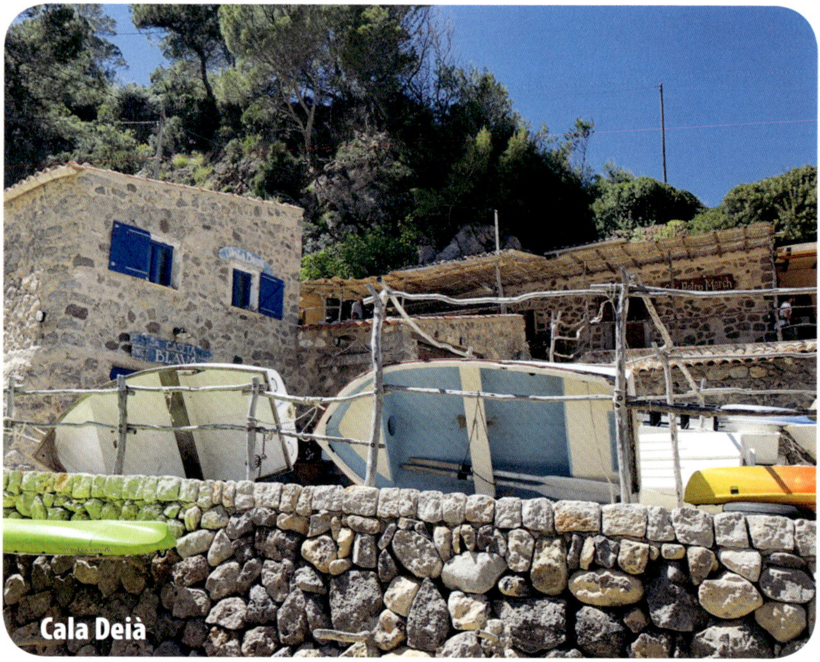

Cala Deià

streifen. Im Zweifel orientieren wir uns an der Mauer in einigem Abstand zu unserer Rechten. 100 Meter nach dem weißen Pfeil zweigen wir links in einen unscheinbaren **schmalen Stufenpfad** in Richtung Küste ab. Wir erreichen kurz darauf den romantischen **Küstensteig Camí dels Pintors,** den Malerweg, der von Llucalcari zur Cala Deià führt und ein Fotomotiv nach dem anderen bietet. Wir gehen nach links, das Meer nun immer neben uns. Es hat viele Gesichter. Manchmal spiegelglatt und kristallklar, sodass wir jeden Stein auf dem Meeresgrund erkennen können. Manchmal durch erbarmungslose Herbst- und Winterstürme wild und aufgepeitscht. Die zerklüftete Felsküste, von windschiefen Kiefern überragt, lässt es uns ahnen.

Bis zur geschützten **Cala Deià** ❹ sind es rund 500 atemberaubende Meter. Wir sehen Felsen wie Wachsoldaten in der Brandung, sie wachen über die kleine Bucht mit ihren großen und kleinen Steinen, Grotten, Nischen und Mini-Bootsschuppen. Ein Zufluchtsort für Fischerboote. Eine Kulisse wie aus einer anderen Zeit. Vor 100 Jahren sah es hier nicht anders aus, nur das urige Fischlokal **Ca's Patró March** ❺ gab es damals noch nicht. Spezialität des Hauses ist die Dorade aus dem Ofen.

Vielleicht schickt uns das Meer ja auch eine Einladung zum Reinspringen. Ohne Wellen ist der Platz zum Schwimmen und Schnorcheln ideal. Lassen wir uns noch ein bisschen von der Sonne kitzeln, ehe wir wieder aufbrechen.

Zurück ins Dorf gehen wir zunächst ein Stück auf der Zufahrtsstraße, vorbei an den Parkbuchten, bis zu jener Stelle, an der wir vorhin über den Überstieg geklettert sind. „Camí des Ribassos, Deià, 20 min“ steht auf einem Schild an der **Holzbrücke** über dem Wildbach **Torrent Major** auf der rechten Seite. Wir haben sicher schon geahnt, dass es irgendwann wieder bergauf gehen muss. Jetzt ist es so weit. Wir steigen nimmermüde bergan, passieren Terrassen voller Olivenbäume, erreichen schließlich die ersten Häuser, Obstplantagen und Gärten. Wir kommen am **alten Waschhaus** und an der **Quelle Font des Molí** vorbei. Das frische Wasser fließt direkt aus der Wand, ein Geschenk für durstige Wanderer. Ein paar Meter weiter – wir sind schon wieder in der Carrer des Clot – die Oase **S'Hortet** ❻, ein empfehlenswertes Café-Restaurant, in dem in unkonventioneller Atmosphäre allerlei Frohkost serviert wird.

Frischer Fisch *gehört erstaunlicherweise nicht zur traditionellen Mallorca-Küche und hat sich erst in den letzten Jahrzehnten etabliert. Wer sich auf der Speisekarte nicht entscheiden kann, bestellt Parrillada de Pescado, verschiedene Fischsorten, gegrillt.*

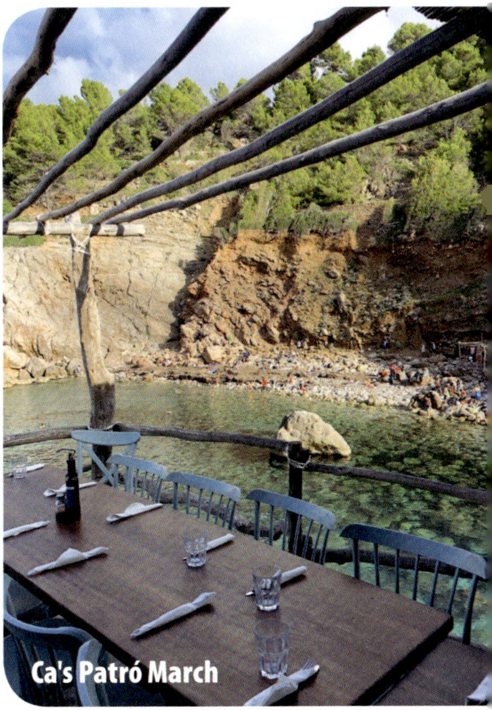
Ca's Patró March

Verwöhntour 11

Mallorcas Esskultur *basiert auf traditionellen Erzeugnissen. Olivenöl, Tomaten, Paprika und Zwiebeln sind in nahezu allen Gerichten enthalten. Eines der ältesten Gerichte ist Frito mallorquin, eine Kartoffel-Gemüse-Pfanne mit Lamm- und Schweinefleisch.*

Wir folgen der Carrer des Clot weiter, vorbei an der **Wanderhütte Can Boi,** in der 32 Schlafplätze auf Fernwanderer warten, und passieren die Stelle, wo unsere Runde sich schließt. Wenn wir geradeaus weitergehen, stoßen wir nach 150 Metern in einer Rechtskurve auf einen Treppenweg, über den wir schließlich wieder an die Hauptstraße gelangen. Wir finden links um die Ecke ein Dutzend Einkehrmöglichkeiten: traditionelle Küche, internationale Küche, gehobene Gastronomie. Im Dorfladen gibt es auch „was auf die Hand" und in kleinen Geschäften Kunsthandwerk und Kleidung. Verlieren wir uns also noch ein wenig in den charmanten Gassen von Deià, die Welt kann warten.

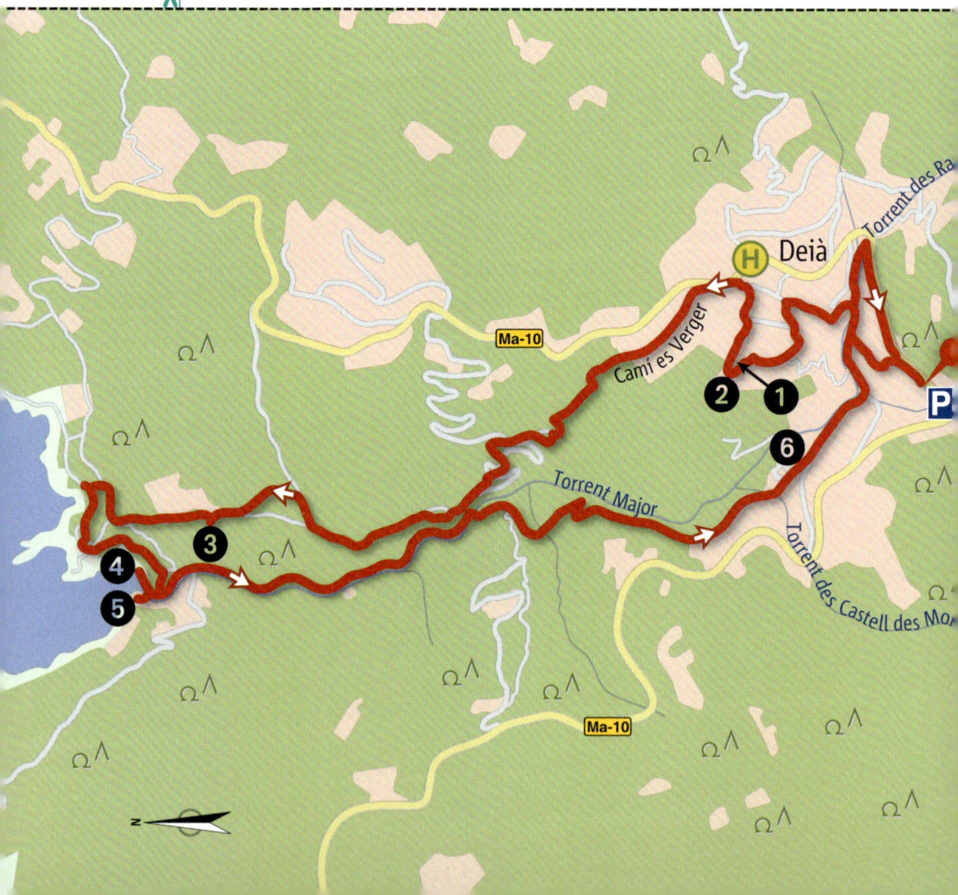

Alles auf einen Blick

WIE & WANN:
Selbst im Sommer, wenn die hohen Temperaturen körperliche Anstrengungen eigentlich verbieten, wird uns diese recht einfache Wanderung gefallen. Wir wandeln immer wieder unter schattigen Bäumen und können uns im Meer abkühlen. Wir müssen allerdings trittsicher sein.

HIN & WEG:
Auto: Öffentliche Parkplätze in Deià, teilweise gebührenpflichtig. In nicht blau markierten Bereichen ist das Parken kostenlos, zum Beispiel hier: Carrer Arxiduc Luís Salvador/Camí son Ripoll, 07179 Deià (GPS: 39.74520, 2.6459)
ÖPNV: Haltestelle Deià 1, Bus 203

Entspannung ★★★★☆
Genuss ★★★★★
Romantik ★★★★★

ESSEN & ENTSPANNEN:
Ca's Patró March ❺ Carrer sa Cala 16, 07179 Deià, Tel. +34 971 63 91 37
S'Hortet ❻ Carrer Es Clot 20, 07179 Deià, Tel. +34 687 95 59 18

ENTDECKEN & ERLEBEN:
Pfarrkirche San Juan Bautista ❶
Friedhof ❷
Mirador de Son Bujosa ❸
Cala Deià ❹

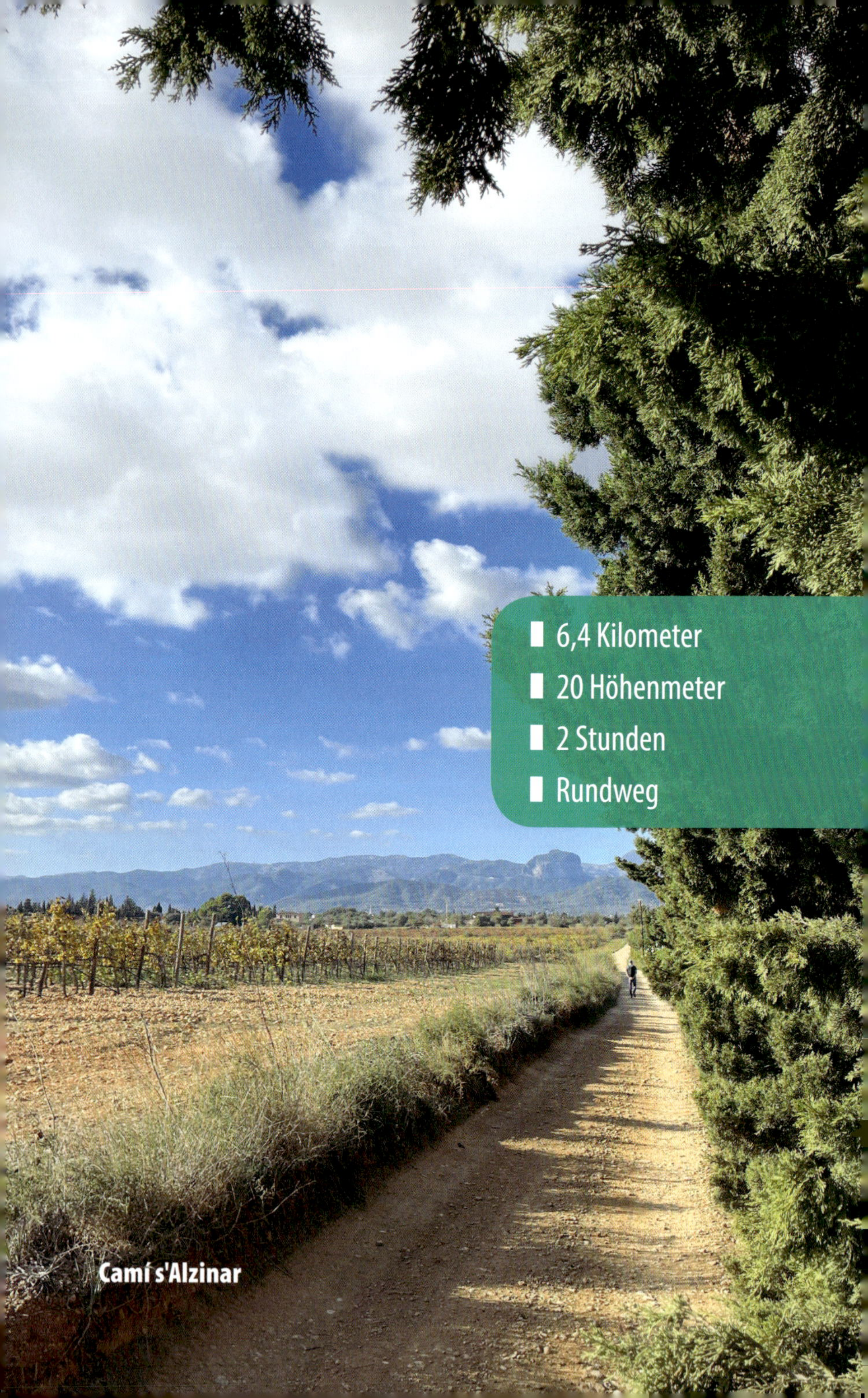

- 6,4 Kilometer
- 20 Höhenmeter
- 2 Stunden
- Rundweg

Camí s'Alzinar

Eingebettet zwischen Weinfeldern, Oliven- und Mandelhainen versteckt sich in der Inselmitte ein reizendes Minidorf mit 14 Häusern: **Biniagual.** Seelenruhig geht es hier zu, wenn nicht gerade Weinlese oder die Bodega Schauplatz einer Hochzeit oder eines Firmenevents ist.

Biniagual und seine Bewohner leben seit Jahrhunderten für den traditionellen mallorquinischen Weinanbau. Denn hier stimmt alles, was ein guter Rebensaft braucht: das Klima, die nährstoffreichen Böden und dazu natürlich die vielen Sonnenstunden.

Wenn wir in Biniagual ankommen, sind wir sofort verzaubert. Das Örtchen ist perfekt restauriert. Gemütliche Wohnhäuser, Kopfsteinpflaster, kleine gepflegte

Weinseligkeit

Im Traubenland von Binissalem

Gärten. Alles wie aus dem Bilderbuch. Wir können uns dem Charme nicht entziehen und würden am liebsten jedes noch so allerliebste Detail umarmen. Oder besser noch, einpacken und mitnehmen.

Den zentralen Anlaufpunkt von Biniagual bildet die gleichnamige **Bodega ①,** die ganzjährig ihre Pforten geöffnet hat und wo wir später unbedingt noch einkehren werden. Doch erst gehen wir eine entspannte Runde und atmen die frische, saubere Landluft. Wir begeben uns auf den **Camí de Muro,** flanieren an hübschen Natursteinfassaden entlang, zur Linken die kleine **Kirche ②,** im Jahr 1734 geweiht. Wir fühlen uns zeitlos, es ist hier so anders, alles Touristische so weit entfernt. Nach der Kirche zweigt links die **Carrer de**

*Die **Bodega Biniagual** umfasst rund 34 Hektar Anbaufläche. Angebaut werden mehrheitlich autochthone Reben wie die rote Mantonegro und die weiße Prensal, dazu noch internationale Klassiker wie Chardonnay, Merlot, Syrah und Cabernet Sauvignon.*

Sant Gall mit adretten Bauernhäusern ab, mehr Straßen gibt es nicht. Wer möchte, kann da einmal kurz hin- und wieder zurückschlendern.

Seine Blütezeit erlebte der Weiler im 18. Jahrhundert. Die Bewohner bauten Wein und Oliven an, züchteten Schafe und Schweine. Dank der günstigen Lage an der Wegkreuzung des Camí de Muro zwischen Binissalem und Sencelles war Biniagual ein wichtiger Knotenpunkt im Wegesystem Mallorcas. Viele Reisende nutzten den schönen Platz für eine Rast.

Wir gehen geradeaus weiter auf dem **Camí de Muro.** Nach 50 Metern sind wir schon am Ortsende, nach weiteren 100 Metern mündet der Weg in einen Fahrweg, der so etwas wie die Ortsumgehung ist. Viele Fahrzeuge sind nicht unterwegs. Ganz früher verlief an dieser Stelle die antike römische Straße, die Palma und Pollença verband. Der heutige Name Camí de Muro verweist auf das Ziel Muro, eine Gemeinde im

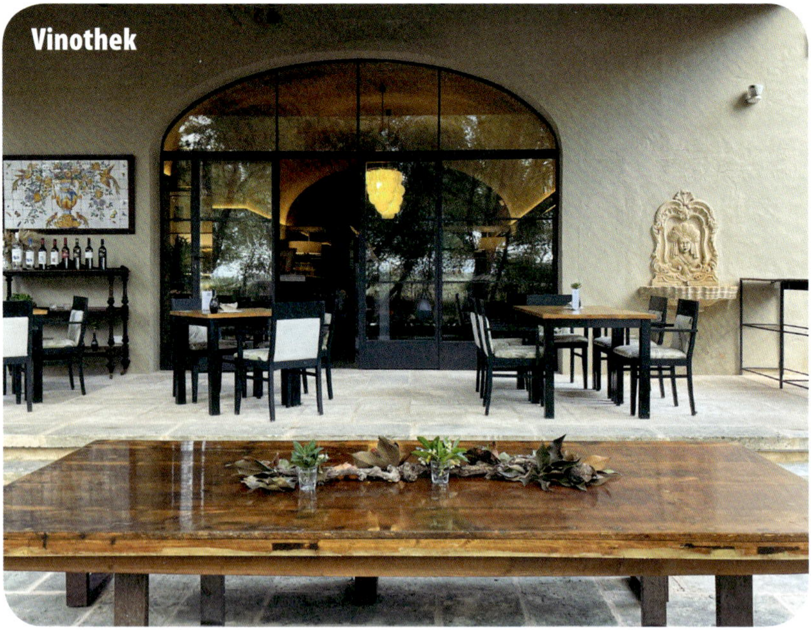

Vinothek

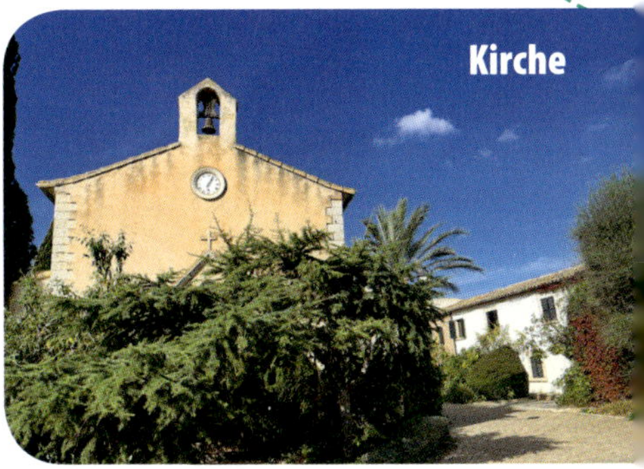

Norden in 18 Kilometern Entfernung. Beliebt ist die ruhige Strecke bei Rennradfahrern, die besonders im Frühjahr auf Mallorca beste Bedingungen für ihren Sport finden.

Rechts des Weges sind die ersten **Weinfelder** zu sehen, die Reben akkurat an Spalieren gezogen.

Binissalem und die umliegenden Dörfer Santa Maria del Camí, Consell, Santa Eugènia und Sencelles gelten als Zentrum des mallorquinischen Weinanbaus, der von den Römern eingeführt bis ins Jahr 100 v. Chr. zurückreicht und am Ende des 19. Jahrhunderts vorerst

Für die Seele

Wir spazieren um den Weiler Biniagual im Herzen des Weinanbaugebietes Binissalem und dürfen uns auf ein gutes Gläschen zum Ausklang freuen.

ein jähes Ende fand, als die Reblaus in ganz Europa die Weinfelder kahl fraß. Sämtliche Reben waren zerstört. Als Alternative für gute Erträge setzte man damals auf Mandeln und Feigen. Heute sind die unzähligen **Mandelbäume** – man sagt, es seien Millionen – nicht mehr von der Insel wegzudenken und erfreuen uns jedes Jahr aufs Neue mit ihrer Blütenpracht. 100 Jahre später, in den 1980er-Jahren, wurde schließlich wieder mit dem Anpflanzen neuer Reben begonnen und der Weinbau neu belebt.

*Das Qualitätsmerkmal vieler spanischer Weine ist die **Bezeichnung D.O. (Denominación de Origen)**. Auch die Bodega Biniagual ist D.O.-klassifiziert und gehört zur D.O. Binissalem, der ersten D.O. auf Mallorca.*

Weil wir gerade darüber sprechen, schauen wir doch nach links, dort sehen wir auch schon eine Mandelplantage. Und dahinter am Horizont die beeindruckende Bergkette der Serra de Tramuntana mit dem

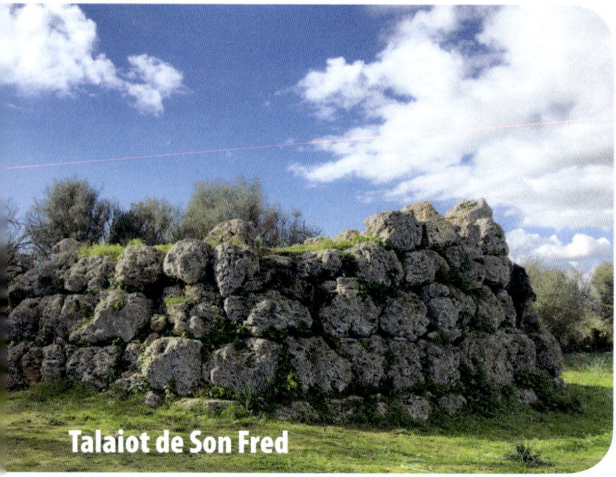

alles überragenden **Puig Major** (1445 Meter).

Nach 450 Metern trifft von rechts der Camí de s'Alzinar auf unseren Weg, auf ihm kommen wir später zurück. Wir gehen noch etwa 1,5 Kilometer geradeaus, dann biegen wir nach rechts auf den **Camí de Son Roig** ab. Unterwegs können wir eine typisch mallorquinische Landschaft mit Mandel-, Johannisbrot-, Feigen- und Olivenbäumen erleben. Kleine Felder wechseln mit Plantagen. Dazwischen Trockensteinmauern und vereinzelte Bauernhäuser, mal ursprünglich und einfach, mal aufwendig restauriert mit schickem Garten und Pool. Mallorquiner treffen auf zahlungskräftige Ausländer, die ihren Lifestyle in die entlegensten Winkel der Insel bringen. Ein Mix aus allem, so ist Mallorca.

Das ***„Son"*** *in mallorquinischen Ortsnamen bedeutet so viel wie „Gebiet von", dann folgt ein Eigenname: Son Roig, Son Fred, Son Creixell usw. Auch in einigen Städtenamen ist das Son zu finden, zum Beispiel in Son Servera oder Son Serra de Marina.*

Der Camí de Son Roig führt ins 3,5 Kilometer entfernte Dorf **Sencelles,** das allen Geschichtsinteressierten für einen späteren separaten Besuch zu empfehlen ist. Dort verläuft die Ruta Arqueològica, auf der zahlreiche Spuren von Siedlern aus dem Talaiotikum zu besichtigen sind. Sehenswert ist zum Beispiel der **Talaiot de Son Fred ③,** erbaut aus tonnenschweren Steinblöcken und Teil eines Dorfes aus der Zeit des 9. bis 6. Jahrhunderts v. Chr.

Doch wir widmen uns heute dem Wein und begegnen alsbald Weinfeldern mit einer ganz alten, traditionellen Form der Anpflanzung, niedrigen Weinbüschen ohne Spalier. Auf Mallorca heißt das „en Vaso" oder „Vaso-System". Dabei bleibt der Stamm sehr kurz mit drei bis vier Trieben.

Nach etwa 600 Metern auf dem Camí de Son Roig knickt der Weg leicht nach rechts. Es gibt immer mal wieder unbedeutende Abzweige, die auf Grundstücke führen, doch wir bleiben auf dem Hauptweg. Auch die Abzweige nach links auf den Camí de Son Creixell und den Camí de Son Campaner müssen wir nicht beachten. Erst wenn auf der rechten Seite der Wegweiser **Camí s'Alzinar** auftaucht, biegen wir rechts ab. Wir gehen auf eine Allee zu, auf dem Feld links stehen die Reste eines Windrads. Mit der Kraft solcher Windräder wurde einst Grundwasser an die Oberfläche befördert, wichtig für die Bewässerung von Feldern und Plantagen.

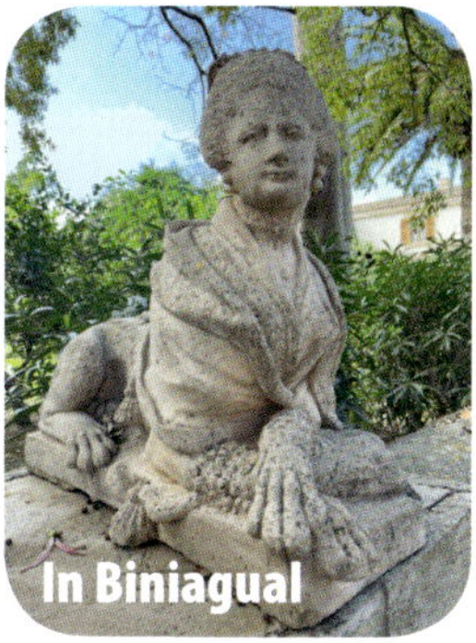
In Biniagual

Wir wandern weiter, immer geradeaus, zurück zum bekannten **Camí de Muro** vom Anfang sind es noch gut 1,5 Kilometer. Wir können die Stille und Weite noch ein Weilchen auskosten. Etwas abseits des

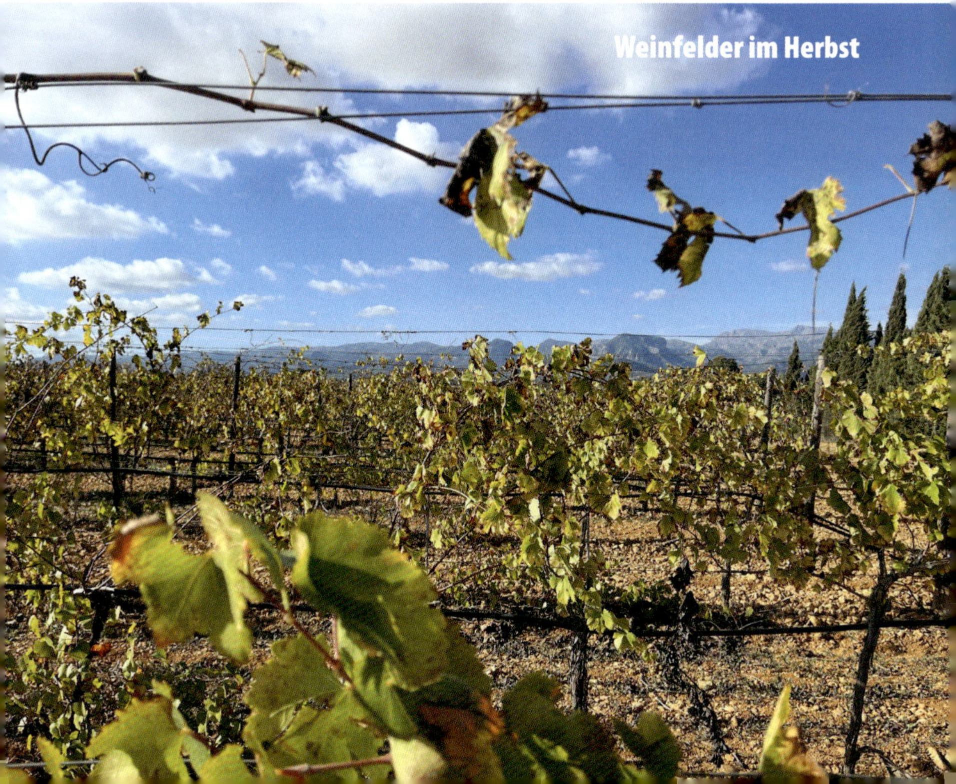
Weinfelder im Herbst

Verwöhntour 12

Jedes Jahr im September findet in Binissalem das große Weinlesefest ***Festa des Vermar*** *statt. Es zieht sich über Wochen mit Paraden, großer Traubenschlacht „Batalla del Raïm", Traubenwetttreten, Weincontest, um nur einige Highlights zu nennen.*

Weges sehen wir auf der rechten Seite ein Gehöft mit Pferden. Alles hat seinen Platz. Auch wir fühlen uns nicht verloren in der flachen Inselmitte, müssen uns keine Gedanken um den richtigen Weg machen. Wir dürfen träumen und genießen. Die Bodega rückt schon näher, es folgen wieder Weinfelder, jetzt in moderner Spalierform.

Wenn wir den Camí de Muro erreichen, bleibt uns nur noch der Einkehrschwung nach links zurück nach **Biniagual,** wo wir den Anlass nutzen sollten, einen der köstlichen mallorquinischen Weine zu probieren oder an einer Führung teilzunehmen. Denn wie sagte schon Goethe: Das Leben ist zu kurz, um schlechten Wein zu trinken.

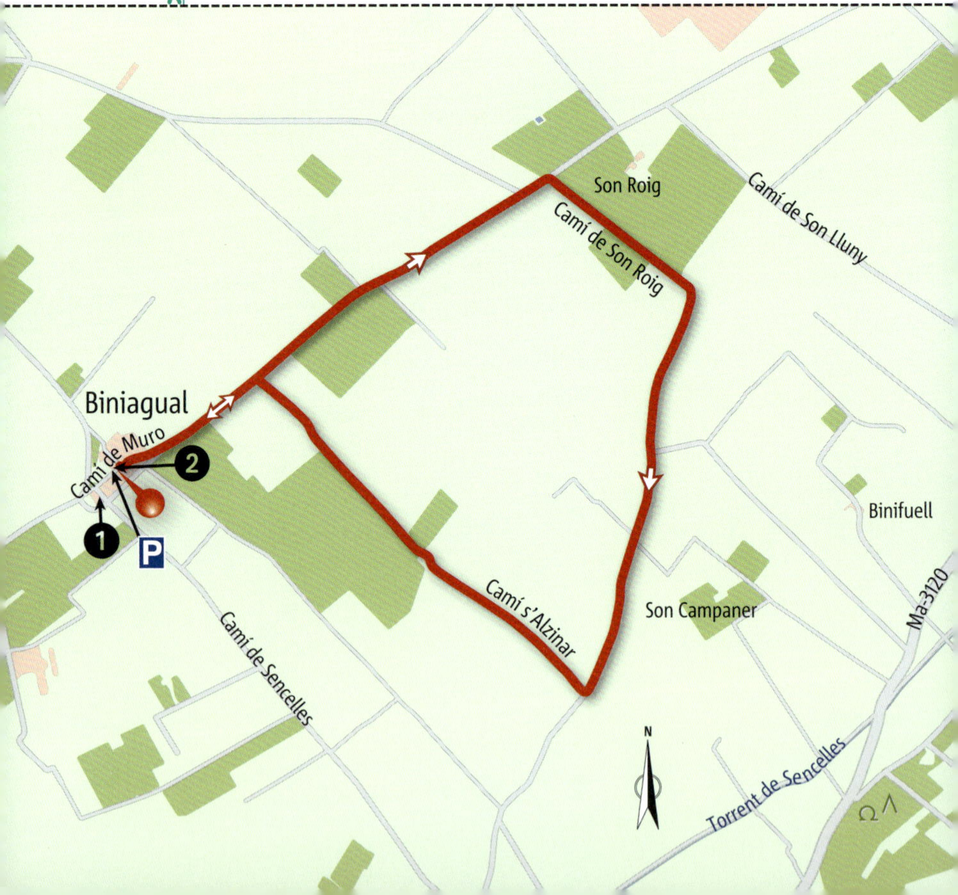

Alles auf einen Blick

WIE & WANN:
Ein leichter Rundgang, der uns entlang befestigter Wirtschaftswege durch die Weinregion führt und uns besonders zwischen Oktober und Juni zauberhafte Momente erleben lässt. Im Januar und Februar entfaltet sich zudem die Pracht blühender Mandelbäume an der Strecke.

HIN & WEG:
Auto: Kleiner Parkplatz an der Kirche, Camí de Muro, 07350 Biniagual (GPS: 39.66731, 2.87585)
ÖPNV: Keine Busanbindung an die Strecke. Bis Binissalem verkehren die Zuglinien T1 (Palma–Inca), T2 (Palma–Sa Pobla) und T3 (Palma–Manacor). Ab dem Bahnhof sind es ca. 50 Minuten Fußweg nach Biniagual.

Entspannung ✱✱✱✱✱
Genuss ✱✱✱✱✱
Romantik ✱✱✱✱✱

ESSEN & ENTSPANNEN:
Bodega Biniagual ❶ Camí de Muro 11, 07350 Biniagual, Tel. +34 971 87 01 11, www.finca-biniagual.com

ENTDECKEN & ERLEBEN:
Kirche ❷
Talaiot de Son Fred ❸

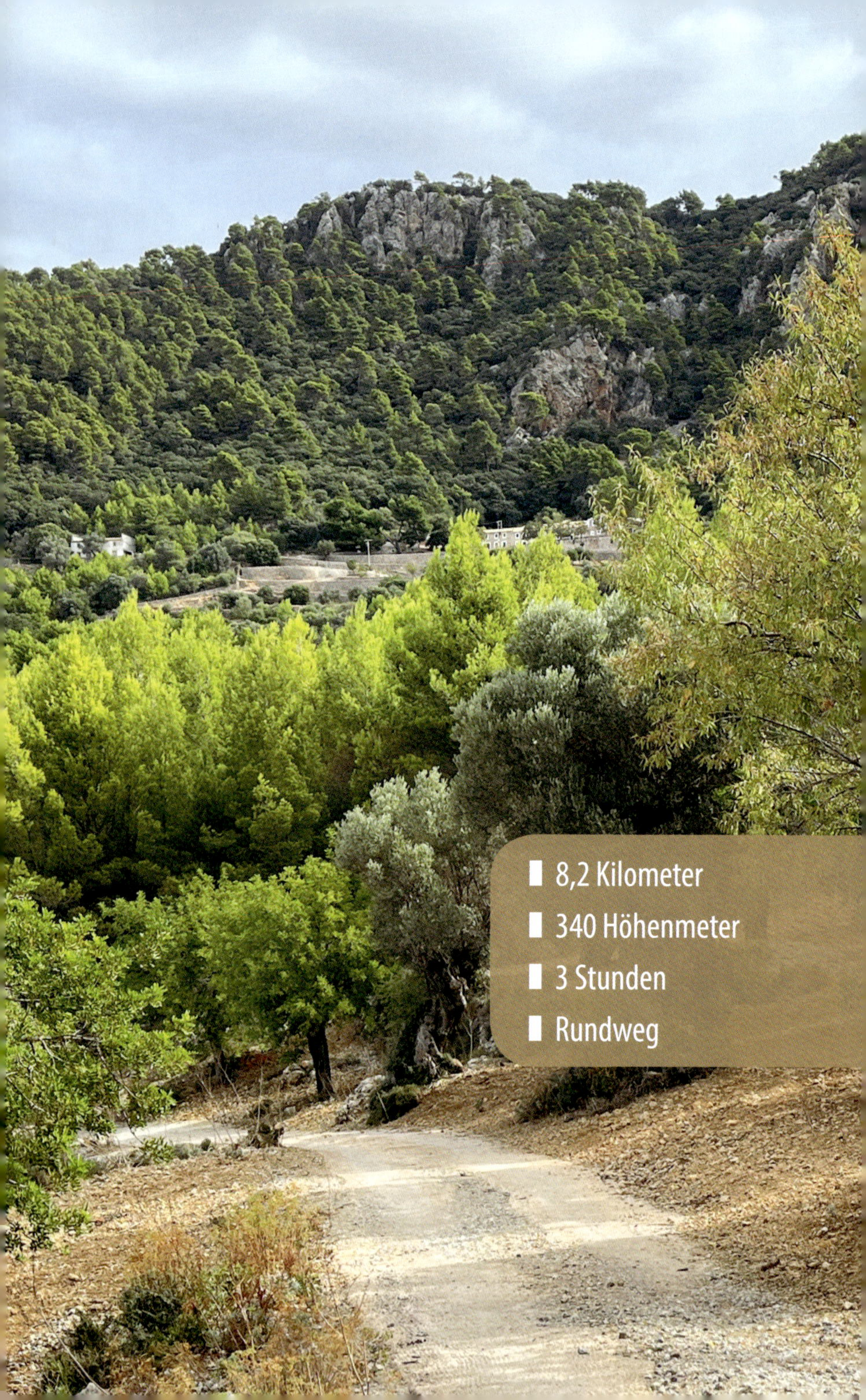

- 8,2 Kilometer
- 340 Höhenmeter
- 3 Stunden
- Rundweg

Schon die Anfahrt mit dem Auto zum Ausgangspunkt zwischen den alten Bergdörfern Estellencs und Banyalbufar ist ein Erlebnis für sich. Wir fahren auf der kurvenreichen Küstenstraße Ma-10, die bei Rennradfahrern, Bikern und Automobilisten gleichermaßen beliebt ist und schon als Kulisse von Filmen und Werbeaufnahmen diente. Für uns Wanderer gibt es einen Parkplatz bei Kilometer 90,2. Wir schnüren die Stiefel, vergessen nicht, unser Picknick in den Rucksack zu packen, und tauchen gleich nach dem Überqueren der Straße in vergangene Jahrhunderte ein. **Finca pública de Planícia** lautet der offizielle Name des mit seinen 442 Hektar weitläufigen Landguts, das sich seit 2009 in Staatsbesitz befindet und zum Weltkulturerbe Serra de Tramuntana gehört.

Planícias Blütezeit begann im Jahr 1732 mit dem geschäftstüchtigen Eigentümer ***Marqués de Campofranco****. Er ließ Häuser, eine Ölmühle, eine Getreidemühle, eine Schnapsbrennerei und eine Bodega errichten. Der Handel mit den Produkten der Finca florierte.*

Ein Fahrweg bringt uns bergan, mit jedem Schritt ein Stück weiter weg von Asphalt und moderner Zivilisation. Nach rund 250 Metern kreuzen wir den beschilderten Fernwanderweg GR 221 und erreichen unmittelbar danach eine **hölzerne Pforte.** Eintritt erwünscht! Da sehen wir sie auch schon, die ersten

Zeitreise

Zum alten Landgut Planícia

Olivenbäume, einer uriger und knorriger als der andere.

Wir sind auf dem **Camí de les Cases de Planícia,** gehen hinein in den prächtigen Olivenhain. Er ist gespickt mit Johannisbrot- und Feigenbäumen und jeder Menge Zistrosen, die blühen, falls wir im Frühjahr kommen. Wenn wir genau hinschauen, entdecken wir sogar wilde Orchideen am Wegesrand, besonders häufig die *Ophrys incubacea*, die Schwarze Ragwurz.

Ein Abzweig kommt in Sicht, ein Schild weist nach links zur **Quelle Font de s'Obi ❶**, die seinerzeit als Viehtränke diente. Wer möchte, nimmt diesen Abstecher in seine Wanderung mit auf und erwandert so einen zusätzlichen Kilometer. Alle anderen bleiben auf dem Fahrweg und kommen schon bald zum **Camp Gran ❷**, dem großen Feld, der größten Ackerfläche von ganz Planícia. Die Überlieferung besagt, dass diese Ebene – *planicie* auf Katalanisch – dem Landgut seinen Namen gab.

*Einst war **Olivenöl** das wichtigste Erzeugnis in der Serra de Tramuntana. Für die Inselbewohner diente es als wertvolles Nahrungsmittel und gleichzeitig als Handelsprodukt Nummer eins.*

Uns begrüßt das vielstimmige Blöken einer Schafherde. Lämmchen springen zwischen den Muttertieren umher, die noch dünnen Beinchen bewegen sich schon geschickt in den Ackerrinnen. Die idyllische Szene wird gerahmt von zahlreichen Trockensteinmauern und dem 941 Meter hohen Berg **Mola de Planícia** im Hintergrund.

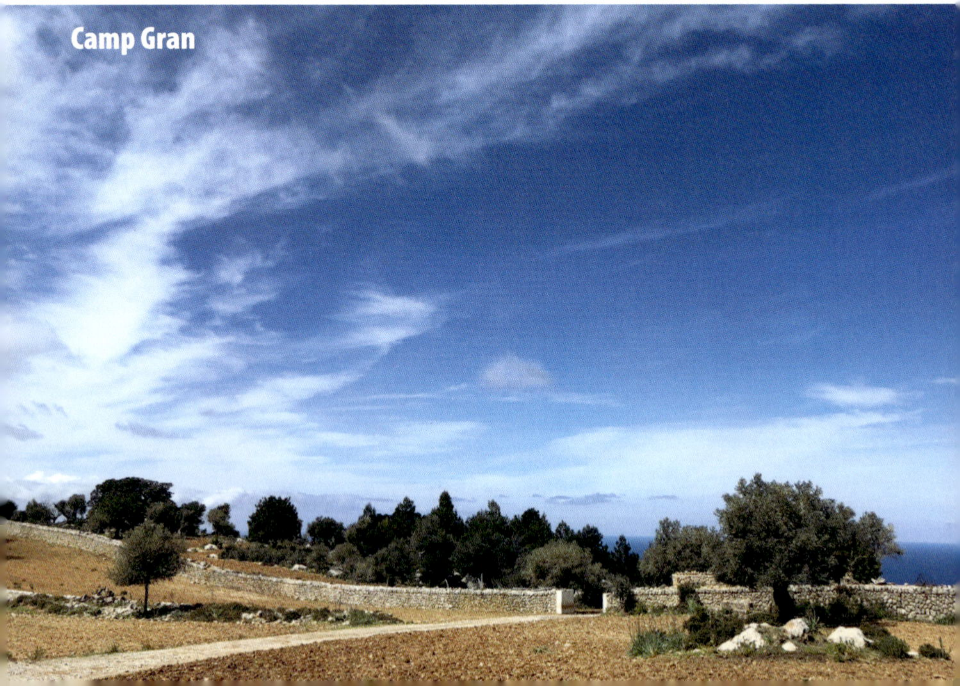
Camp Gran

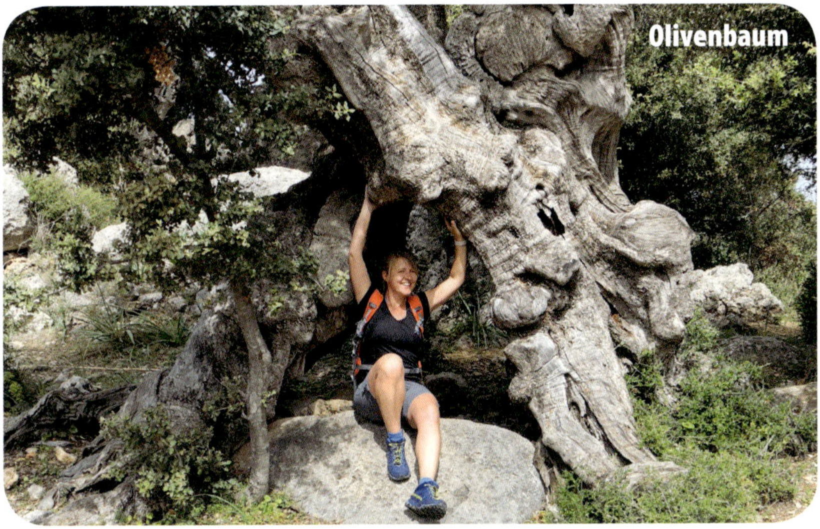

Olivenbaum

Links des Weges sehen wir einen **Steinunterstand,** die Bauern hier nennen ihn Porxo. Das ist noch keine richtige Behausung, doch die großen Haupt- und Wohngebäude rücken immer mehr in unser Blickfeld.

Für die Seele

Auf dem 700 Jahre alten Landgut Planícia mit seinen knorrigen Olivenbäumen spüren wir dem Zauber vergangener Zeiten nach.

Wir können sie schon von Weitem sehen, links von uns auf einer Anhöhe. Bevor wir die Gebäude schließlich erreichen – wir sind bisher gute 3 Kilometer und 240 Höhenmeter gewandert –, passieren wir in einer großen Linkskehre **zwei kolossale Pinien ③,** die seit 2004 unter Denkmalschutz stehen und im Katalog der

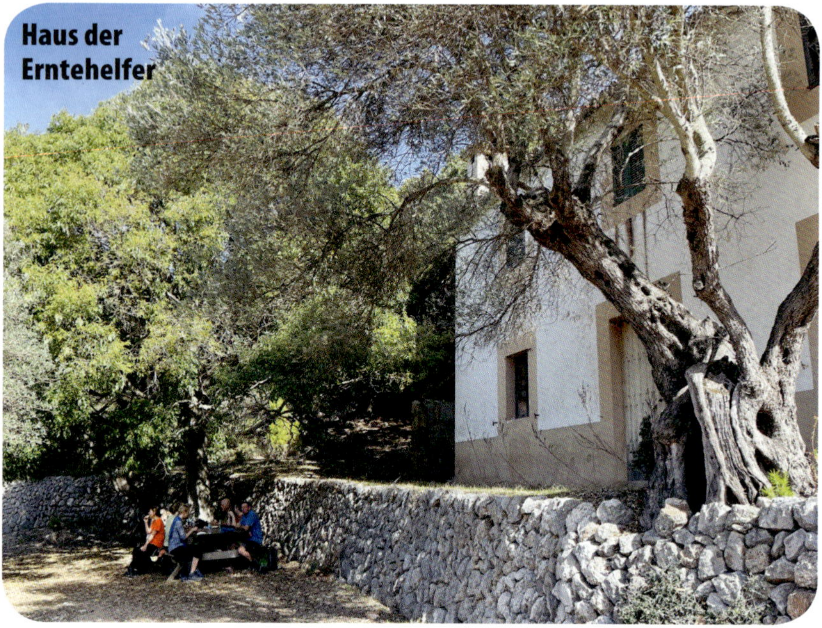
Haus der Erntehelfer

einzigartigen Bäume der Balearen gelistet sind. In den Wipfeln nisten Waldohreulen.

Langsam wird es Zeit für eine Rast! Auf der linken Seite neben den Hauptgebäuden finden wir etwas abseits das **Haus der Erntehelfer 4**, die Casa de ses Collidores, wo zur Erntezeit die Olivenpflücker wohnten. Vor dem Haus stehen Picknickbänke für uns bereit und wir können mit einem traumhaft schönen Blick über Berge und Meer unsere Rucksackkost und die Stille genießen.

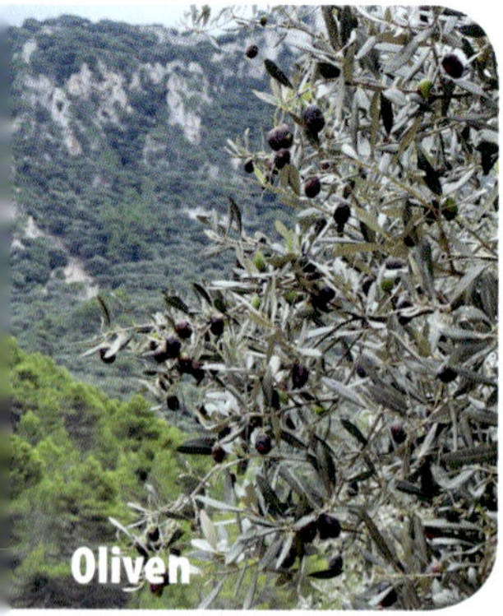
Oliven

Kommen wir an einem Wochentag nach Planícia, begegnen wir womöglich Arbeitern, die die Gebäude instand halten oder auf den Plantagen zu tun haben. An den Wochenenden dagegen treffen wir auf mallorquinische Familien, die hier ihre Freizeit verbringen.

Nun können wir ausgeruht unsere Wanderung fortsetzen und schlendern unter Platanen an den betagten und inzwischen teilweise restaurierten **Casas de**

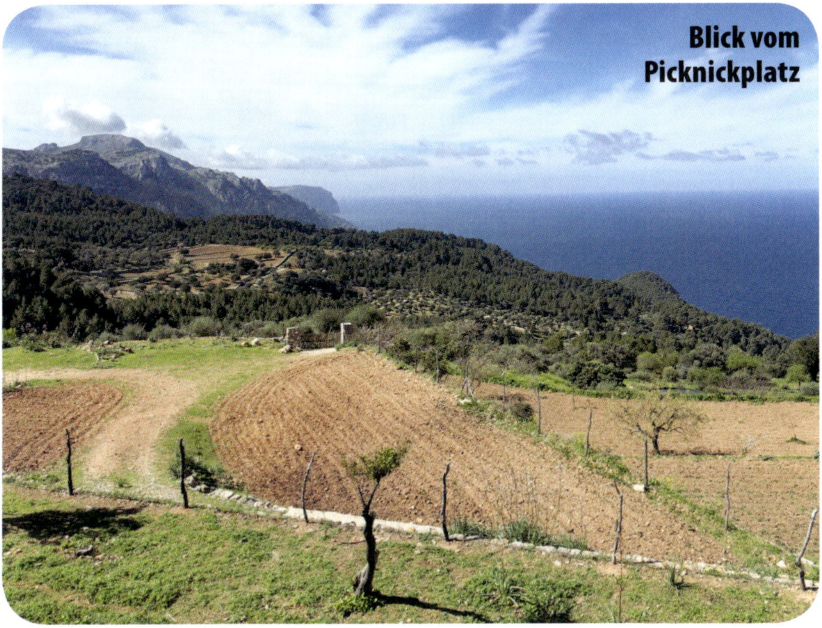

Blick vom Picknickplatz

Planícia 5 vorbei. Im linken Teil des länglichen Komplexes befanden sich die einfachen Wohnungen der Pächter, im rechten Teil mit schönem Innenhof wohnten die Besitzer. Wir gehen auf der rechten Seite um die Gebäude herum und werfen auf der Rückseite einen Blick auf ein riesiges Wasserbecken, ein **Safareig.** Darin wurde das für die Versorgung von Mensch, Tier und Pflanzen so kostbare Wasser aus Niederschlägen und Quellen gespeichert. In der Abgeschiedenheit der Bergwelt waren Naturressourcen überlebenswichtig.

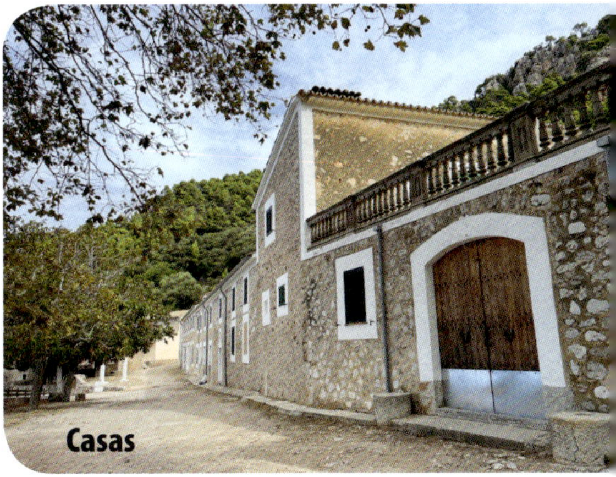

Casas

Wir halten uns rechts, passieren ein Metalltor und tauchen nun ein in einen märchenhaften Steineichenwald. **El Bosc Gran** wird er genannt, der große Wald. Instinktiv werden unsere Stimmen leiser. Ein uralter Karrenweg gibt uns die Richtung vor, Abzweige ignorieren wir. Unser nächstes Ziel ist der **Rundweg Aljub des Cristians,** der nach etwa 800 Metern von rechts auf unsere Route trifft. Wir halten uns weiter geradeaus. Einst hausten in diesem verwunschenen Wald Köhler und Kalkbrenner. Wir erspähen die bemoosten steinernen Grundmauern der Köhlerhütten und finden in deren Nähe auch die kreisrunden, mit Steinen eingefassten **Sitjas**, die runden Meilerplätze, auf denen im Frühjahr und Herbst die Holzkohlenmeiler glosten. Im Wald von Planícia entdeckt man besonders viele davon, denn das feste Holz der Steineichen gab hochwertige Kohle.

*Mehr als 150 **Köhlerplätze** soll es in Planícias Steineichenwäldern gegeben haben. Bis in die 1960er-Jahre wurden jährlich Tausende Tonnen Kohle produziert.*

Und dann sind da noch die Reste der Kalköfen, in denen Kalk als gefragtes Baumaterial gewonnen

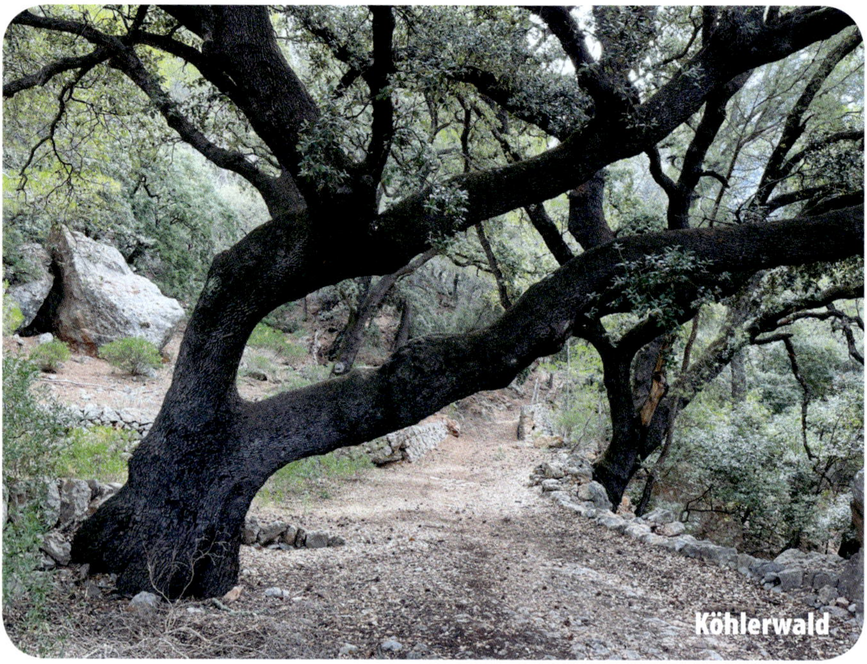

Köhlerwald

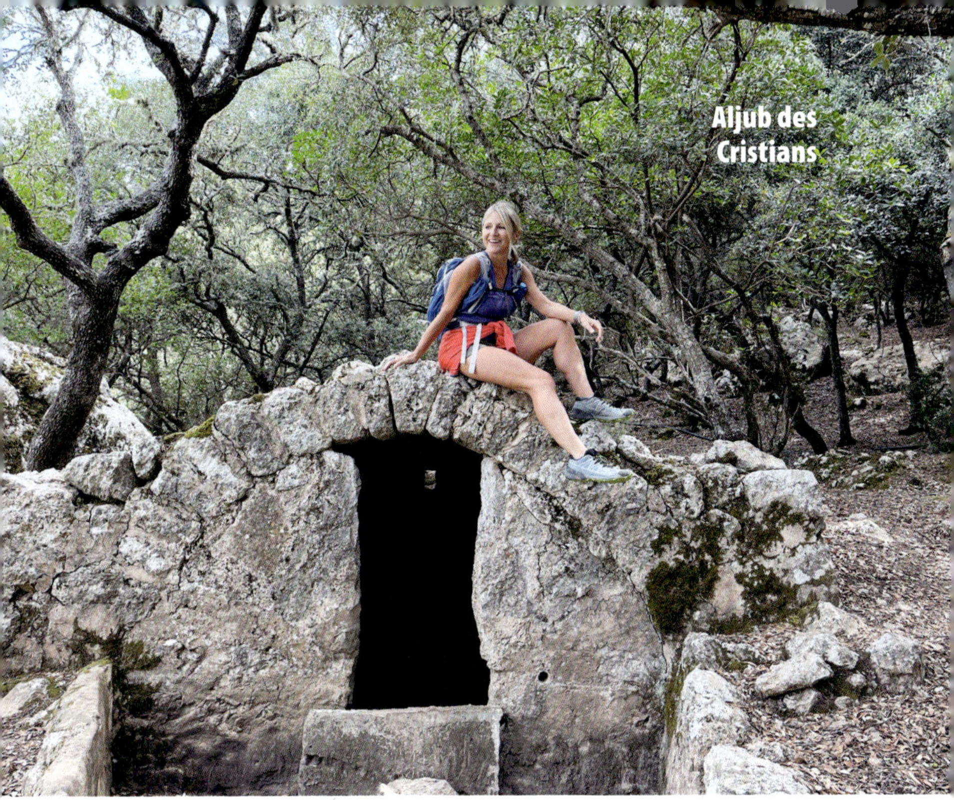

wurde. So lieblich und idyllisch sich uns diese Kulisse heute zeigt, ist es kaum vorstellbar, wie hart und entbehrungsreich das Leben für die Männer im Wald gewesen sein muss. Heute aber müssen wir nicht an die Arbeit denken! Wir sind weit weg von Alltag und Terminkalender, saugen die klare Waldluft ein, hängen unseren Gedanken nach und lauschen den Vögeln. Mit etwas Glück hören wir das Lied eines Fichtenkreuzschnabels, das monotone „Zizizi" der Blaumeise oder einen balzenden Wendehals.

Achtung! Wenn wir schließlich links am Weg einen **Wegweiser** sehen, der den Weg zum „Aljub des Cristians" weist, jedoch in die Richtung zeigt, aus der wir kommen, müssen wir genau dort in einen kaum erkennbaren Pfad nach rechts abbiegen! Wir wandern etwas bergab und finden hin und wieder Holzpfosten als Wegmarkierung, die uns das gute Gefühl vermitteln, auf dem richtigen Pfad zu sein. 500 Meter nach

Von Oktober bis Dezember tragen die ***Erdbeerbäume*** *(Arbutus unedo) gleichzeitig weiße Blütendolden und gelbrote bis dunkelrote Früchte. Die Früchte sind essbar, jedoch von recht fadem Geschmack.*

dem Abzweig gelangen wir zum Namensgeber dieses Rundweges, dem **Aljub des Cristians** 6. Es handelt sich um eine gut erhaltene, überdachte Zisterne. Sie ist eher unauffällig und die Schnellwanderer unter uns könnten sie übersehen. Doch ein Blick hinein lohnt sich. Es ist ein Steingebäude mit einem Gewölbe, das Regenwasser und überschüssiges Wasser einer nahe liegenden Quelle sammelt.

Nach 400 Metern halten wir uns an einer Gabelung links und treffen weitere 500 Meter später erneut auf unseren Fahrweg von vorhin, den Camí de les Cases de Planícia. Wir schwenken nach links und wandern auf dem bekannten Weg zurück zum Ausgangspunkt.

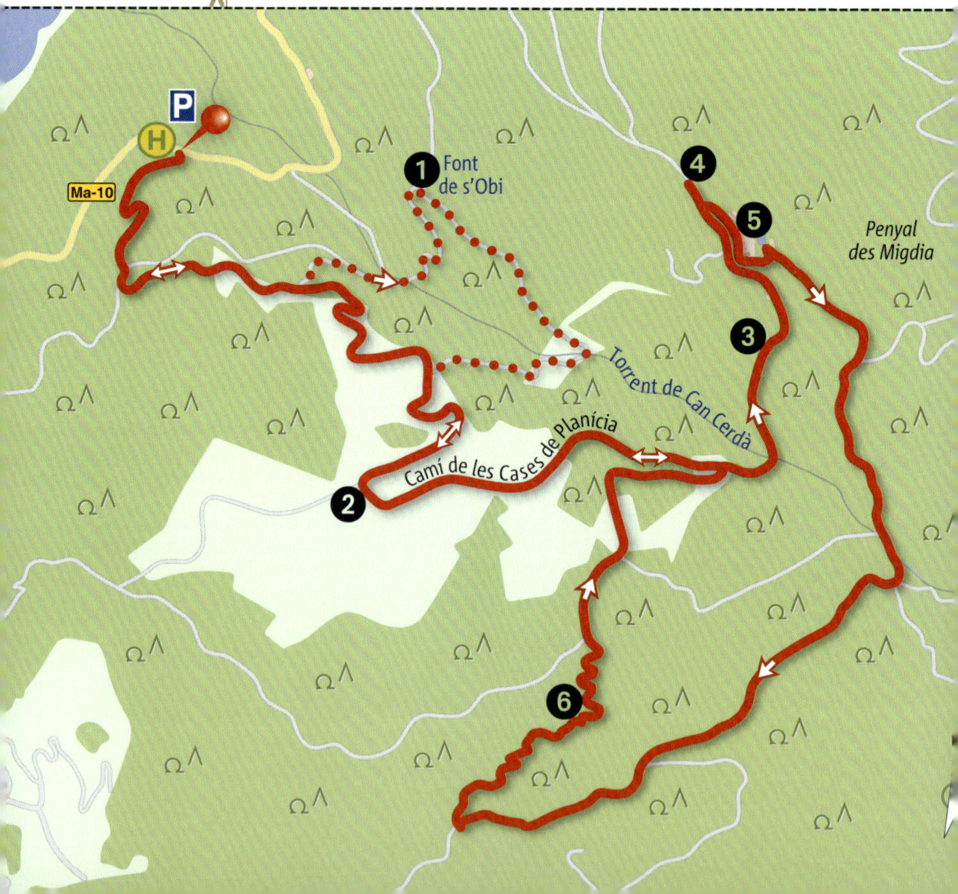

Alles auf einen Blick

WIE & WANN:

Wir sind auf dem Gelände einer öffentlichen Finca auf Wirtschaftswegen und Waldpfaden unterwegs, die teilweise markiert sind. Diese Wanderung ist das ganze Jahr über möglich, jedoch sollten wir heiße Sommertage im Juli und August meiden.

HIN & WEG:

Auto: Wanderparkplatz Kilometer 90,2 an der Ma-10 (GPS 39.6725, 2.494444)
ÖPNV: Haltestelle Planícia, Bus 202

ESSEN & ENTSPANNEN:

Bitte an Rucksackverpflegung denken!

Abseits der Route empfehlenswert:
Restaurant Café Bellavista, Carrer Comte de Sallent 15, 07191 Banyalbufar, Tel. +34 971 61 80 04
Cafeteria Vall Hermos, Eusebio Pascual 6, 07192 Estellencs, Tel. +34 971 61 86 10, www.vallhermos.com

ENTDECKEN & ERLEBEN:

Quelle Font de s'Obi ❶
Camp Gran ❷

Entspannung ★★★★★
Genuss ★★★☆☆
Romantik ★★★★☆

Pinien von Planícia ❸
Haus der Erntehelfer mit Picknickplatz ❹
Las Casas de Planícia ❺
Zisterne Aljub des Cristians ❻

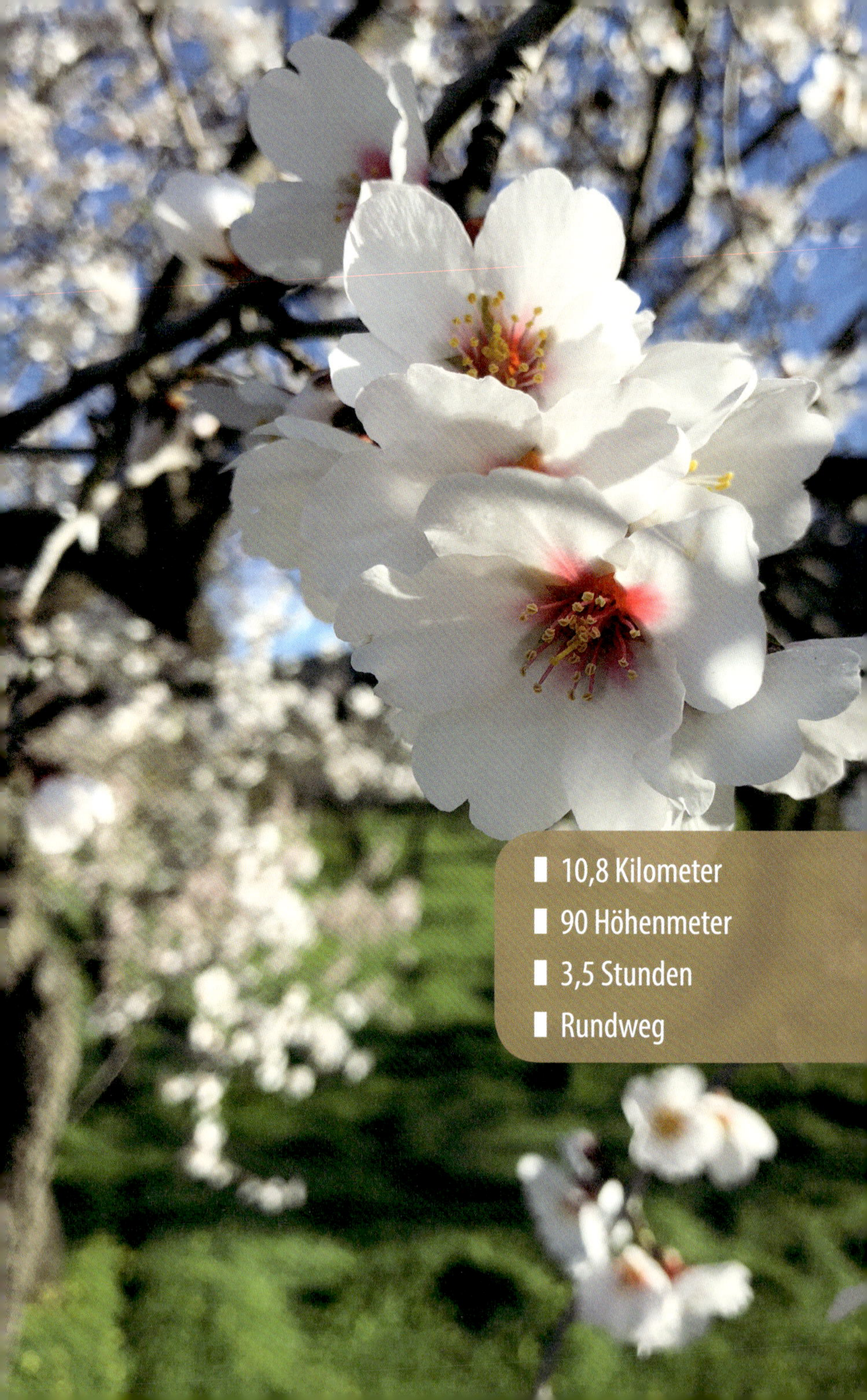

- 10,8 Kilometer
- 90 Höhenmeter
- 3,5 Stunden
- Rundweg

Es gibt eine alte Legende, die erzählt, warum in der Zeit der Mauren so viele Mandelbäume auf Mallorca gepflanzt wurden: Angeblich hatte ein arabischer Herrscher eine schöne Prinzessin aus dem hohen Norden zur Frau genommen. Im Winter jedoch war sie unglücklich, denn sie vermisste den Schnee. Der Mann liebte sie sehr und ließ Mandelbäume pflanzen, damit die Landschaft im Winter von den Blüten der Mandelbäume so weiß ist, als hätte es geschneit.

Ob es sich exakt so zugetragen hat, wissen wir nicht, doch es waren tatsächlich die Mauren, die den Mandelbaum um das Jahr 900 auf die Insel brachten. Heute sind die Millionen Mandelbäume nicht mehr von Mallorca wegzudenken. Wie viele es wirklich sind, kann wohl niemand genau sagen. Eigentlich ist es egal, denn es sind so viele, dass sie fast überall auf der ganzen Insel anzutreffen sind. Wenn wir im Januar und Februar nach Mallorca kommen, in den Wochen der Mandelblüte, erleben wir eine wunderbar stille Insel ohne Eile. Alles scheint noch einmal durchzuatmen vor der nächsten Urlaubersaison, auch die Natur.

*Nach der großen Reblaus-Plage in Europa im 19. Jahrhundert und dem Aus des Weinbaus haben sich die mallorquinischen Bauern an die maurischen **Mandeln** erinnert, sie wechselten von Reben auf Mandelbäume. Ursprünglich gab es an die 300 Mandelarten.*

Blütenspektakel

Zur Mandelblüte nach Selva

In der Gegend um **Selva** gibt es reichlich Mandelplantagen, die zu ausgedehnten Spaziergängen einladen. Die Stadt, die erhaben auf einem Hügel vor der gewaltigen Bergkulisse erbaut wurde, ist über die Landstraße Ma-2130 zu erreichen, die von Inca hoch ins Gebirge nach Lluc führt. Es scheint, als ob der Ort über beides wacht: auf der einen Seite die Berge der Serra de Tramuntana, auf der anderen Seite die weite Ebene.

Obwohl wir fast die gesamte Strecke auf asphaltierten Wegen zurücklegen, lässt uns der lieblich ländliche Landstrich diesen Umstand schnell vergessen. An der Kreuzung am Ortseingang, gegenüber dem **Restaurant Asador Foc i Caliu ❶,** das bei Mallorquinern sehr beliebt ist, verlassen wir die Hauptstraße und biegen neben dem Spielplatz in den **Camí Vell d'Inca** ein. Es ist der „alte Weg" nach Inca, aus einer Zeit, lange bevor es die modernen Straßen gab. Heute ist er in das Wegenetz des Fernwanderweges GR 222 eingebunden, der das Kloster Lluc in den Bergen mit der Stadt Artà im Nordosten verbindet.

Nach den Gebäuden der Eventfinca Son Bonet öffnet sich die Landschaft. Unser Blick schweift über niedrige Natursteinmauern weit übers flache Land. Als fast einzige Erhebung, vor uns in der Ferne, hat die Natur den **Puig de Santa Magdalena** (354 Meter) auf die

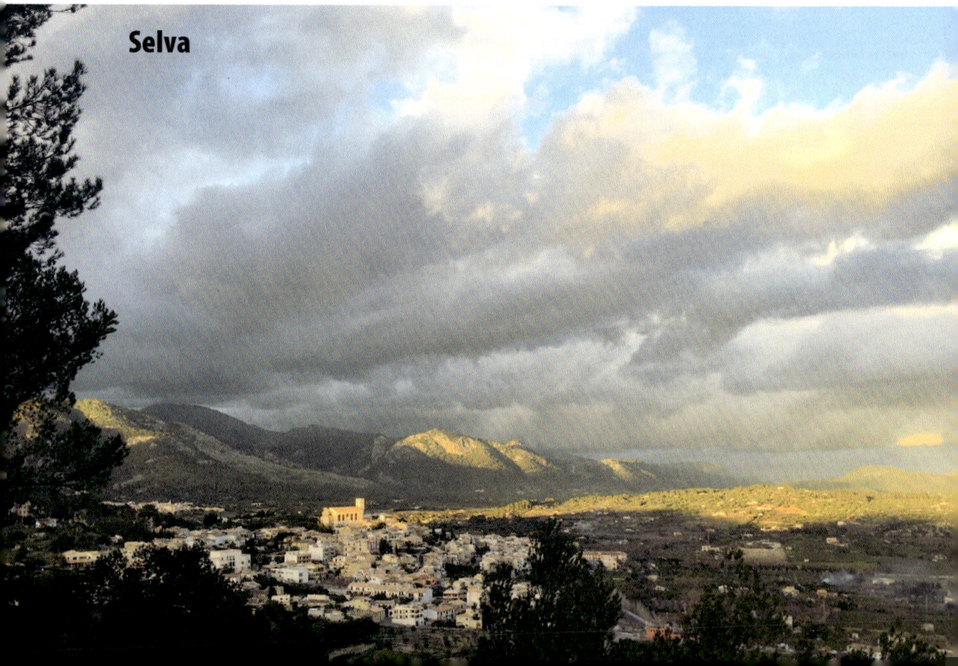
Selva

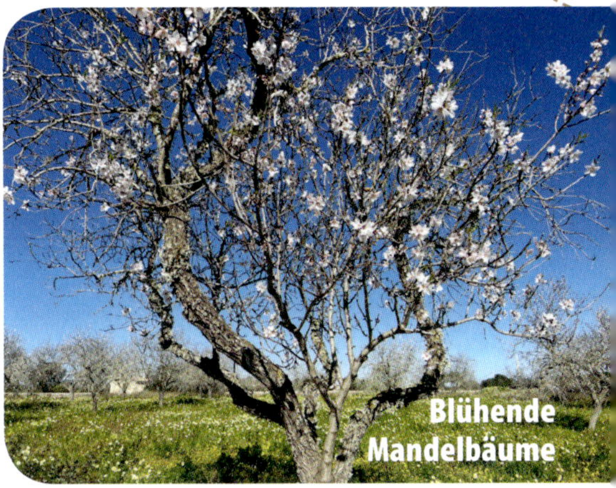

Ebene gesetzt. Doch wenn wir uns umdrehen, erheben sich dort die mächtigen Berge der Serra de Tramuntana. Davor Selva auf seinem Hügel, der Kirchturm ragt als Spitze empor. Wir schauen, wie die Wolken vorbeiziehen, und müssen uns um nichts Gedanken machen. Nach einem Abzweig nach 250 Metern, den wir nicht beachten, tauchen die ersten Mandelbäume am Wegesrand auf. Es sind keine riesigen Plantagen. Eher Gärten von ein paar Hektar Land, die meisten deutlich kleiner. Das Landleben auf Mallorca unterscheidet sich von dem in Deutschland. Viele Menschen leben außerhalb der Ortschaften, die Dörfer sind zersiedelt. Vielleicht haben wir beim Blick aus dem Flugzeug beim Landeanflug den „Flickenteppich" der Felder und Ländereien gesehen, bei dem je nach

Für die Seele

Die Zeit steht still auf blühenden Wiesen, Feldern und Mandelplantagen, wo wir fern jeder Hektik das friedliche ländliche Mallorca entdecken.

Jahreszeit Grün- oder Brauntöne dominieren, zur Mandelblütenzeit weiß getupft. Doch nicht nur Mandeln wachsen auf den Feldern zwischen den vereinzelten Bauernhäusern, auch Johannisbrot und Feigen.

Unterwegs werden wir auf Einheimische treffen, wir grüßen sie mit einem freundlichen „Bon Dia". Wir

Auch die ***Johannisbrotbäume*** *haben die Mauren nach Mallorca gebracht. Die Samen wurden lange Zeit wegen ihres konstanten Gewichts von 0,18 Gramm als Maßeinheit für Gold und Edelsteine verwendet. Ein Samenkorn entspricht einem Karat.*

wandern über 1 Kilometer geradeaus bis zur **Furt am Torrent de Massanella ❷,** der im Winter und Frühjahr meist etwas Wasser führt. Auf Trittsteinen kommen wir trocken auf die andere Seite, wo wir den GR 222 schon verlassen müssen, er verläuft weiter nach rechts. Wir biegen nach links ab und folgen dem **Camí de ses Guixeries** etwa 700 Meter zum Ende, wo dieser auf den **Camí dels Canyars** stößt. Wir müssen abermals nach links, passieren rechterhand ein Weinfeld. Am nächsten Abzweig biegen wir nach rechts ab in den **Camí de ses Planes.** Die eindrucksvollen Berge mit dem breiten Felsmassiv des Puig de Massanella (1364 Meter) erheben sich jetzt vor uns. Gar nicht so selten kommt es vor, dass die Gipfel unter einer Schneedecke liegen, während in der Ebene die Mandelbäume in voller Blüte stehen. Dazu noch blauer Himmel, ach, könnten wir das alles zusammen doch nur auf ein einziges Foto bannen!

Zu beiden Seiten erstrecken sich Mandelbäume hinter schon vertrauten Trockensteinmauern. Unsere

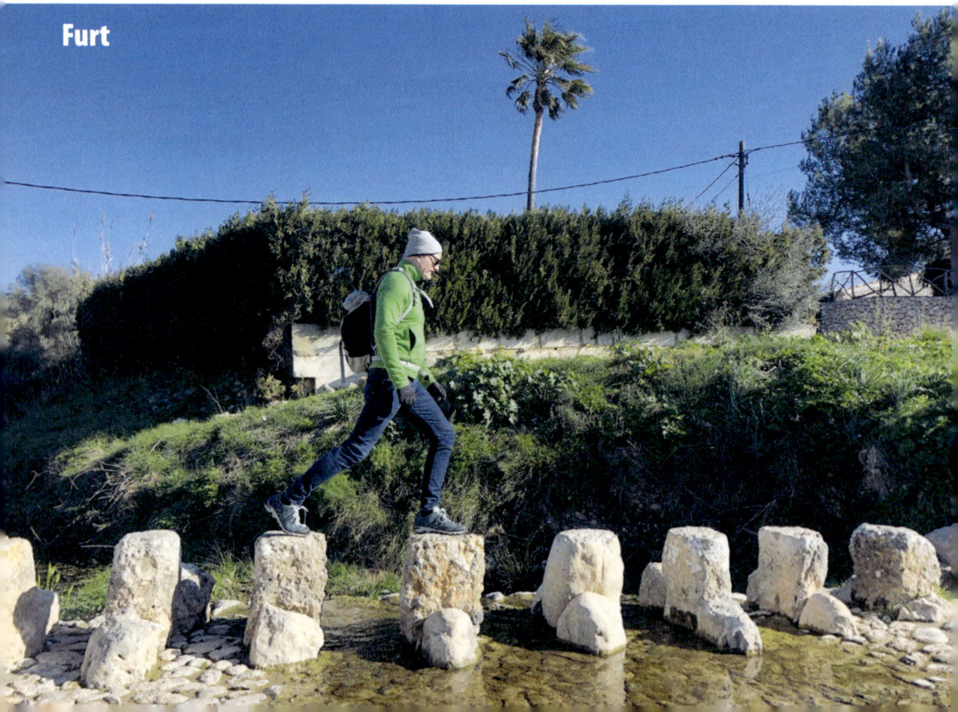

Furt

Nasen fangen den lieblichen Duft der Blüten ein. In ein paar Monaten, ab Ende August, werden die Mandeln reif sein, dann wird geerntet. Maschinen rütteln den Großteil der 7000 Tonnen mallorquinischer Mandeln von den Bäumen, doch es gibt Bauern, die diese Arbeit noch wie eh und je mit langen Schilfstangen verrichten und damit die Früchte von den Ästen schlagen. Wir werden auch Mandeln mit eingetrockneten Schalen an ungenutzten Bäumen sehen, die im letzten Jahr nicht abgeerntet wurden. Wenn wir so eine Mandel knacken – vorausgesetzt, sie ist noch nicht komplett vertrocknet –, werden wir feststellen, dass die *Almendra mallorquina* kleiner und aromatischer ist als ihre kalifornische Konkurrentin.

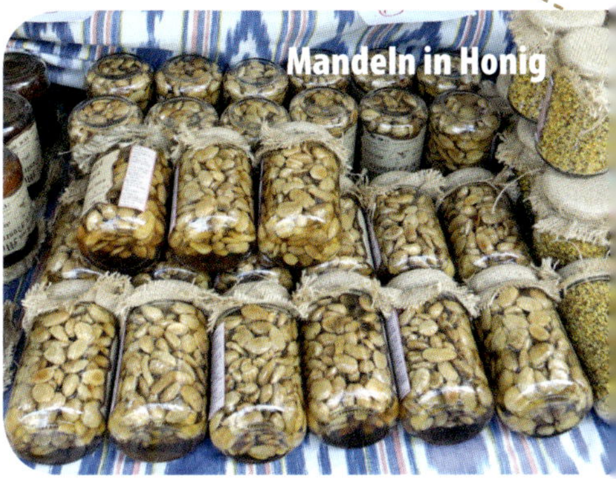

Mandeln in Honig

Bald treffen wir auf eine breite Wegkreuzung, die wir später auf unserem Rückweg nochmals passieren werden, und biegen nach rechts ab. Die folgende Passage gehen wir hin und später auch wieder zurück.

Jetzt wollen wir dem Weiler Moscari, 3 Kilometer weiter, einen Besuch abstatten. Wir können ihn noch nicht erblicken, denn er liegt genau hinter der kleinen Anhöhe vor uns. Unser Weg überquert den Wasserlauf des schmalen **Torrent des Pont d'en Blai** und führt uns weiter an Feldern und Plantagen vorbei. Mandelbäume dominieren auch hier die Landschaft. Wir bleiben immer auf dem Hauptweg, der in seinem Verlauf allmählich etwas schmaler wird. Nach etwa 1,5 Kilometern erreichen wir die Stelle, an der wir später von links wieder auf diesen Weg treffen werden. Jetzt wandern wir noch 500 Meter geradeaus, bis zu einer Kreuzung mit einem Stoppschild. Die kleine Straße vor uns, auf die wir nach links abbiegen müssen, ist der **Camí Vell de Pollença.** An der nächsten Gabelung bleiben wir links und folgen dem Wegweiser nach Moscari. Bis zum

*Beliebte **Produkte aus mallorquinischen Mandeln** sind Mandelkuchen, Mandeleis, die Weihnachtssüßigkeit Turrón und die süße Mandelmilch Horchata de Almendra, die warm im Winter oder eiskalt im Sommer getrunken wird.*

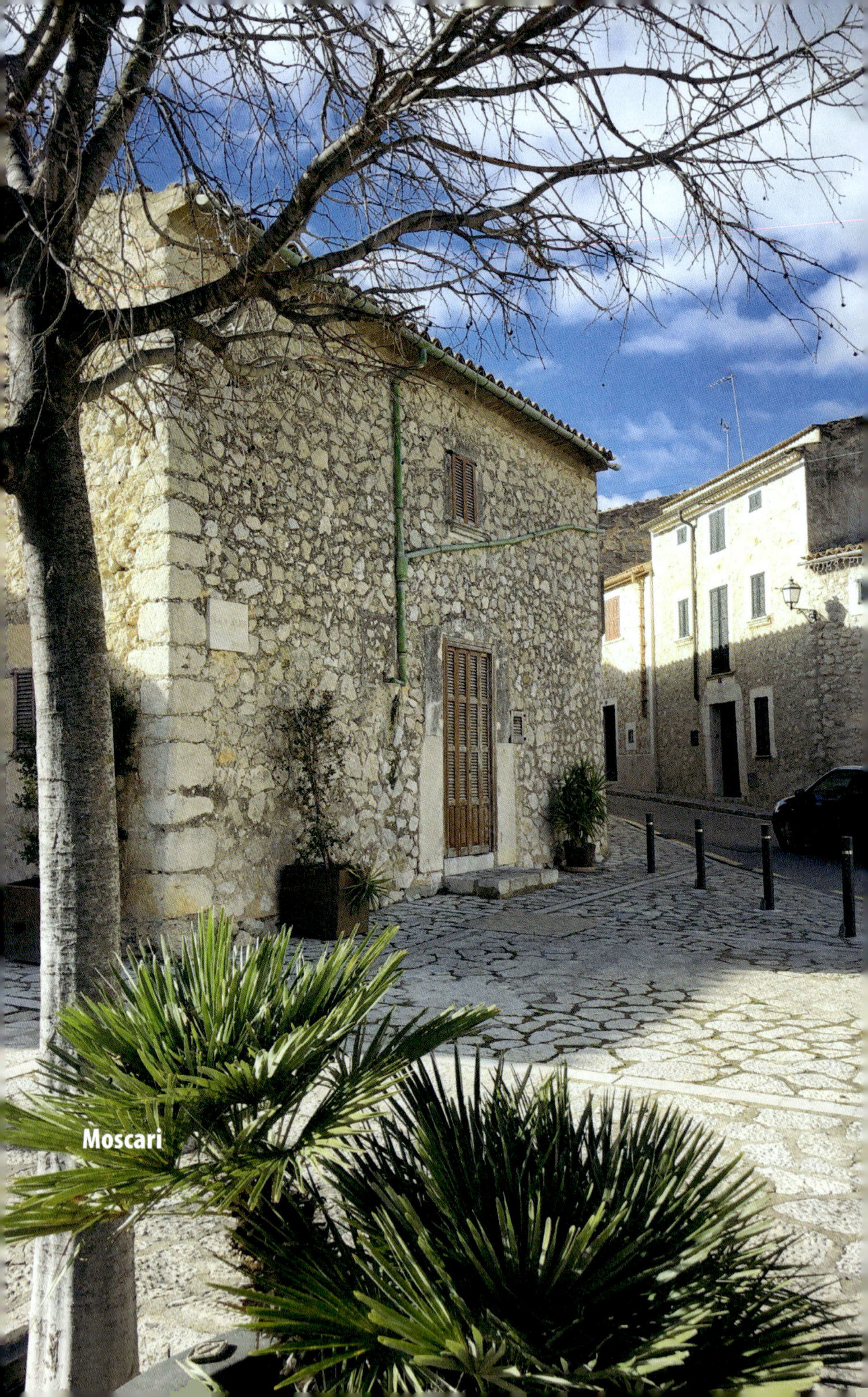

Moscari

Ortsschild wandern wir noch rund 300 Meter. Als Erstes passieren wir Sport- und Spielplatz auf der rechten Seite und etwas weiter, jetzt links, das kleine Fincahotel Can Riera, dessen Gebäude schon 650 Jahre alt sind und acht Gästezimmer bereithalten.

Moscari ist ein seelenruhiges Dorf abseits allen Trubels. Dort wo wir auf die Hauptstraße treffen, grüßt ein Wegkreuz die Ankommenden. Gleich gegenüber befindet sich noch ein Dorfhotel mit historischem Ambiente, Can Calco. Wer hier Urlaub macht, sucht keine Clubs und Animation, eher Ruhe und Abgeschiedenheit. Die Einwohner von Moscari heißen Moscariencs – 600 an der Zahl, doch nur die Hälfte wohnt im Dorf selbst, die andere Hälfte verstreut außerhalb.

Wir schlendern auf der schmalen Hauptstraße nach links. Nur ein paar Schritte weiter liegt der zentrale Platz des Dorfes, die **Plaça Major ❸.** Sollten sich zwischenzeitlich Hunger und Durst eingestellt haben, können wir beides in der **Dorfbar Sa Plaça ❹** stillen. Dann gehen wir noch ein Stück die Hauptstraße entlang, rechts die Kirche **Església de Santa Anna ❺,** links eine Apotheke. An der nächsten Möglichkeit, der **Carrer de Josep Morro Cerdà,** geht es nach links und schon haben wir das Dorf hinter uns gelassen. 1 Kilometer wandeln wir nun wieder durch ländliche Idylle und Mandelplantagen, bevor wir auf den Abschnitt treffen, den wir bereits von vorhin kennen. In entgegengesetzter Richtung laufen wir bis zur breiten Kreuzung zurück. Jetzt nehmen wir den Weg nach rechts, den wir nach nur 100 Metern nach links wieder verlassen. Wir sind jetzt nicht mehr auf säuberlichem Asphalt, sondern zunächst auf Schotter, der bis zu einem Grundstück führt, und bald darauf auf einem erdigen Feldweg. Später, kurz bevor der Feldweg auf eine Straße mündet, biegen wir wieder nach links ab. Zwischen niedrigen Trockensteinmauern führt uns dieser Weg, der eher ein Pfad ist, immer geradeaus zurück bis nach **Selva.**

Entschleunigungstour 14

*Der leckere mallorquinische **Mandelkuchen** wird traditionell ohne Mehl gebacken. Zutaten sind gemahlene Mandeln, Eier und Zucker. Dazu eine Prise Zimt und ein Hauch Zitronenschale.*

Selva selbst ist durchaus noch einen abschließenden Rundgang wert. Im hügeligen **Ortsteil Es Puig** können wir auf und ab durch gepflasterte Gassen bummeln und von oben den Blick weit über die Regionen Raiguer und Es Pla bis zur Bucht von Alcúdia schweifen lassen. An der **Plaça Major** erhebt sich über einer monumentalen Treppe die gotische Fassade der **Kirche Església de Sant Llorenç 6.**

Eins der wirtschaftlichen Standbeine Selvas ist die Schuh- und Lederindustrie. Am nördlichen Ortsrand befindet sich die **Lederfabrik Kollflex** mit einem Verkaufsraum und **Schuhmuseum 7,** in dem Schuhe und Produktionsmaschinen aus 100 Jahren ausgestellt sind (Eintritt frei).

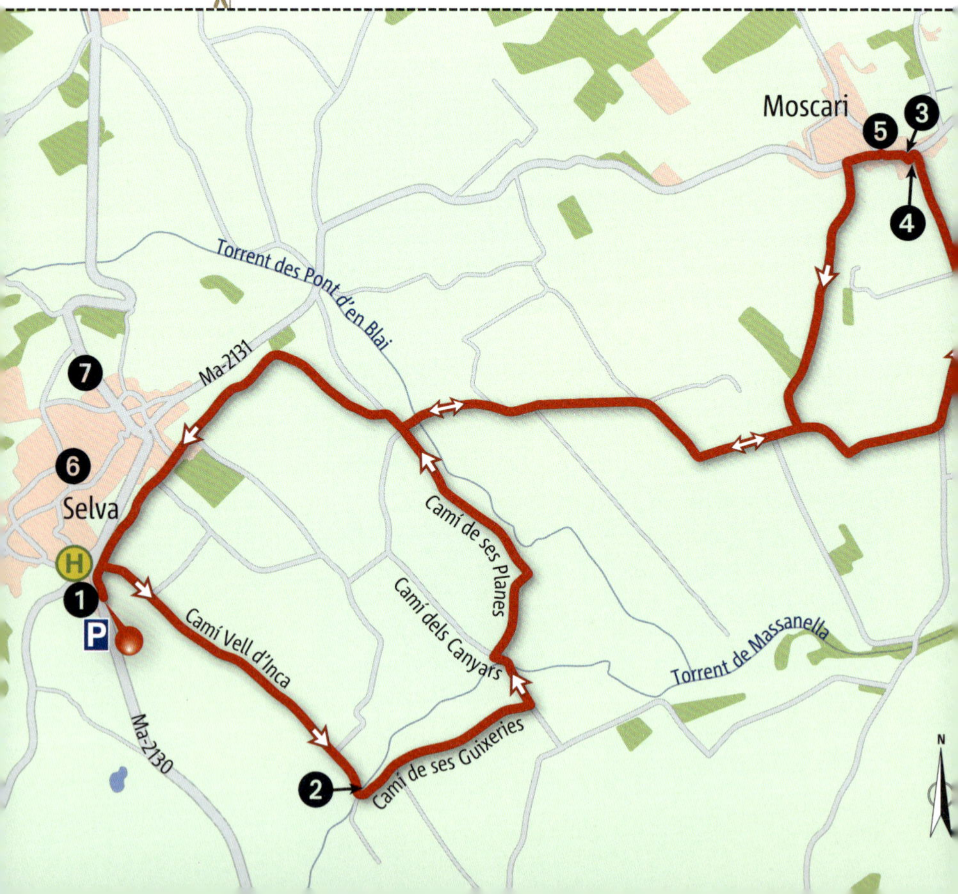

Alles auf einen Blick

WIE & WANN:
Leichte Spazierwanderung auf bequemen Wegen. Als Erleichterung bei der Orientierung ist der GPS-Track empfehlenswert! Die schönste Wanderzeit ist von Januar bis März, wenn die Mandelbäume blühen und die Luft vom zarten Duft erfüllt ist, während die Landschaft in ein sanftes Rosa-Weiß getaucht ist.

HIN & WEG:
Auto: Parkstreifen gegenüber des Restaurants Asador Foc i Caliu, 07313 Selva (GPS: 39.750833, 2.9025)
ÖPNV: Haltestelle Selva, Bus 312

ESSEN & ENTSPANNEN:
Restaurant Asador Foc i Caliu ❶ Plaça Biniamar 2, 07313 Selva, Tel. +34 971 77 28 39, restaurant-foc-i-caliu.business.site
Café Sa Plaça ❹ Plaça Major 1, 07316 Moscari, Tel. +34 971 41 65 75

ENTDECKEN & ERLEBEN:
Furt am Torrent de Massanella ❷
Moscari, Plaça Major ❸
Moscari, Església de Santa Anna ❺

Entspannung ★★★★☆
Genuss ★★★☆☆
Romantik ★★★★☆

Kirche Sant Llorenç de Selva ❻
Selva, Schuhmuseum ❼

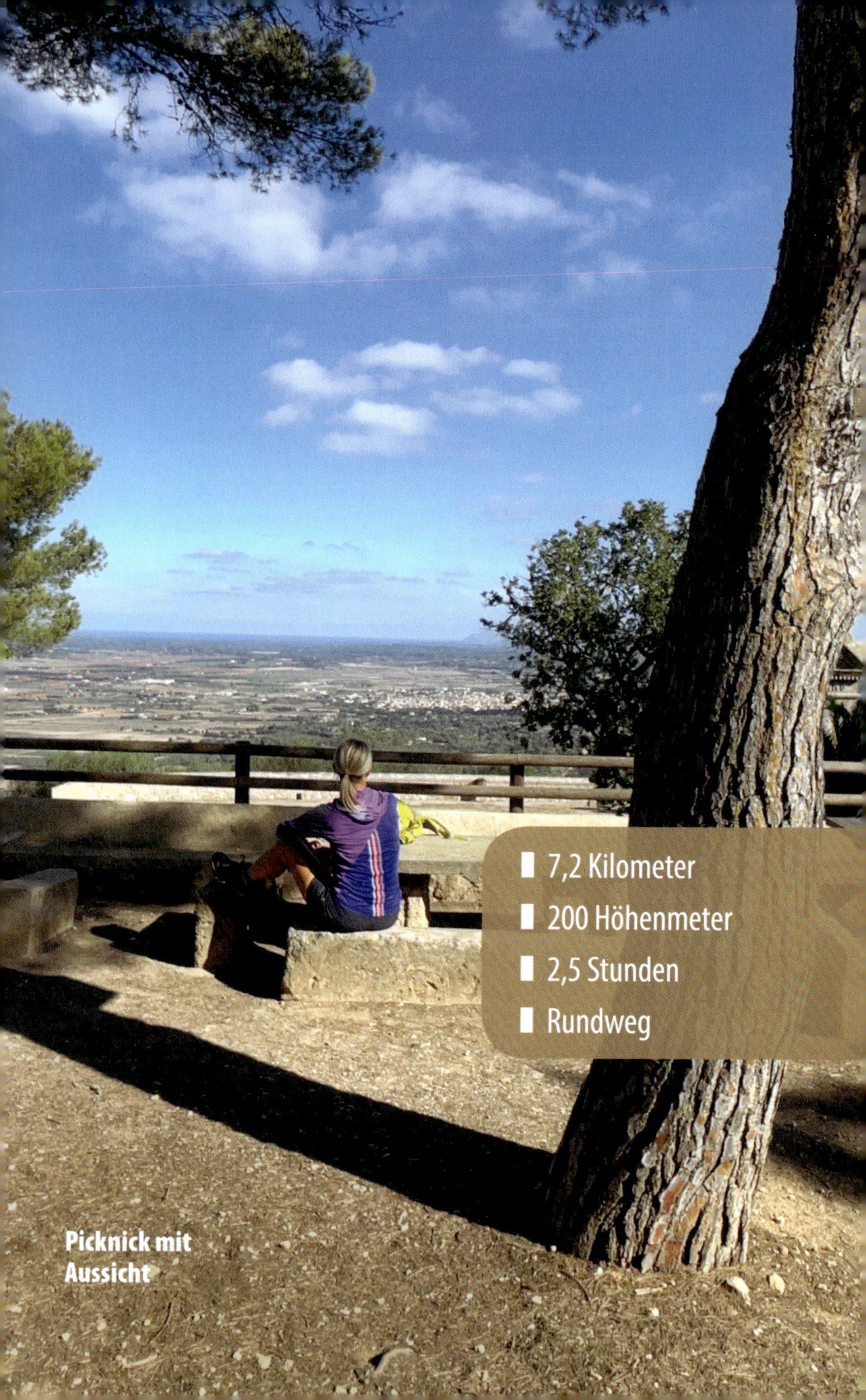

- 7,2 Kilometer
- 200 Höhenmeter
- 2,5 Stunden
- Rundweg

Picknick mit Aussicht

Vilafranca 1749, ein junger Franziskanerpater aus Petra steht auf dem **Puig de Bonany** und hält eine Predigt. Es sollte seine letzte Ansprache an die Bewohner von Vilafranca und Petra sein, denn kurz darauf wurde er in die Neue Welt entsandt, um dort die Errichtung spanischer Missionsstationen zu leiten. Sein Name war Junípser Serra und er war kein Geringerer als der spätere Gründer von San Francisco. So schreibt es die Geschichte.

Machen wir uns auf den Weg zu genau jener Stelle oben über der Stadt, die heute **Vilafranca de Bonany** heißt, auf den 317 Meter hohen Puig de Bonany! Auf dem Gipfel steht die Ermita de Bonany. Genauer gesagt, das **Santuari de la Mare de Deu de Bonany,** so der korrekte, vollständige Name, so viel Zeit muss sein.

*„**Bonany**" bedeutet „das gute Jahr", korrekt katalanisch ausgesprochen Bo-nain. Vilafranca ist seit 1916 offiziell die „Freistadt des guten Jahres".*

Nomen est Omen, damit stehen die Zeichen hoffentlich für uns gut. Los geht es am Ortsrand von **Vilafranca** in der **Carrer des Vent.** Wir nehmen den Abzweig nach Norden zum **Camí de Son Perxana,** der uns an einer Gärtnerei mit Gewächshäusern vorbei sanft bergan aus dem Dorf führt. Es ist einer dieser typi-

Halleluja

Von Vilafranca zur Ermita de Bonany

schen Wirtschaftswege, schmal, hier und da **Trockensteinmauern,** vereinzelte Häuser. An einer Grundstücksmauer weht ein Hauch Schweineduft herüber. Unverkennbar wohnen dort ein paar Schweine, vermutlich die schwarzen. Die iberische Rasse ist ein beliebter Fleischlieferant, Mallorquiner lieben mageren

Die Mallorquiner tauften die **Feigenkakteen** auf den Namen „Figues de Moro", Maurenfeigen. Bis heute zieren sie als Hecke viele Grundstücksgrenzen, um mit ihren Stacheln unliebsame Eindringlinge fernzuhalten.

Schinken und die luftgetrocknete Sobrassada. An der nächsten Mauer (und an der übernächsten und überübernächsten auch) wachsen Feigenkakteen. Die Früchte sind essbar. Nur nicht mit bloßen Händen danach greifen! Die feinen Stacheln würden uns noch tagelang ärgern.

Der Weg schlängelt sich an Grundstücken entlang durch das bäuerliche Gebiet. Asphalt wird von Schotter abgelöst. Wir bleiben stets auf dem Hauptweg, der als solcher immer gut erkennbar ist. Behutsam gewinnen wir an Höhe. Wir sind noch keinen Kilometer gewandert, als wir in einen **Kiefernwald** eintauchen. Vögel singen uns ein Lied. Wenn der Weg sich verzweigt, orientieren wir uns geradeaus. Irgendwann knickt der Weg dann nach rechts ab. Das ist eindeutig, doch jemand hat sicherheitshalber noch einen **roten Farbklecks** auf einen Stein gemalt. Kurz nach dieser Stelle treffen wir auf eine Kreuzung, wir wählen den geriffelt betonierten Weg, der für die nächsten 200 Meter leicht bergab führt. Das Stück gehört zu einer Zufahrt, dessen Besitzer wohl keine staubigen oder aufgeweichten Waldwege mag.

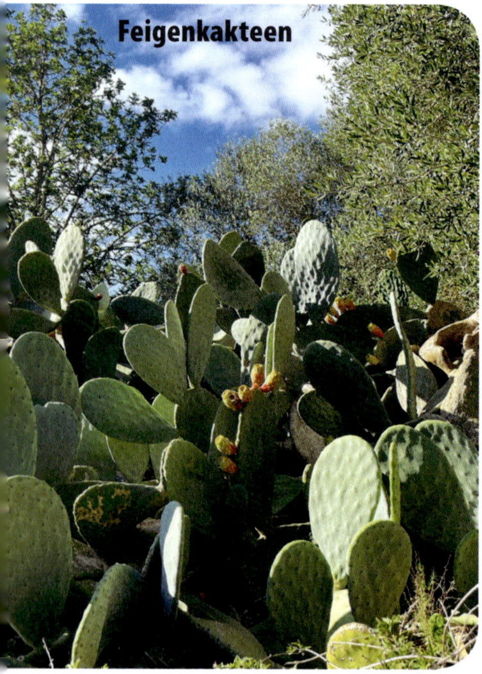
Feigenkakteen

An der nächsten **Kreuzung** gehen wir nach links. Nur ein paar Schritte weiter können wir schon unser Ziel anpeilen. Die Ermita de Bonany kommt ins Blickfeld, nur noch einen Wanderkilometer und weniger als 100 Höhenmeter entfernt.

Nach der Hälfte der verbleibenden Strecke, also nach 500 Metern, biegen wir nach links auf den befestigten schmalen Pilgerpfad ab, der mit einem eher unscheinbaren Holzpfosten markiert ist. Auf dem schreiten wir nun stetig nach oben, dabei

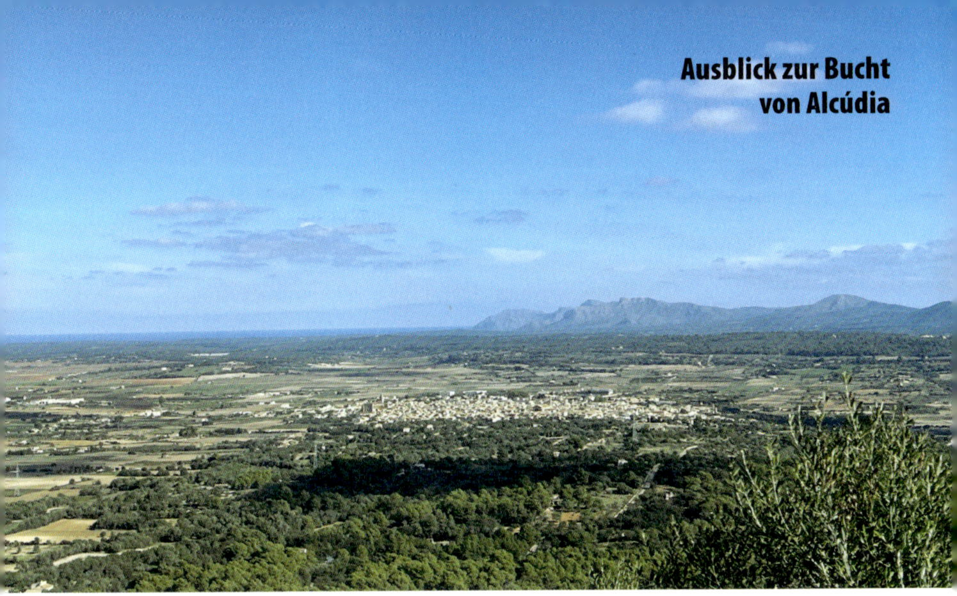

Ausblick zur Bucht von Alcúdia

queren wir die Zufahrtsstraße zur Ermita zweimal. Der Pilgerpfad bringt uns direkt auf die große, schöne **Aussichtsplattform** ❶ vor dem Eingangsportal der Klosteranlage. Was für ein Ausblick! Halten wir inne und lassen die Weite über der Ebene mit Dörfern zwischen Feldern und Natursteinmauern auf uns wirken. So anders ist es hier im Inselinneren, verglichen mit

Für die Seele

Über der Ebene Pla de Mallorca thront eine charmante Wallfahrtskirche mit Weitblick und einer einzigartigen Atmosphäre, die zum Meditieren einlädt.

den Urlaubsorten an Mallorcas Küsten. Wir schauen über das Städtchen Petra hinweg bis zur Bucht von Alcúdia in der Ferne, wo sich die Badegäste tummeln, alle Gegensätze auf einem Bild.

Dann wenden wir uns dem Säulenportal mit den beiden **Fliesenbildern** zu. Auf dem linken ist das

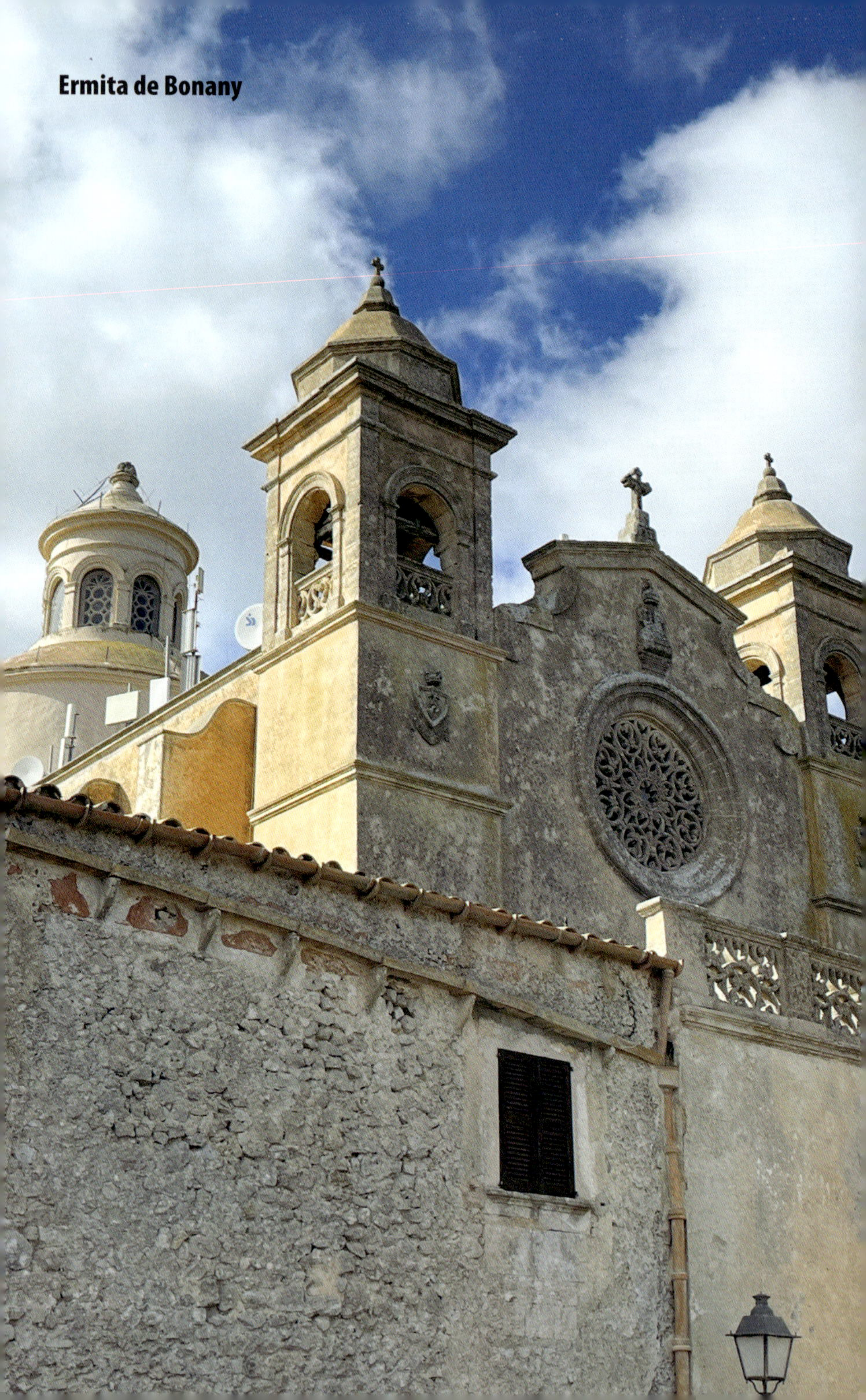
Ermita de Bonany

Auffinden einer Madonnenfigur dargestellt, wie es sich im 13. Jahrhundert ereignet haben soll. Das zweite Bild ist der regenspendenden Wirkung der Madonna gewidmet: Als um das Jahr 1600 eine anhaltende Dürre für Verzweiflung bei den Bauern sorgte, flehten die Bewohner der umliegenden Dörfer die Madonna auf dem Berg um Regen an. Tatsächlich gab es im Jahr 1609 eine gute Ernte, und die Ermita wurde daraufhin der Mutter Gottes des „Guten Jahres" – Bonany – geweiht. Seit die Madonna so ihre Kraft unter Beweis gestellt hatte, entwickelte sich die Kapelle zum **Wallfahrtsort** und musste mehrfach vergrößert werden.

Die heutige Kirche des **Santuari de la Mare de Deu de Bonany** ❷ gab es zu Zeiten Juníper Serras noch nicht. Über der Eingangstür lesen wir die Jahreszahl 1789, doch das Gotteshaus wurde zwischen 1920 und 1925 im historistischen Stil neu errichtet. Nur der Eingangsbereich mit dem Barockportal blieb erhalten. Innen sehen wir auf der linken Seite eine eingemauerte Krippe und hinter dem Altar die Figur der Heiligen Jungfrau Maria. Durch bunte Glasfenster zaubert die Sonne Farbreflexe auf Wände und Fußboden. Wenn wir Glück haben, ist es gerade Mittagszeit und die Glocken schicken ihr Läuten über die Ebene. Setzen wir uns doch ein Weilchen unter die großen Bäume. Dort gibt es einige Picknicktische und dazu ein atemberaubendes Panorama.

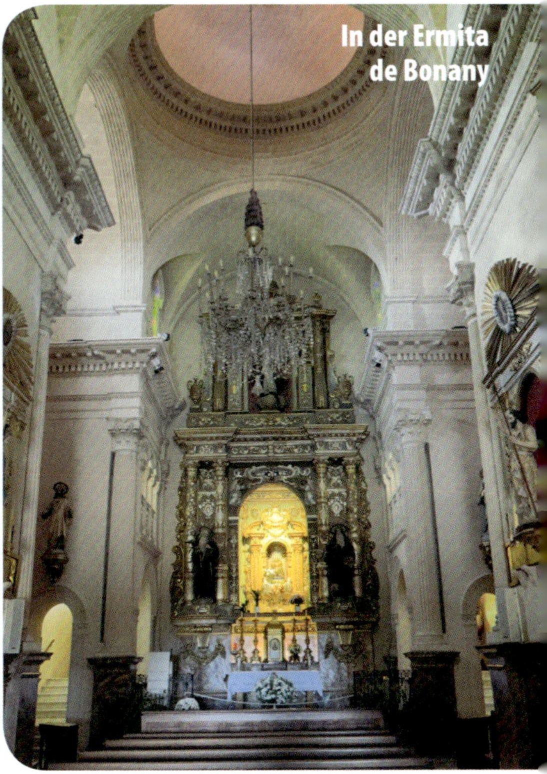
In der Ermita de Bonany

Um schließlich den Rückweg anzutreten, wenden wir

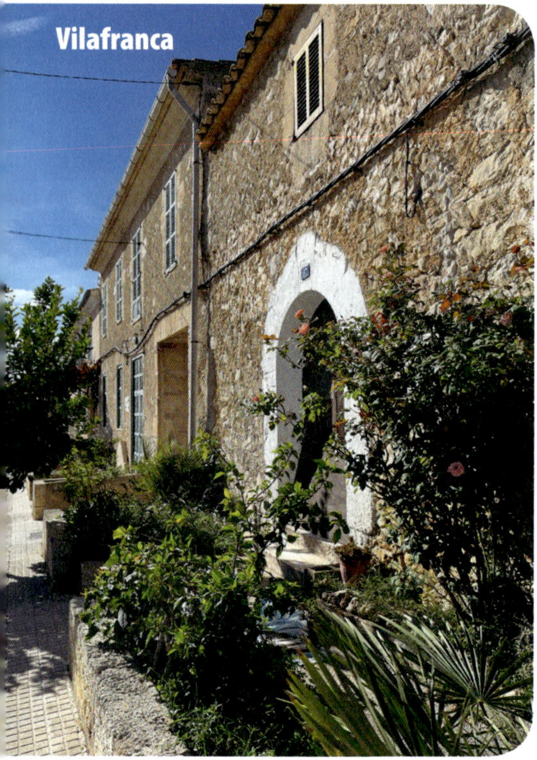

uns dem Pilgerpfad zu, auf dem wir gekommen sind. Dort, wo wir das erste Mal die Straße queren, sehen wir links das Steinkreuz **Creu de Juníper Serra ❸**, das 1949 zum Gedenken an den 200. Jahrestag der Abreise des Paters errichtet wurde. Das Kreuz ähnelt den Kreuzen, die Juniperus aus Baumstämmen vor den neu gegründeten Missionen errichtete.

Wir begeben uns zurück auf den Pfad und wandern bergab bis zum Feldweg, dann geht es nach rechts weiter auf dem bekannten Weg. An der nächsten Gabelung, wo wir vorhin von rechts gekommen sind, gehen wir jetzt geradeaus. Eine lange Gerade führt uns gemächlich nach unten. Wir sind umgeben von Feldern zwischen Mäuerchen. Wir laufen so lange, bis wir an ein Stoppschild kommen. Fast hätten wir vergessen, dass wir in einer modernen Welt mit Autos leben! Eselskarren gibt es trotzdem noch. Wir gehen am Stoppschild nach rechts und sind 1 Kilometer weiter zurück am Ausgangspunkt.

In **Vilafranca de Bonany** können wir uns im Anschluss noch unter die Mallorquiner mischen, um ein Stück des unaufgeregten, authentischen Inselalltags zu erleben. Die bäuerliche Stadt im Herzen der Ebene Es Pla ist sicher kein Besuchermagnet, doch gerade das macht sie auch liebenswert. Hier kann man durch ruhige Gassen um die wuchtige Kirche spazieren, einen Cortado auf der **Plaça Major ❹** trinken und lokale Produkte kaufen. Bei **Alls i Melons ❺**, übersetzt „Knoblauch und Melonen“, einem alteingesessenen urigen

*Eine typische Spezialität Mallorcas ist **Sobrassada**, eine luftgetrocknete Wurst mit viel Paprika, die aufs Brot gestrichen oder als Zutat für deftige Gerichte verwendet wird.*

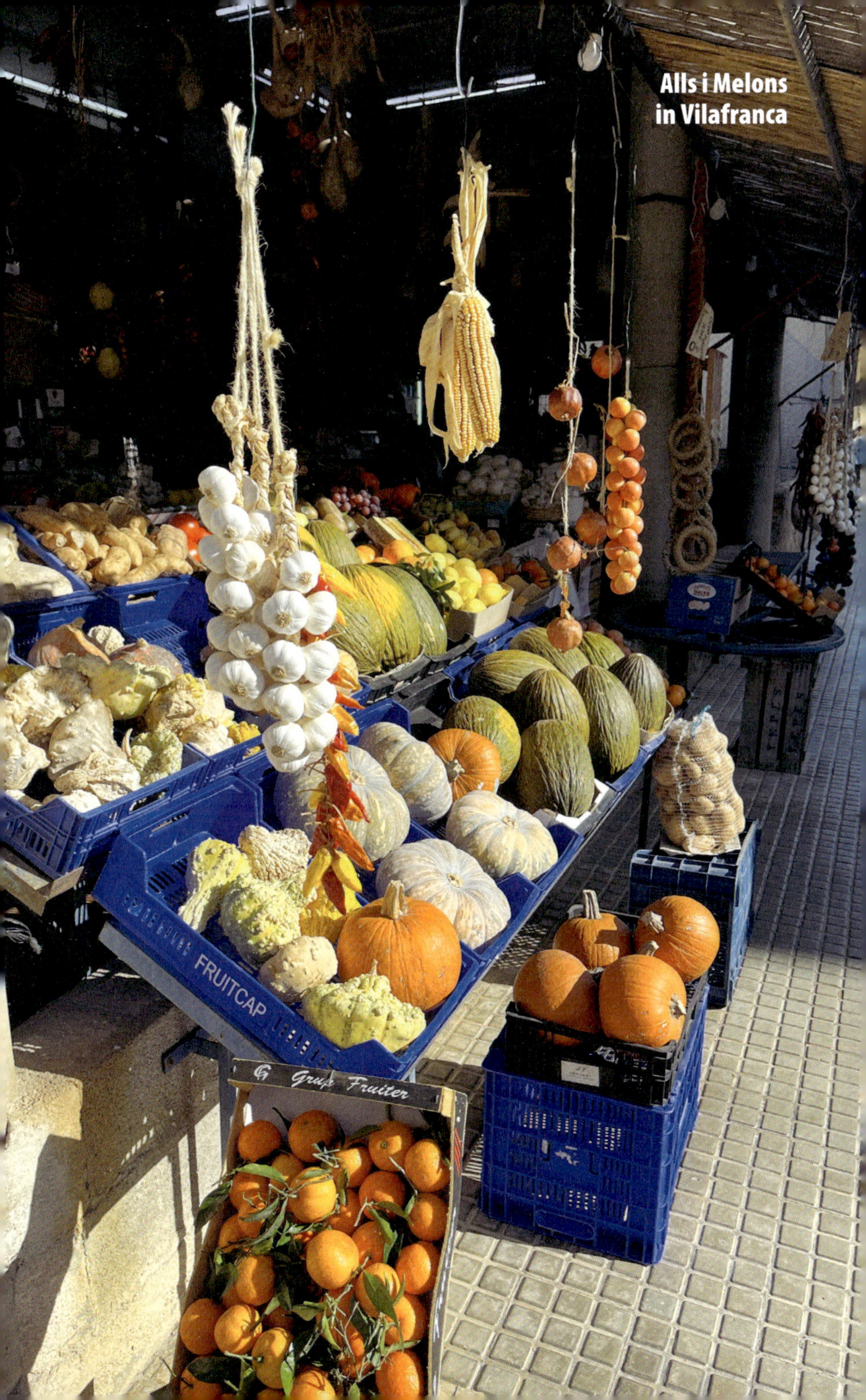

Alls i Melons
in Vilafranca

*Im September feiert Vilafranca die **Fira i Festa des Meló**, das Melonenfest, bei dem sich alles um die Riesenfrüchte dreht. Die schwerste Melone, die meist mehr als 30 Kilo auf die Waage bringt, wird preisgekrönt.*

Laden, gibt es jede Menge Köstlichkeiten zum Mitnehmen. Die freundlichen Besitzer lassen uns gern auch probieren. Was darf es sein? Ein Kürbis, eingelegte Oliven, ein Stück Käse oder lieber Sobrassada, Gemüse aus der Region – die Auswahl ist groß. Mittwochs wird in Vilafranca auch einen Wochenmarkt abgehalten, bei dem zahlreiche Händler von der ganzen Insel ihre Waren anbieten.

Für den großen Hunger finden wir am Ortsausgang in Richtung Palma das Restaurant **Ca na Miquela de ses Teuleres** 6 mit echter Inselküche oder außerhalb in Richtung Manacor das urige mallorquinische Gasthaus **Es Cruce** 7 mit großen Portionen, landestypischer geht es nicht.

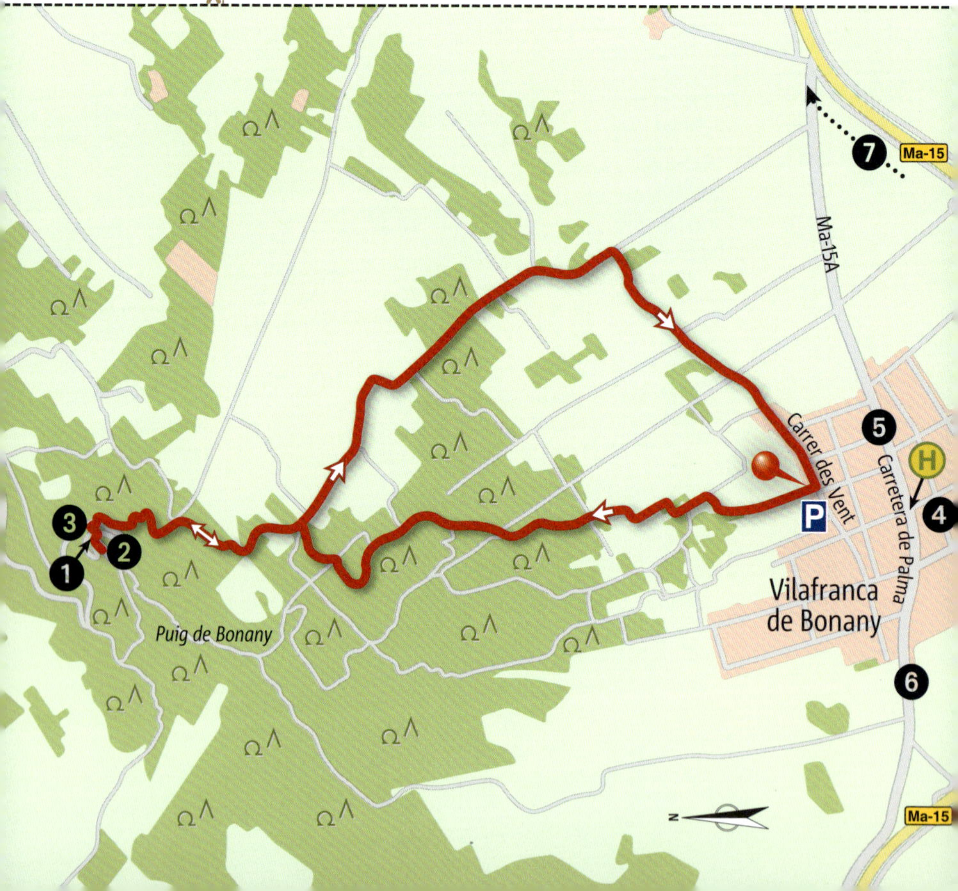

Alles auf einen Blick

WIE & WANN:
Behagliche Wege und sanfte Hügel laden uns dazu ein, entspannt zu wandern und dem Alltagsstress zu entfliehen. Es ist ratsam, den GPS-Track als Absicherung zu laden. Beste Zeit für eine ruhige Tour wochentags (und nicht an Feiertagen) zwischen September und Mai.

HIN & WEG:
Auto: Parkmöglichkeiten am Straßenrand am Ausgangspunkt, Carrer des Vent, 07250 Vilafranca de Bonany (GPS: 39.57230, 3.089880)
ÖPNV: Haltestelle Vilafranca, Bus 401

ESSEN & ENTSPANNEN:
Ca na Miquela de ses Teuleres ❻ Carretera De Palma 2, 07250 Vilafranca de Bonany, Tel. +34 971 56 01 23
Es Cruce ❼ Carretera Palma-Manacor, Kilometer 41, 07250 Vilafranca de Bonany, Tel. +34 971 56 00 73, www.restaurantescruce.com

ENTDECKEN & ERLEBEN:
Aussichtsplattform ❶
Santuari de la Mare de Deu de Bonany ❷
Creu de Junìper Serra ❸

Entspannung ★★★★☆
Genuss ★★★★☆
Romantik ★★★★★

Plaça Major ❹
Alls i Melons ❺

Finca pública Galatzó

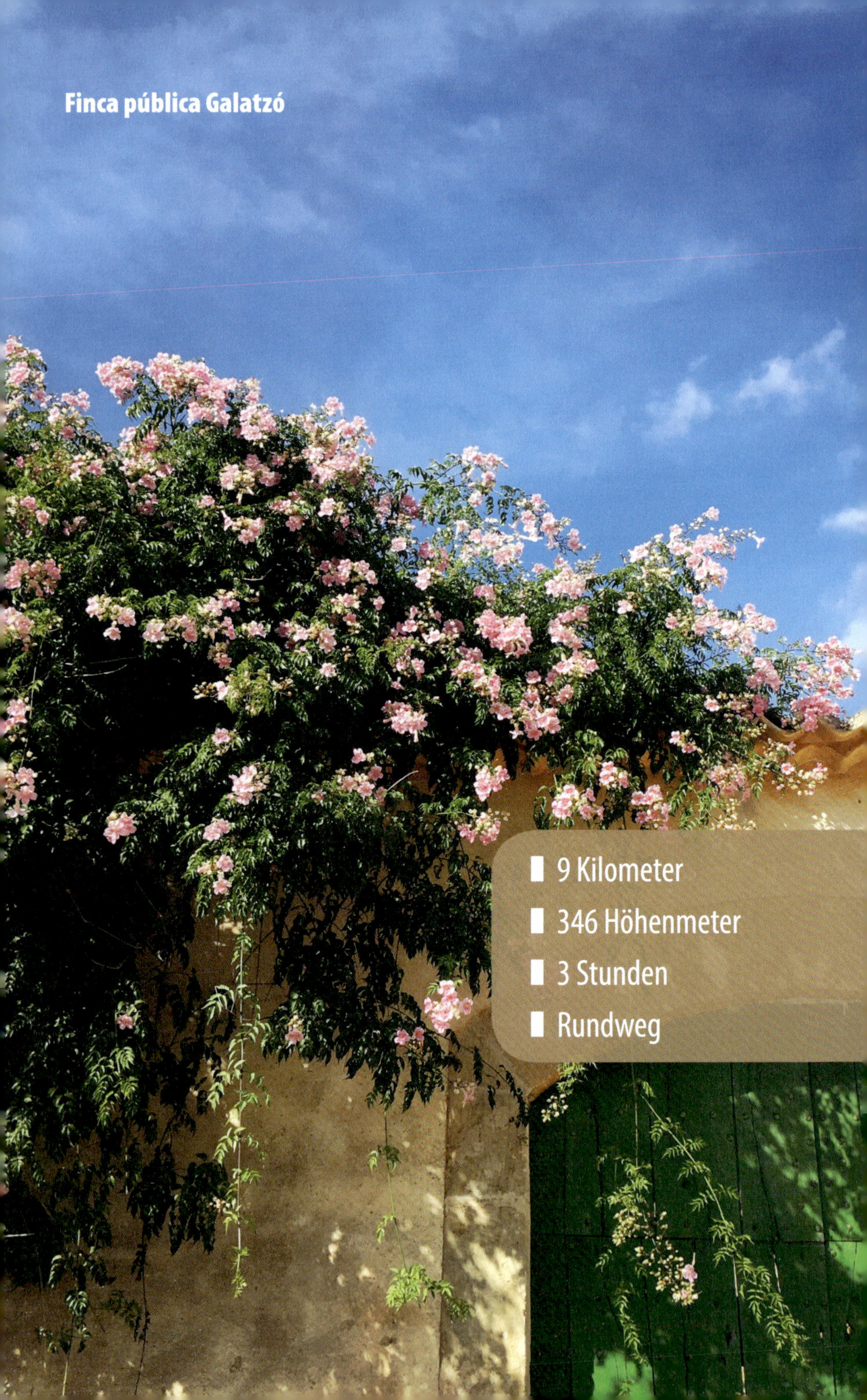

- 9 Kilometer
- 346 Höhenmeter
- 3 Stunden
- Rundweg

Galilea, das 300-Seelen-Dorf mit dem biblischen Namen, liegt im Südwesten Mallorcas, angeschmiegt an den sonnigen Südhang des mächtigen **Puig de Galatzó.** Der markante Felsberg von über 1000 Metern Höhe wird gern als das Matterhorn Mallorcas bezeichnet. Auch wenn er nicht der höchste Gipfel der Insel ist, er ist sicher einer der beeindruckendsten. Während sich die Gipfelstürmer in aller Früh für den schweißtreibenden Aufstieg rüsten, dürfen wir gern noch ein wenig ausgiebiger unser Frühstück genießen. Wir haben alle Zeit der Welt und auf Mallorca ticken die Uhren sowieso immer ein bisschen langsamer. Also, keine Eile, es ist Urlaub!

Wir wollen ins höchste Dorf der Insel, nach Galilea. Und dorthin starten wir vom Gelände der **Finca pública Galatzó,** das seit 2006 der Gemeinde Calvià gehört und der Öffentlichkeit zugänglich ist.

Vom Parkplatz aus laufen wir zunächst auf dem Fahrweg ein kurzes Stück zurück in Richtung der Pforte, durch die wir eben gefahren sind, bis zu einem **Holztor** links des Weges, das wir passieren müssen.

Dorfschönheit

Galilea, Mallorcas höchstes Bergdorf

Auf der anderen Seite angelangt, sind wir auf dem **Camí de sa Font Nova.** Auf diesem historischen Weg, benannt nach einer Quelle, sind in früheren Zeiten die Leute aus Galilea zur Arbeit auf die Finca Galatzó gegangen. Jeden Tag bei Wind und Wetter und alles zu Fuß!

Entschleunigungstour 16

*Reste alter **Kalköfen** finden wir überall auf Mallorca. In ihnen erhitzten die Kalkbrenner die reichlich vorhandenen Kalksteine mittels Holzkohle über mehrere Tage auf Temperaturen um die 1000 Grad und löschten anschließend mit Wasser.*

Heute wandeln wir ganz locker durch den wunderschönen freundlichen Wald, der ganz typisch für Mallorca ist, mit Steineichen und Kiefern, unter denen sich Heidekraut, Ginster, Gräser und Zwergpalmen abwechseln. Ganz sanft windet sich der Weg bergan und folgt dabei dem Verlauf eines **Trockenbachs.** Torrent de na Mata lautet sein Name, doch das müssen wir uns nicht merken. In den Bergen gibt es unzählige dieser Torrents – eine Einrichtung der Natur, damit nach starken Niederschlägen das Regenwasser abfließen kann.

Nach 300 Metern finden wir auf der linken Seite die Ruine eines **Kalkofens 1.** Es scheint, als ob der Weg sich teilt, wir halten uns rechts. Der Wald wird lichter, es folgt auf der linken Seite noch ein recht unscheinbarer Abzweig, auch diesen ignorieren wir. Weitere 100 Meter später sehen wir auf der rechten Seite einen **ausgewaschenen, ansteigenden Pfad** abzweigen, auf den wir abbiegen müssen. Bis hierhin sind wir etwa 1 Kilometer gewandert.

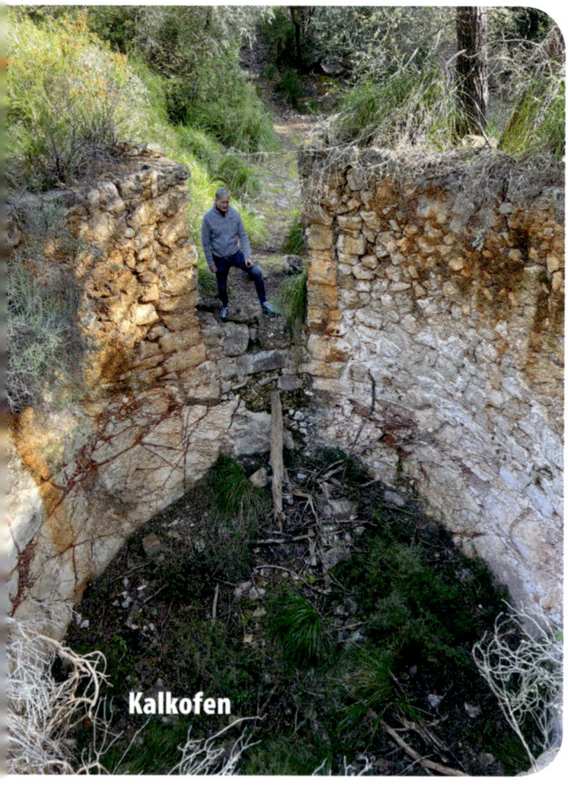
Kalkofen

Gemächlich schiebt sich der Pfad immer weiter bergan, gesäumt von typisch mediterraner Vegetation. Im Herbst und Winter blüht die Heide und sorgt für herrliche rosa Farbtupfer im sanften Grün! Wir kommen noch einmal an einem verfallenen **Kalkofen** vorbei, dieses Mal liegt er etwas versteckt rechts des Weges.

Kurz darauf öffnet sich die Landschaft und gibt den Blick

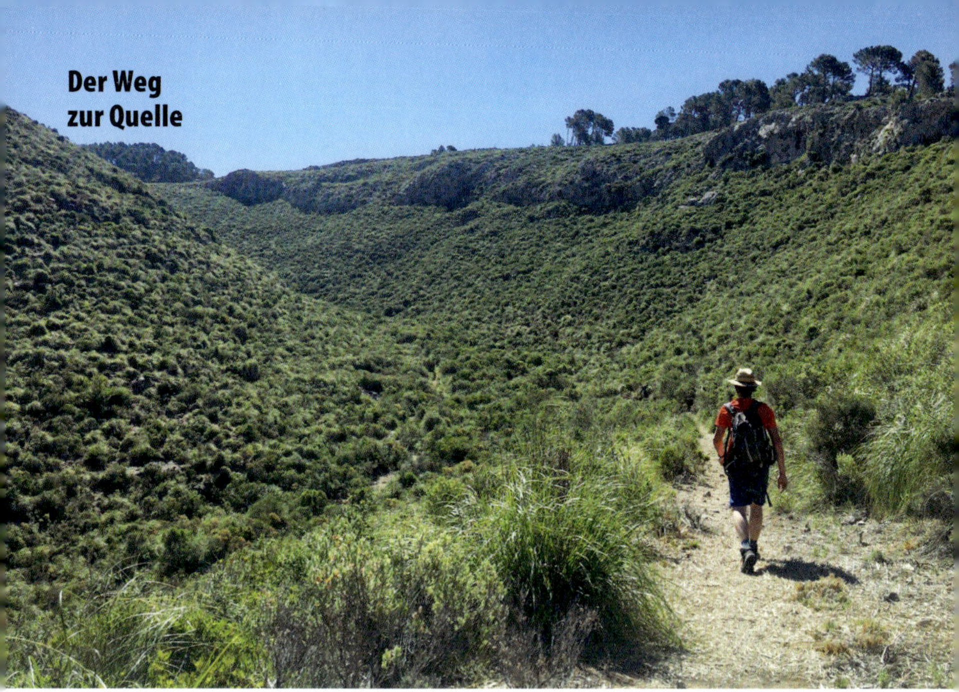

Der Weg zur Quelle

auf die Gipfel von Galatzó und Mola de s'Esclop frei. Welche Weite! Kaum zu glauben, dass sich die oft überfüllten Touristenorte nur wenige Kilometer entfernt befinden. Hier spüren wir nichts davon, nur klare

Für die Seele

Während wir auf uralten Pfaden durch eine grüne Hügellandschaft wandern, begleitet von den Klängen der Natur, fühlen wir uns wie in einer anderen Welt.

Bergluft und einen Windhauch auf der Haut. Spätestens jetzt sind wir im Flow, unsere Schritte synchron mit unserem Atem.

300 Meter, nachdem wir den Wald verlassen haben, teilt sich unser Pfad. Ein Wegweiser zeigt nach links zur **Quelle Sa Font Nova ②**, der Pfad ist später unser Rück-

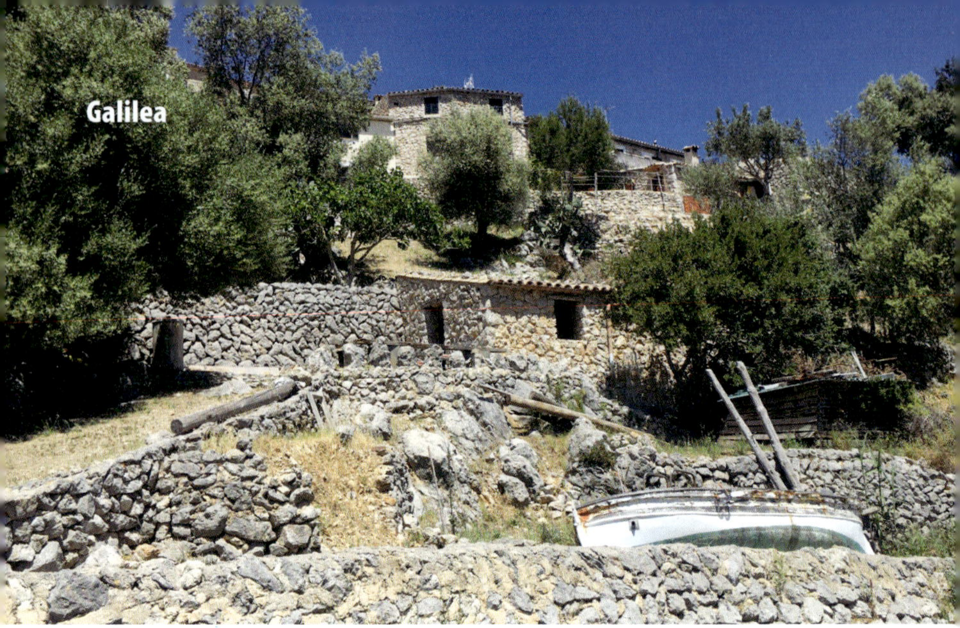

weg. Wir gehen schräg rechts und sind jetzt in einer **Senke,** zu beiden Seiten erstrecken sich Hänge mit mediterranem Garrigue-Bewuchs und viel Dissgras, die uns ein bisschen Savannenfeeling bescheren. Noch ist der Aufstieg nicht ganz bewältigt, es fehlen noch 100 Höhenmeter (genau genommen sind es 98, falls das motivierender klingt). Sind die geschafft, knickt der Weg nach links ab. Oben angekommen gönnen wir uns erst einmal einen tiefen Atemzug und eine Verschnaufpause. In der Ferne erblicken wir die Küste mit den Badeorten Peguera und Santa Ponça, wir sehen das Dorf Es Capdellà und natürlich die Ausläufer der Serra de Tramuntana.

*Woher hat **Galilea** seinen biblischen Namen? Es wird vermutet, dass die Bewohner selbst im 16. Jahrhundert den Namen vergaben. Vielleicht ist einer von ihnen ins Heilige Land gepilgert und sah eine Ähnlichkeit mit der palästinensischen Region Galiläa.*

Für den Einkehrschwung nach Galilea gehen wir am ersten Haus, das auf der rechten Seite hinter Trockensteinmauern auftaucht, links vorbei und befinden uns nun auf dem **Camí de sa Roteta,** der uns bis zur **Landstraße Ma-1032** leitet. Auf dieser Straße, die übrigens eine sehr beliebte Route bei Rennradfahrern ist, laufen wir 600 Meter bis ins **Ortszentrum** und orientieren uns dabei am weithin sichtbaren Kirchturm mit der roten Spitze. Wir kommen an einer **Trattoria** ❸ vorbei, die allen Pizzafans für eine Einkehr sehr zu empfehlen ist. Die Steinofenpizza ist gigantisch, im wahrsten Sinne des Wortes. Wem Pizza nicht mallorquinisch genug ist, der besucht das **Café Sa Plaça** ④ auf dem Platz an der Kirche, wo Esperanza und Biel die typischen Tapas der Insel servieren. Die besten Plätze sind draußen auf dem Balkon: Bei fantastischer Aussicht über das Dorf bis zur Bucht von Santa Ponça schmeckt es besonders gut.

__Tapas__ werden meist zum Teilen in kleinen Tonschalen in die Mitte des Tisches gestellt. Typisch für Mallorca sind Albondigas (Hackfleischbällchen), Tortilla (Omelette), Patatas bravas (Kartoffeln), Croquetas (Kroketten) und Pica Pica (Tintenfisch).

Gestärkt machen wir uns dann auf den Rückweg. Wir gehen links um die **Kirche** ⑤ und finden dort eine Steintreppe, die uns in das Sträßchen **Camí s'Escalonada** unterhalb der Kirche führt. Wir spazieren nun wieder gemächlich bergauf und können uns dabei an adretten Dorfhäusern mit ihren Vorgärten erfreuen. Hier ist alles so friedlich. An der nächsten Straßengabelung wenden wir uns nach links (**Carrer s'Era de na Marilla**) und dürfen 100 Meter weiter den Abzweig zum **Camí de Can Fonya** nicht verpassen. Markant ist die mit einer hohen Stützmauer eingefasste Kurve, die wir links umgehen können. Wir sind jetzt im oberen Teil des Dorfes in einem aufwendig terrassierten Gelände mit Mauern, die wohl schon einige Jahrhunderte überdauert haben. Von hier haben wir den perfekten Blick zurück zur Kirche und zum Zentrum des Dorfes. Gegenüber erhebt sich die runde Kuppe des Berges Bauça über das Geschehen, in der Ferne glitzert das Meer.

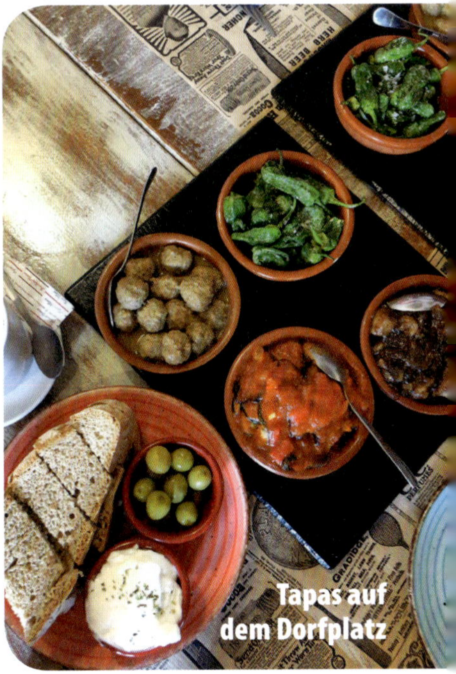
Tapas auf dem Dorfplatz

Wir erreichen das letzte Anwesen von Galilea, die **Finca Can Fonya,** ein hübsches typisches Natursteinhaus mit grünen Fensterläden, die Persianas heißen und den Bewohnern Schatten und zugleich einen kühlenden Luftzug ermöglichen. Vielleicht begrüßt uns ein Kätzchen, das sich gerade im Garten sonnt.

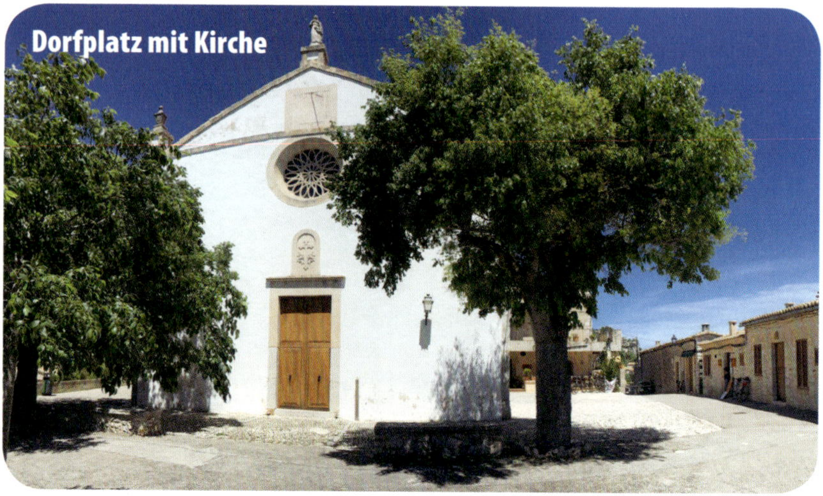

Nur 100 Meter weiter stehen wir auf einer **Passhöhe mit Wegkreuzung** und direkt vor uns breitet sich das bekannte Panorama mit dem Puig de Galatzó und dem Mola de s'Esclop aus, das wir auf dem Hinweg schon genießen konnten.

Wir wählen die breite Piste geradeaus, die uns in großen Kehren bergab führt, bis wir nach etwa 1 Kilometer an der Zufahrtsstraße zum Freizeitpark **La Reserva** ankommen. Wir gehen auf der grob asphaltierten Straße nach links, dem Richtungsschild „La Reserva" folgend. Doch schon in der nächsten Kurve zweigt nach 200 Metern links ein Fahrweg ab, den nehmen wir und lassen den Freizeitpark rechts liegen! Nur ein Stück und eine Kehre weiter teilt sich der Weg abermals, wir bleiben rechts. Nach etwa 400 Metern stehen wir auf einer **kahlen Wegkreuzung.** Wir sollten achtsam sein und nicht intuitiv dem Weg weiter folgen. Denn es gibt hier einen Pfad, der nach links abzweigt! Das ist unser Pfad! Er windet sich abwärts und teilt sich etwas später, doch wir gehen weiter geradeaus und ignorieren den Pfad nach rechts.

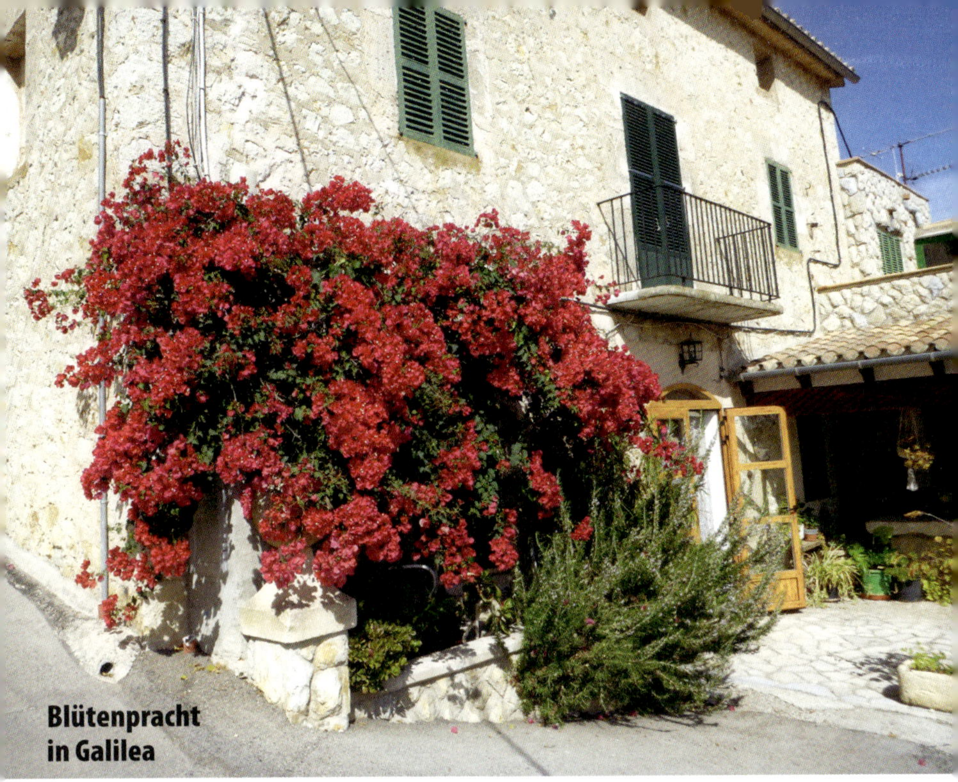
Blütenpracht in Galilea

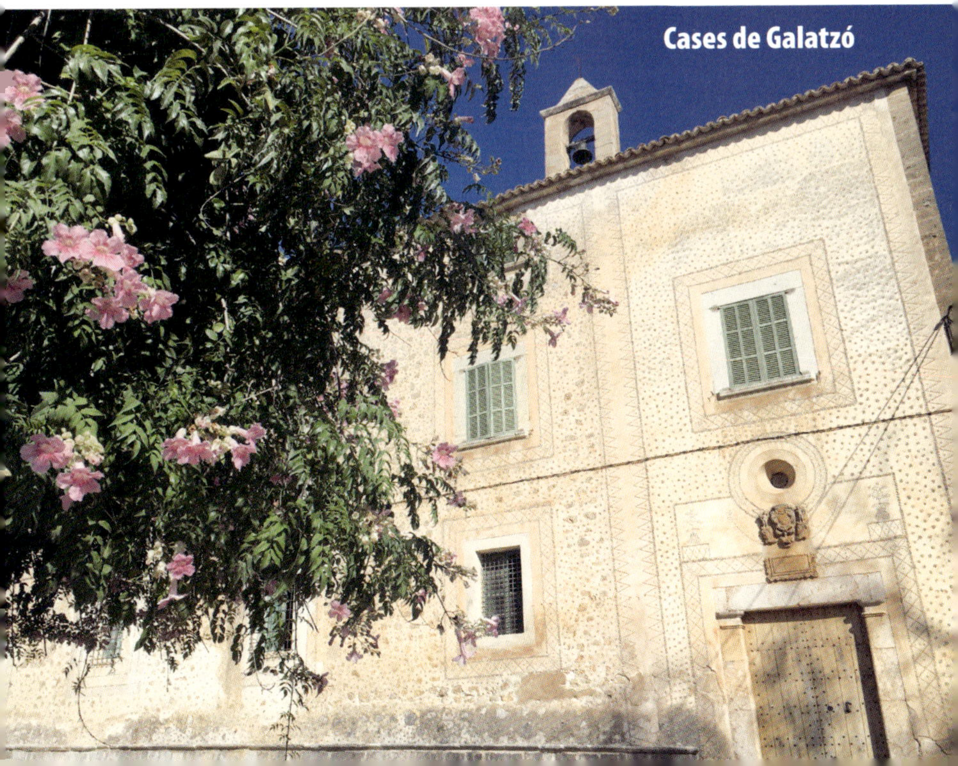
Cases de Galatzó

Entschleunigungstour 16

*Jedes Kind hierzulande kennt **El Comte Mal**, den bösen Grafen Ramón Safortesa, dem die Galatzó-Ländereien einst gehörten. Verflucht wegen seiner Grausamkeit muss er seit seinem Tod 1694 nachts rastlos umherreiten, weil seine Seele nicht zur Ruhe kommt.*

Früher führte unser Weg die Menschen zu der versteckten Quelle, die jedoch mit der modernen Wasserversorgung ihre Bedeutung verlor.

Eine schnurgerade, lange **Trockensteinmauer** direkt vor uns markiert die Grenze zwischen den Gemeinden Puigpunyent und Calvià. 300 Meter nach dem Mauerdurchlass müssen wir wieder achtsam sein, an einer dezenten Weggabelung geht es diesmal nach rechts. Nach 500 Metern treffen wir auf unseren Hinweg. Von nun an geht es auf den uns bekannten Wegen zurück.

Wenn es noch nicht zu spät ist, sollten wir unbedingt noch den **Cases de Galatzó** 6 einen Besuch abstatten. Besonders die restaurierte Ölmühle für die Herstellung von Olivenöl ist sehenswert.

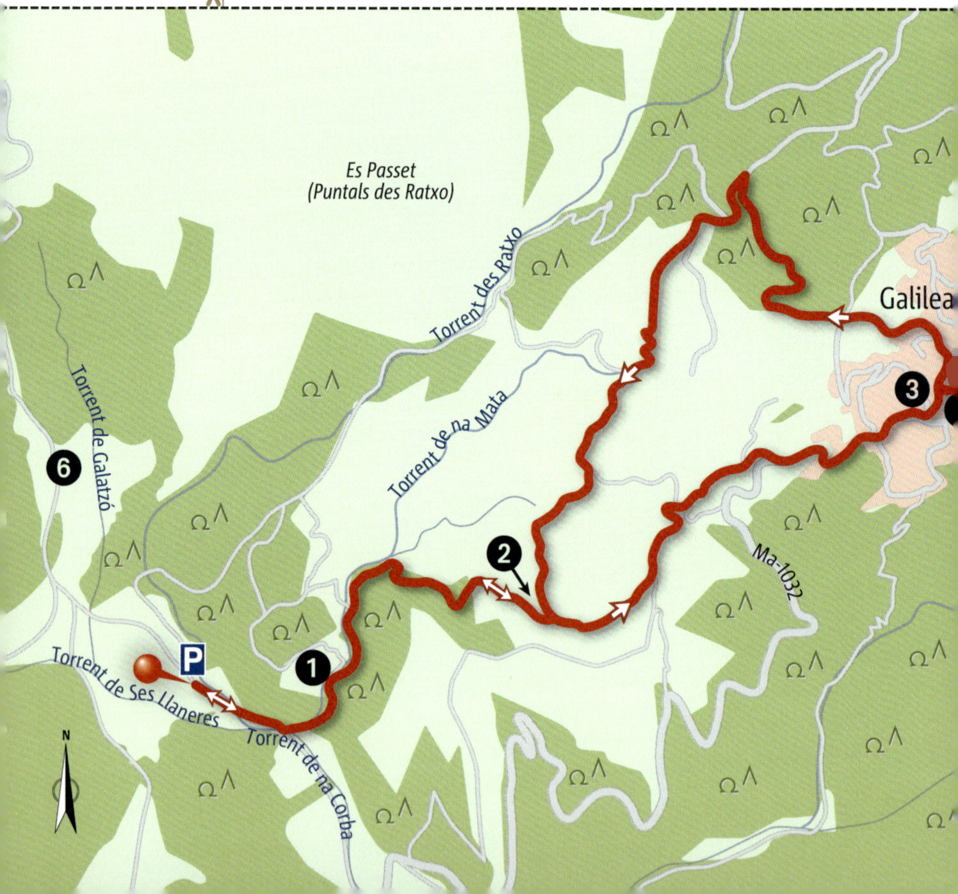

Alles auf einen Blick

WIE & WANN:
Auf der einfachen bis moderaten Wanderung sind wir auf Waldwegen, gewundenen Pfaden und Dorfstraßen unterwegs. Um uns auf dem richtigen Weg zu halten, ist es hilfreich, den GPS-Track zu nutzen, da die Strecke noch nicht durchgehend beschildert ist. Diese Route ist jederzeit empfehlenswert, außer in den heißen Sommermonaten.

HIN & WEG:
Auto: Parkplatz Finca pública Galatzó, über die Ma-1032 von Es Capdellà nach Galilea, Kilometer 2,2 (GPS: 39.750833, 2.9025)
ÖPNV: Das Wandergebiet ist nicht an das Busliniennetz angeschlossen. Zur Finca Galatzó kommt man von Es Capdellà, ca. 1 Stunde Fußmarsch: Haltestelle Es Capdellà, Bus 107 (Palma–Es Capdellà). Von Galilea zurück nach Palma fährt die Linie 201.

ESSEN & ENTSPANNEN:
Trattoria & Lounge Galilea ❸ Carretera de Capdellà 5, 07195 Galilea, Tel. +34 684 41 77 99
Café Sa Plaça Galilea ❹ Plaça de Pius XII, 07195 Galilea, Tel. +34 971 14 72 06

ENTDECKEN & ERLEBEN:
Kalkofen (Forn de Calç) ❶
Quelle Sa Font Nova ❷

Entspannung ★★★★☆
Genuss ★★★★☆
Romantik ★★★★☆

Kirche in Galilea ❺
Cases de Galatzó ❻

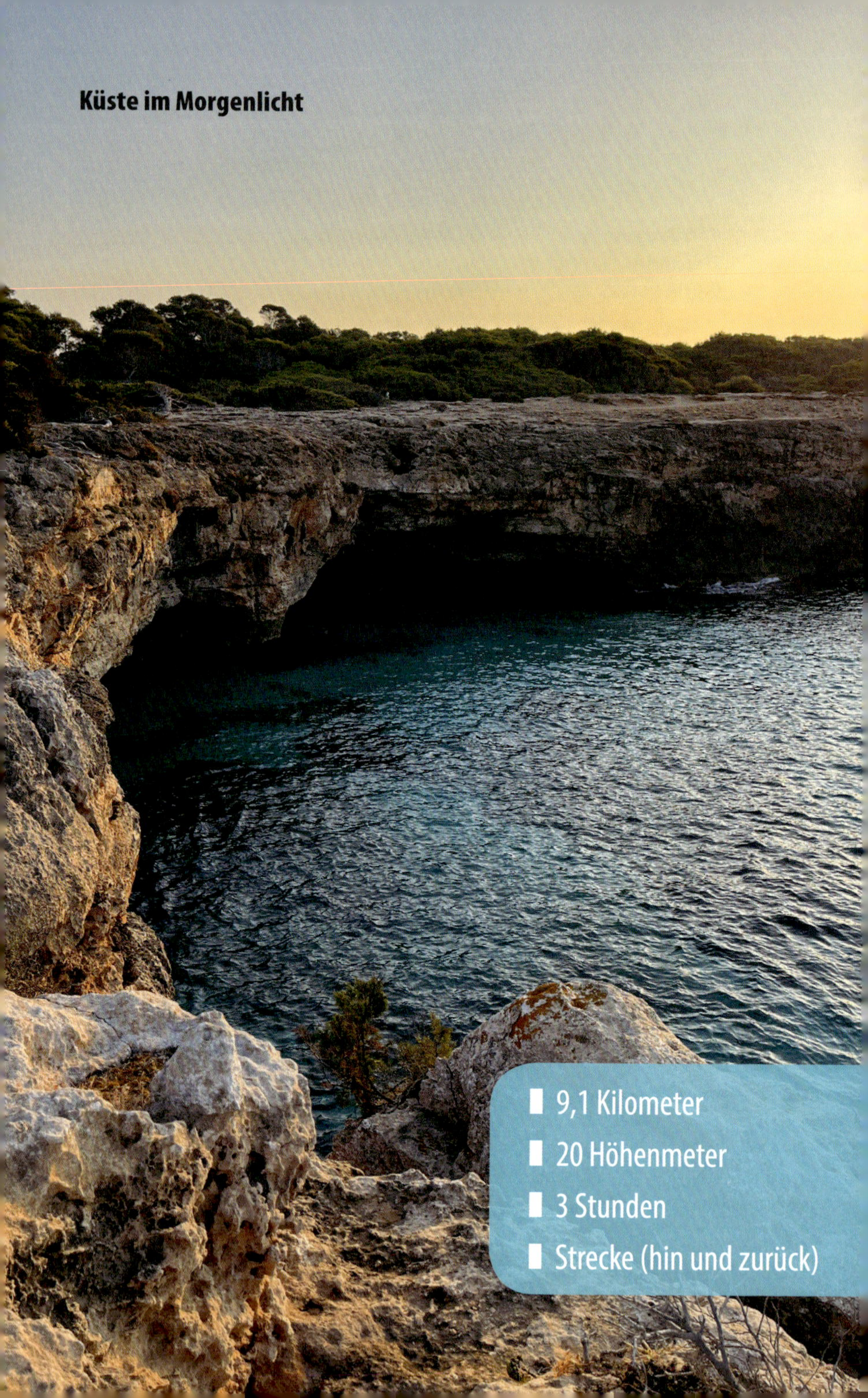

Küste im Morgenlicht

- 9,1 Kilometer
- 20 Höhenmeter
- 3 Stunden
- Strecke (hin und zurück)

Manchmal ist alles, was man braucht, ein Spaziergang am Meer. Nutzen wir doch die verlockende Gelegenheit, wir sind schließlich auf einer Insel mit 500 Kilometern Küstenlinie und fast 300 Stränden! Und auch wenn es richtige Geheimtipps schon lange nicht mehr gibt, so gibt es dennoch Küstenabschnitte, dessen wenige Besucher hautsächlich die Anwohner der umliegenden Siedlungen sind, so wie auf unserer heutigen Tour.

Am **Jachthafen von S'Estanyol de Migjorn** startet eine einfache Küstentour für alle, die es entspannter angehen wollen. Die Sonne und das Meer werden unsere Begleiter sein, dazu gesellt sich an manchen Tagen noch der Wind. Atmen, sich leicht und frei fühlen, was will man mehr!

Der Wegweiser nach „Cala Pi“ und „Vallgornera“ gibt die Richtung vor und gleich daneben kündigt eine Tafel den Strand von **Es Racó de s'Arena** ① an, ein 120 Meter langer Naturstrand mit herrlich flachem Wasser. Wir überqueren den Sand, der wahrscheinlich wie so oft von einer dicken Schicht Posidonia, einer Art Seegras, bedeckt ist. Dies ist typisch für die Strände Mallorcas und ein Zeichen für die gute Wasserqualität und den gesunden Meeresgrund, der die Insel umgibt.

Am anderen Ende des Strandes treffen wir auf einen sandigen Pfad, der uns nah am Meer entlangführt. Holzpfosten weisen den Weg. Der Pfad passiert die Reste eines Bunkers, der aus den Zeiten des spani-

__Posidonia__ ist Lebensraum für viele Meeresorganismen und wichtig für die Selbstreinigung des Wassers. Das Gras liegt am Ende des Zyklus am Ufer. Früher verwendete man es als Packmaterial, Dünger oder Unterlage für die Tiere in den Ställen.

Meeresbrise

Von S'Estanyol nach Vallgornera

schen Bürgerkriegs stammt, und eine Bootsgarage. Das Areal gehörte über Jahrhunderte den Fischern. Ihre charmanten, rustikalen Hütten wurden hübsch restauriert, wir können sie im Vorbeigehen bewundern. Die Casitas gehören heute zum nachhaltigen Agroturismo-Projekt **S'Estalella** ②, man kann sie mieten und seine Ferien darin verbringen. Ein verlockender Gedanke, Urlaub in der Fischerhütte! Wellenrauschen, morgens aus dem Bett springen und die erste Tasse Kaffee am Meer auf den Felsen.

Den Leuchtturm **Far de s'Estalella** ③ im Streifenlook, die nächste Station auf unserem Weg, erreichen wir ein paar Minuten später. Je nachdem, wie oft wir abgelenkt sind von der Küste mit ihren Details oder von den Ausblicken: Schauen wir zurück, liegt dort S'Estanyol mit seinem Hafen und den Wohnhäusern in erster Meereslinie, dahinter die Strände von Colònia de Sant Jordi, meerwärts am Horizont können wir die Inselgruppe Cabrera ausmachen.

Nicht alles, was Far oder Faro genannt wird, ist wirklich ein ***Leuchtturm****. Der Far de s'Estalella heißt ganz amtlich „Baliza de sa Punta Plana" und ist nur ein Leuchtfeuer. Wir bleiben beim umgangssprachlichen „Leuchtturm", wir wissen ja, was gemeint ist.*

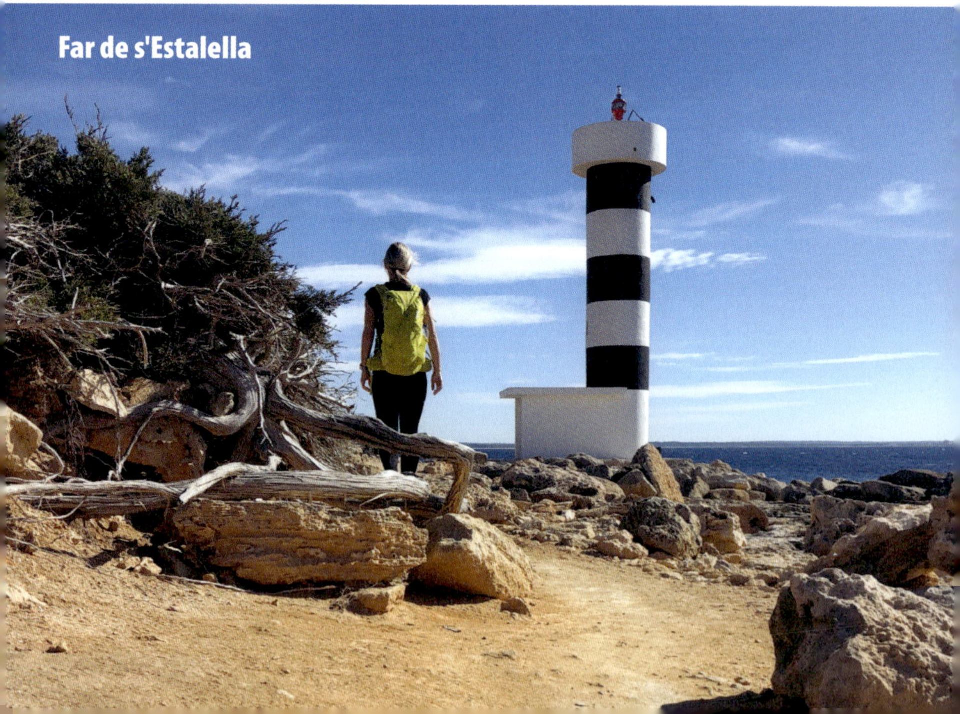

Far de s'Estalella

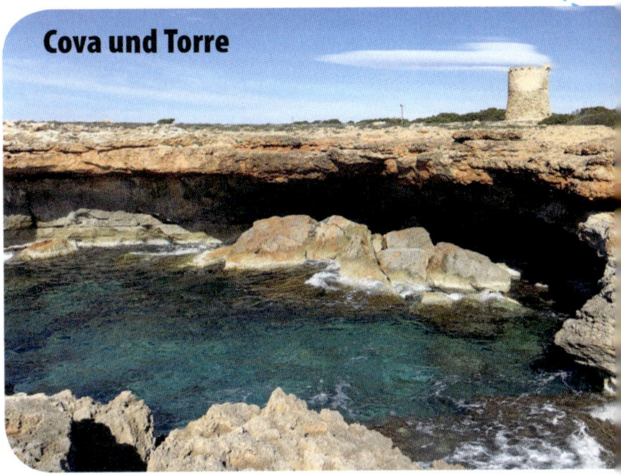

Cova und Torre

Gehen wir an der Landspitze mit dem Leuchtturm weiter, öffnet sich der Blick in die andere Richtung. Die flache, felsige Küste zeigt sich bis zu den Häusern von Vallgornera, unserem Ziel, und erstreckt sich bis zu den weiter entfernten Klippen von Cala Pi.

Auf den folgenden 1,5 Kilometern ziehen sich die sandigen Pfade, von denen wir uns einen aussuchen können, durch die flache Küstenebene. Es ist ein Netz aus Pfaden, mal geht es um diesen Strauch oder jenes Gewächs, mal ganz nah an den Klippen entlang. Alle haben dasselbe Ziel: den Wehrturm **Torre de s'Estalella** ④. Wir können ihn schon von Weitem sehen, ein besonders prächtiges Exemplar und ganz anders als der hohle Zahn Talaia de Son Jaumell, den wir bei Tour 7 besuchen. Dieser Turm, im Jahr 1577 errichtet, war nicht bloß ein Wachturm. So leicht vom Meer aus erreichbar diente er vor allem der Verteidigung. Er ist größer, über 9 Meter hoch, und mit einem Durchmesser von 7 Metern auch deutlich dicker. Das war wichtig, damit Angreifer ihn nicht einfach einrammen konnten. Wir sehen Luken für die Waffen und eine Balustrade zum Schutz der Artilleristen.

Für die Seele

Bei einem langen Spaziergang von der Marina s'Estanyol immer an der Küste entlang zur stillen Siedlung Vallgornera lassen wir uns frischen Wind um die Nase wehen.

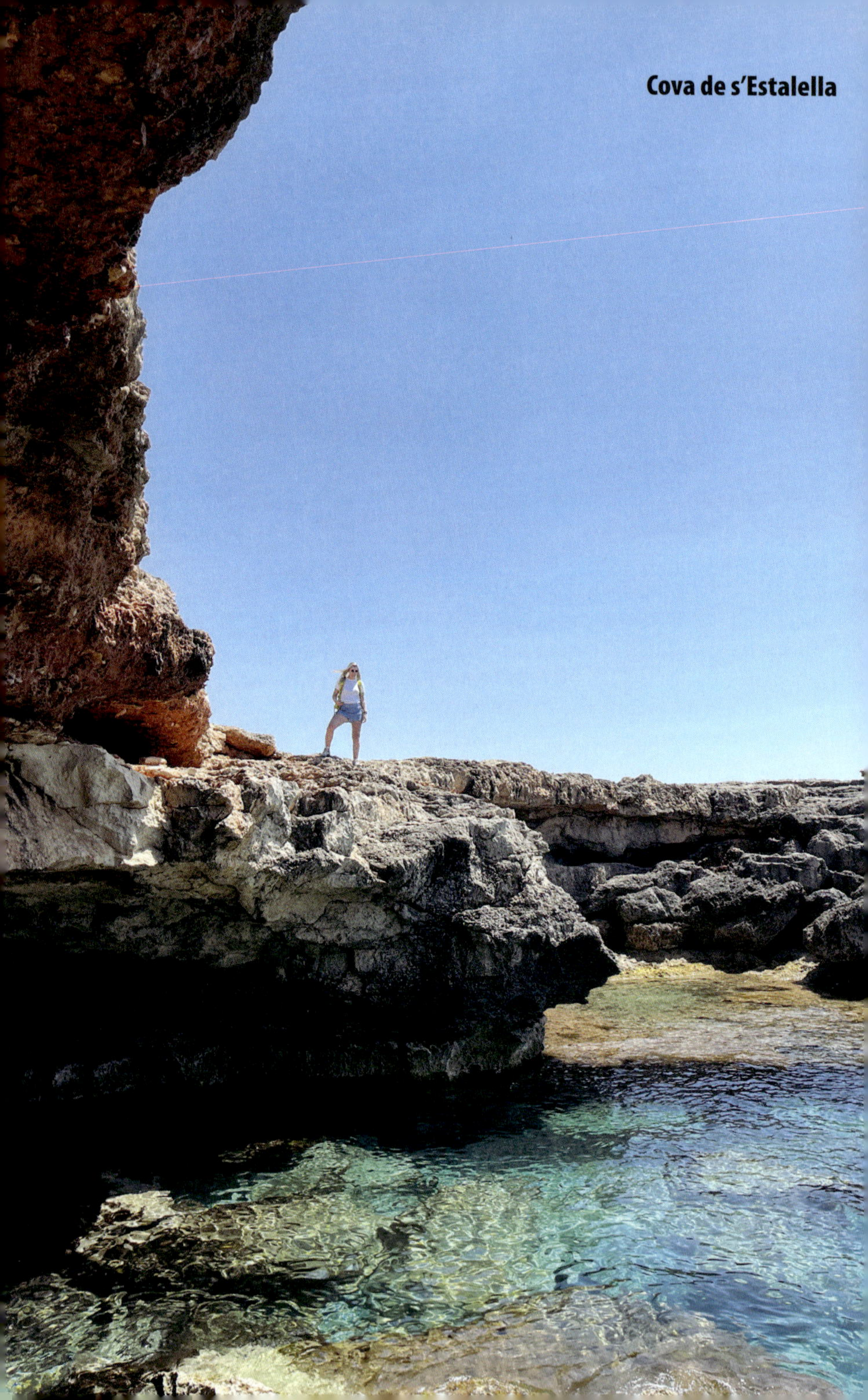

Cova de s'Estalella

Ganz in der Nähe des Torre liegt die Höhle **Cova de s'Estalella** 5 am Meer. Wer traut sich, hinein zu klettern? Es ist nicht gefährlich, wenn die See ruhig ist. Der Einstieg ist ein etwa 5 Meter großes Loch im Felsboden. Das Gestein ist griffig, also keine Angst! Unter dem Fels ist ein Hohlraum, der sich bis zum Meer erstreckt. Die Großen müssen die Köpfe einziehen, wenn sie über die unterirdischen Felsbrocken steigen. Wem das zu viel Abenteuer ist, der kann seitlich vom Klippenrand einen Blick in die vom Meer ausgespülte Höhle werfen.

Immer wieder aufs Neue sind wir fasziniert von dem, was die Natur entwirft und uns Stück für Stück vorsetzt. Wir sind ja selbst ein Stück Natur, atmen, fühlen, leben. Spüren die Meeresbrise, die von den Inselbewohnern „Embat“ genannt wird. Das sind die Winde, die aus verschiedenen Richtungen vom Meer kommen – an der Südküste von Süden, an der Nordküste von Norden – und sich über der Insel treffen. In der Inselmitte können sich Wolken bilden und es kann sich sogar ein Gewitter zusammenbrauen, während an den Stränden alle das schöne Wetter genießen.

*Der **Seewind Embat** entsteht durch einen Austausch von wärmeren und kälteren Luftmassen. Tagsüber erwärmt sich die Luft über der Erde schneller als die Luft über dem Wasser und dieser thermische Unterschied verursacht einen Windeinfall vom Meer zum Land.*

Unsere Füße tragen uns entlang dieser schönen Küste über den rauen Boden. Im Sommer liegt er im Trockenschlaf. Hier können nur Pflanzen wachsen, die sich an den steinigen, salzhaltigen Grund angepasst haben, wie die Mittelmeer-Strohblume, die ganz früh im Jahr zum Leben erwacht und in strahlendem Gelb mit der Sonne um die Wette leuchtet. Wacholdersträucher ducken sich von Winden

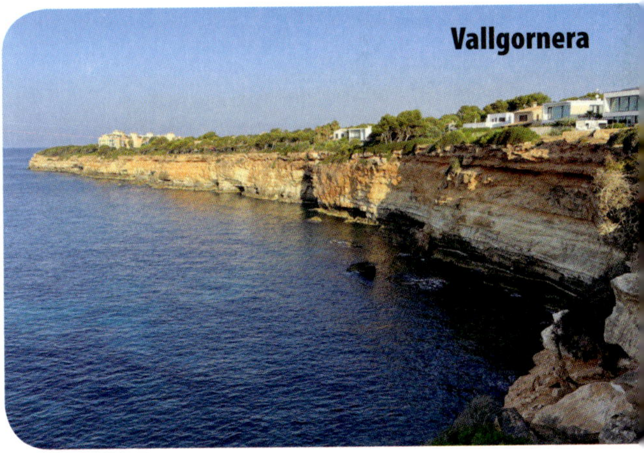
Vallgornera

In Vallgornera befindet sich der Einstieg zum längsten ***Höhlensystem*** *Mallorcas (80 Kilometer!) mit unterirdischen Flüssen, Seen und seltenen Tropfsteinformationen. Die Cova des Pas de Vallgornera steht unter besonderem Schutz und ist nicht zugänglich.*

gebeugt in der Landschaft. Manch eine Kiefer wächst sogar horizontal am Boden, ein Resultat heftiger Winterstürme.

Die Klippen werden allmählich steiler. Wind und Wellen haben Spuren hinterlassen, wir sehen Grotten und wildeste Felsformationen. Nach insgesamt 5 Kilometern erreichen wir die ruhige Wohngegend von **Vallgornera 6**, deren Häuser und Ferienanwesen in privilegierter Lage auf den Klippen erbaut wurden. Dort können wir uns von einem Fahrzeug abholen lassen, falls wir schon genug haben. Andernfalls gehen wir den bekannten Weg zurück und gönnen uns dann im Jachthafen ein Essen im **Restaurante Club Nàutic S'Estanyol 7**.

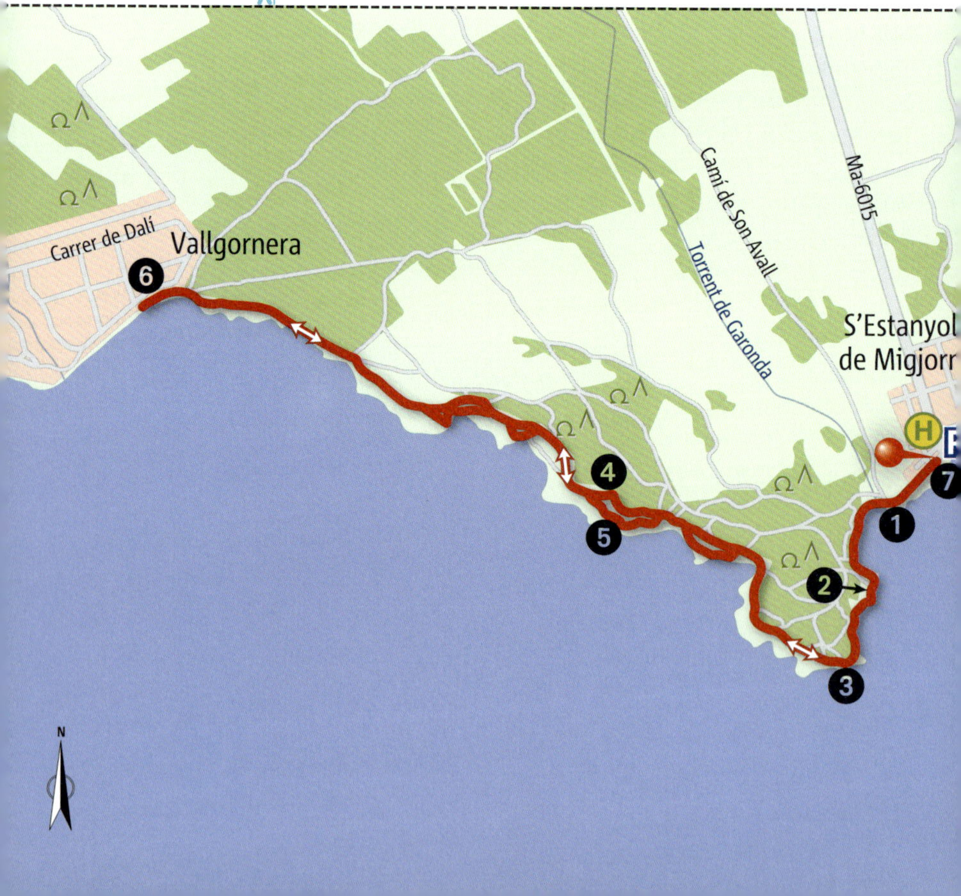

Alles auf einen Blick

WIE & WANN:
Diese leichte Wanderung entführt uns an eine malerische Küstenlinie mit sandigen Pfaden. Entlang des Weges gibt es leider keinen Schatten, weshalb die Tour an sehr heißen Tagen trotz Meeresbrise nur bedingt zu empfehlen ist.

HIN & WEG:
Auto: Club Nàutic S'Estanyol, Via de la Mediterrània, 07639 S'Estanyol de Migjorn (GPS: 39.360208, 2.9175)
ÖPNV: Haltestelle S'Estanyol, Bus 518

ESSEN & ENTSPANNEN:
Restaurante Club Nàutic S'Estanyol ❼ Via de la Mediterrània, 07639 S'Estanyol de Migjorn, Tel. +34 971 64 00 36, www.cnestanyol.es

ENTDECKEN & ERLEBEN:
Es Racó de s'Arena ❶
Fischerhütten s'Estalella ❷ www.casitasdepescadores.com
Far de s'Estalella ❸
Torre de s'Estalella ❹
Cova de s'Estalella ❺
Vallgornera ❻

Entspannung ✱✱✱✱ (4 von 5)
Genuss ✱✱✱ (3 von 6)
Romantik ✱✱✱✱✱

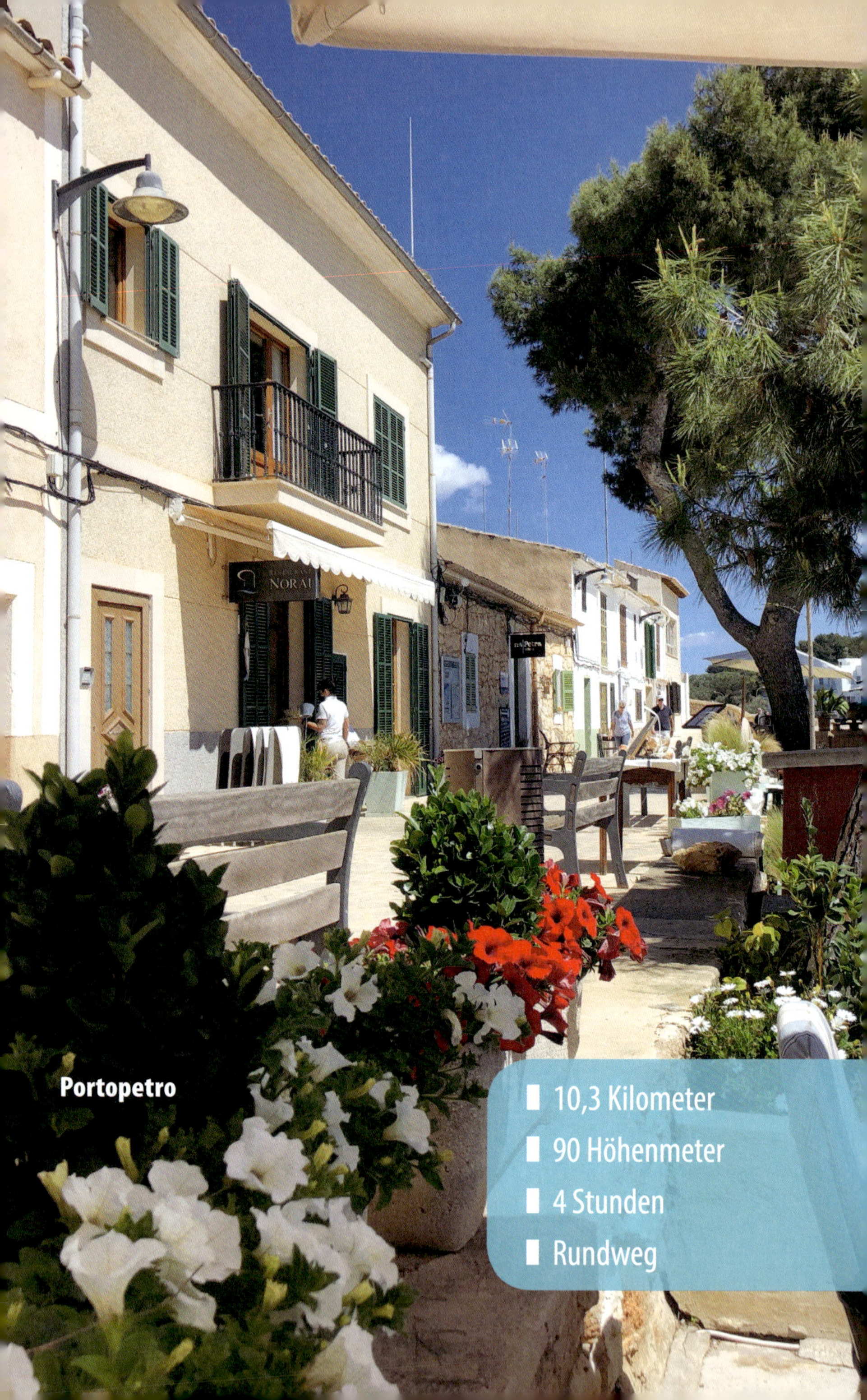

Portopetro

- 10,3 Kilometer
- 90 Höhenmeter
- 4 Stunden
- Rundweg

Erfrischungstour 18

Badeperlen

Portopetro und der Naturpark Mondragó

Wir stehen morgens mit einem Lächeln auf, genießen das leckere Frühstück auf einer Terrasse am Meer, und schon sind wir startklar für einen perfekten Urlaubstag! Was werden wir uns heute Gutes tun? Ein gemütlicher Hafen wird dabei sein und mediterranes Leben, wunderschöne Küstenabschnitte und eine willkommene Erfrischung an einem herrlichen Sandstrand. Haben wir die Badesachen im Rucksack?

In den Südosten Mallorcas kommen die Gäste wegen der feinen Badebuchten und verträumten Fischerdörfer. Die Felsküste ist mal flacher, mal höher. Jede Bucht, die sich dazwischen verbirgt, ist wie eine Perle, die wir auf eine Kette fädeln können. Wir wandern von Perle zu Perle und sind gespannt, welche davon heute für uns die kostbarste sein wird.

Unser Ausgangspunkt ist der **Parkplatz Ses Fonts de n'Alis** im Naturschutzgebiet **Parc natural de Mondragó**. Der Park allein wäre schon einen Ausflug wert, doch wir wollen unsere Tour zusätzlich mit einem Besuch des charmanten Küstenstädtchens Portopetro verbinden. Die Gemeinde Santanyí, zu deren Gebiet sowohl der Naturpark als auch Portopetro gehören, hat unlängst neue Routen ausgewiesen, die den Wanderer durch die Region leiten. Die **Route mit der Bezeichnung R 6** beginnt am Parkplatz und führt ins 2,6 Kilometer entfernte Portopetro. Wir verlassen den Parkplatz nach links, der Wegweiser schickt uns auf die Landstraße durch die flache ländliche Region. Niedrige Trockensteinmauern säumen den Weg, dahinter blühende Wiesen und Felder voller Mandelbäume.

Nach dem ersten Immer-Geradeaus-Kilometer treffen wir auf den **Camí de sa Torre,** es geht weiter nach rechts. An Schildern wurde nicht gespart, für uns ist vor allem der **R 6** relevant. Der QR-Code auf dem Wegweiser verlinkt übrigens auf ein Informationsblatt der Gemeinde Santanyí für die Wanderrouten.

*An den Küsten Mallorcas gibt es kaum **Gezeiten**, denn im „kleinen" Mittelmeer mit seiner geschlossenen Form sind die Gravitationskräfte zwischen Erde und Mond weniger spürbar als in den offenen Ozeanen mit ihren riesigen Wassermassen.*

Die Strecke kreuzt eine Straße mit Zufahrt zu einer Hotelanlage, wir halten uns geradeaus und gelangen 500 Meter später wieder an eine Kreuzung. Links geht es zur **Caló de sa Torre ①,** verrät ein Wegweiser. Also gehen wir nach links zum ersten Strand auf unserer gedachten Perlenkette. Diese Perle ist durchaus luxuriös, die Gegend gepflegt. Ein edles 5-Sterne-Urlaubsresort hat man dort neu errichtet. Der Trend geht zur Noblesse. Das hat einerseits den Vorteil, dass verwahrloste Ecken verschwinden und aufgewertet werden. Andererseits ändert sich damit auch der Charakter eines Ortes und die Preise steigen. Zum Glück

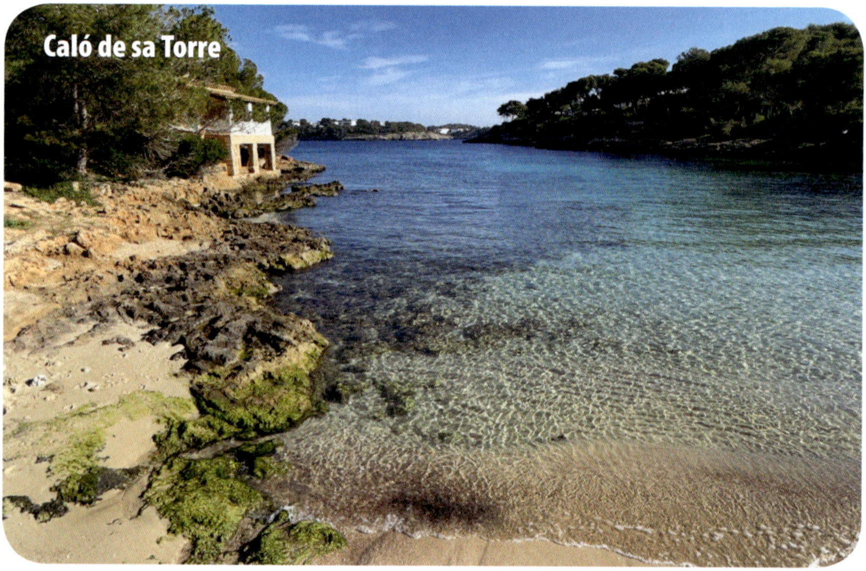
Caló de sa Torre

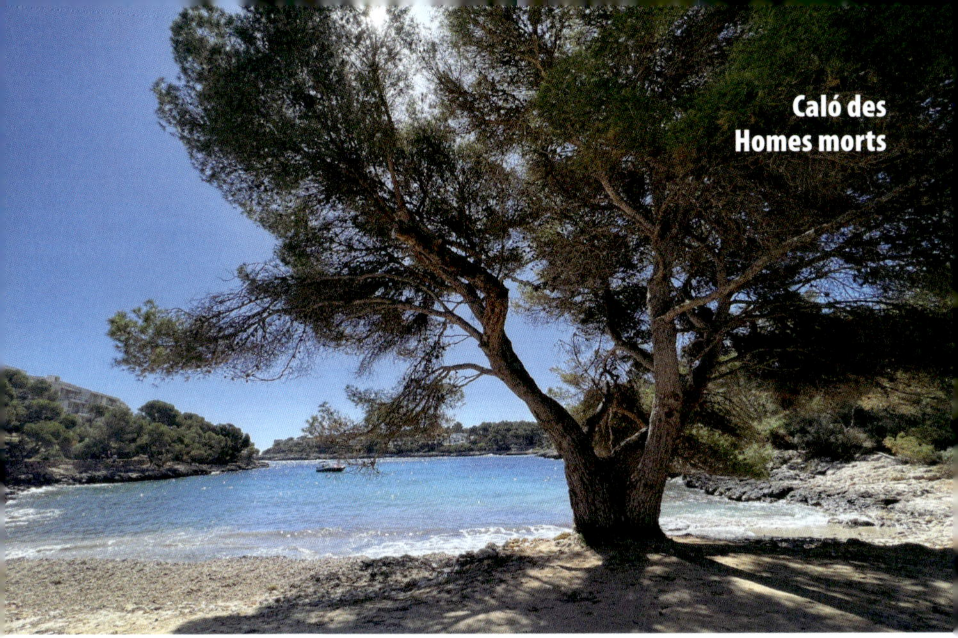

ist die Küste mit all ihren Stränden auf Mallorca immer öffentlich.

Ein kurzer Weg durch Buschwald führt uns zur zweiten Badebucht: **Caló des Homes morts ②,** die „Bucht der toten Männer". Warum sie so heißt, wollen wir lieber nicht wissen. Heute sind zum Glück auch keine zu sehen. Eine uralte Kiefer steht in der Mitte, sie weiß bestimmt Bescheid. Wir überqueren den Strand und ignorieren den Wegweiser nach links, denn wir wollen an der Küste bleiben. Es gibt einen Pfad am Ufer entlang. Gegenüber sehen wir jetzt die Landzunge **Punta de sa Torre,** wo der alte **Torre de Portopetro** verlässlich über die Hafeneinfahrt wacht. Unser Pfad bringt uns in den schmalen **Hafenarm,** in dem reihum kleine

Für die Seele

Sechs Strände und ein Hafen – auf einer erlebnisreichen Tour von Bucht zu Bucht erfreuen wir uns am maritimen Flair einer bezaubernden Küstenregion.

Fischerboote vertäut liegen, die traditionellen Llauts, wie die mallorquinischen Holzboote heißen. Eine romantische Vorstellung, jetzt einzusteigen und mit tuckerndem Motor aus dem Hafen zu schaukeln. Ein Stück nach Nordosten, vielleicht nach Cala d'Or oder sogar nach Portocolom. Gen Süden kommt als nächster Ort das idyllische Cala Figuera, auch nicht schlecht.

Hinter dem Rondell mit den „Ses Palmeres", einer weißen Skulptur der dänischen Künstlerin Lin Utzon, die in Portopetro zu Hause ist, beginnt die charmante Hafenpromenade von **Portopetro.** Wir flanieren an niedrigen Häusern mit den typischen grünen Fensterläden entlang und dürfen uns gern auch den gastronomischen Versuchungen hingeben.

Nach der willkommenen Pause sollten wir weiter, es warten die nächsten Badeperlen. Wir schlagen die Richtung ein, aus der wir gekommen sind. Meerseitig am Rondell mit dem weißen Kunstwerk vorbei laufen wir zur **Carrer des Far,** die neben dem Zufahrtstor zum Hafen beginnt und sich leicht schräg vom Meer ab-

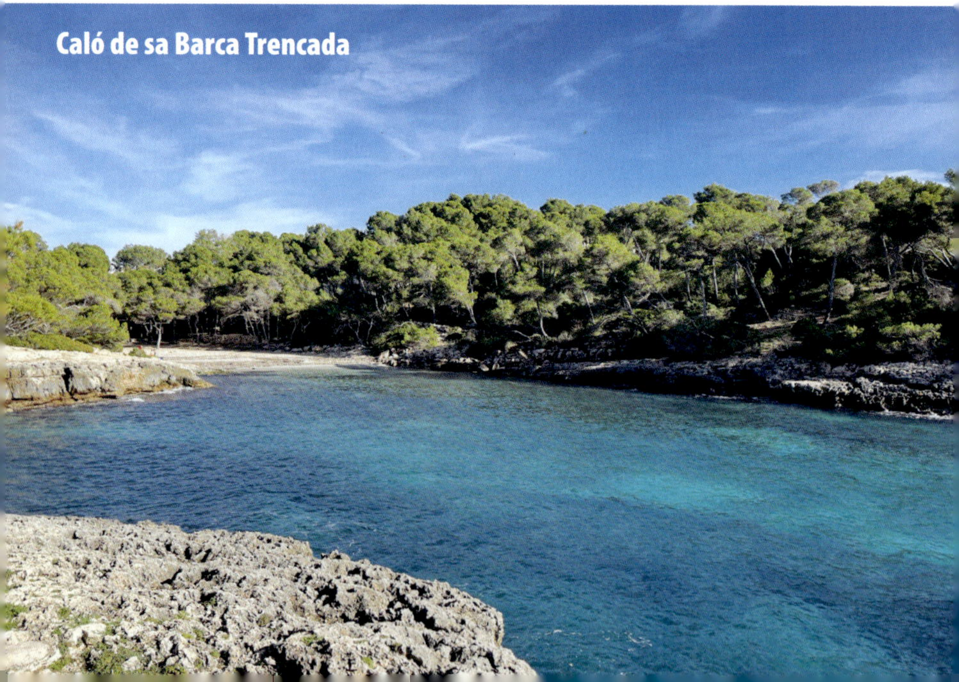
Caló de sa Barca Trencada

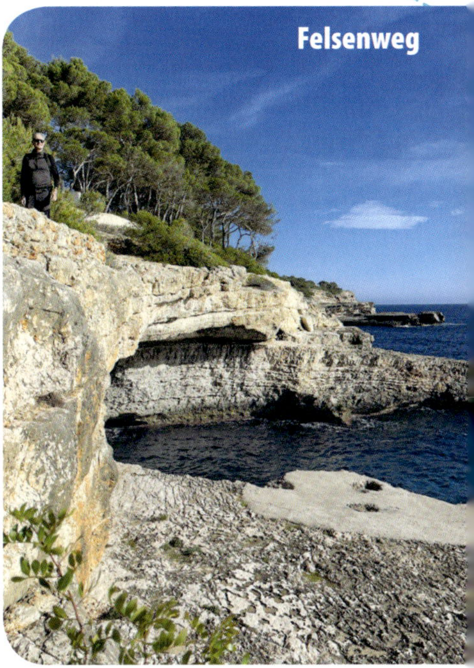
Felsenweg

wendet. Am Parkplatz 200 Meter weiter gehen wir am Schild „Platja" nach rechts. Eine schmale Oleanderbaumallee bringt uns auf kurzem Weg zurück zur **Caló des Homes morts.** Dort gehen wir die schon vertraute Route in die entgegengesetzte Richtung und treffen nach der **Caló de sa Torre** erneut auf die **Avinguda de sa Torre,** auf der wir vorhin von rechts kamen. Nun überqueren wir die Straße und gehen geradeaus in die **Avinguda Jørn Utzon,** benannt nach dem Vater der Künstlerin der weißen Palmenskulptur, der es als der Architekt des Opernhauses von Sydney zu einigem Ansehen brachte. Die Straße verläuft nah an der Küste entlang. Links stehen vereinzelt prächtige Villen. Nach etwa 300 Metern passieren wir **Can Lis,** das ehemalige Wohnhaus des Architekten, 1971 im Stil der Zeit aus Sandstein erbaut und eine gelungene Übersetzung des Bauhaus-Stils ins Mallorquinische.

Am Ende der Straße halten wir uns an einer Gabelung meerseitig links und betreten die **Carrer Caragoler,** die uns ein Stück einer hübschen Wohngegend zeigt. Dort, wo sich die Straße im spitzen Bogen nach rechts krümmt, finden wir genau in der Kurve hinter der Hausnummer 6 einen kurzen **Stichweg zur Küste.** Nach wenigen Metern stehen wir am Meer, Trampfelpfade leiten uns entlang der Klippen, die von windgebeugtem Gebüsch bedeckt sind.

10 Minuten später – oder wie lange auch immer wir für das kurze Stück brauchen, es spielt keine Rolle –, sammeln wir unsere Strandperle Nummer drei, die **Caló de sa Barca Trencada ③.** Hier geht es familiär zu, die angrenzende Clubanlage bestimmt das Publikum. Der schmale Sandstrand, eingerahmt von einem

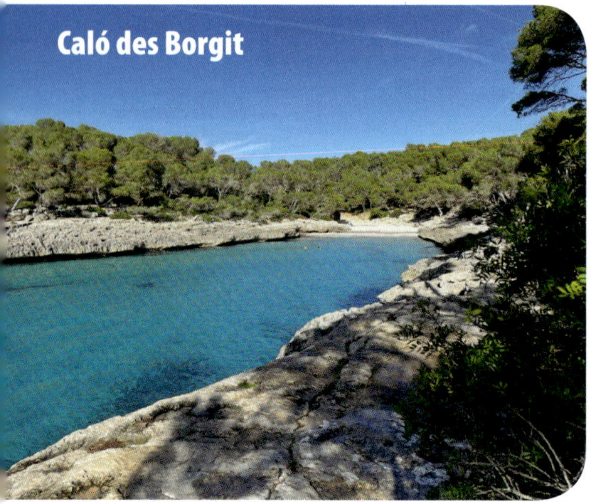

Schatten spendenden Kiefernhain, fällt ganz flach ins seichte Wasser ab. Wir überqueren die Sandfläche und hüpfen gegenüber wieder auf die Felsen, bleiben in Ufernähe. Jetzt beginnt ein etwas abenteuerlicher, jedoch äußerst lohnender Abschnitt, 500 Meter geht es mehr oder weniger weglos am felsigen Ufer voran. Wir haben viel zu bestaunen! Die Kunstwerke der Natur präsentieren sich eindrucksvoll, wo hungrige Wellen Grotten, Wasserbecken und Löcher in das Küstengestein gefressen haben. Eine unwirkliche, spektakuläre Miniatur-Mondlandschaft auf dem Felsenriff. (Wer nicht trittsicher ist, kann diese Passage umgehen und ein paar Meter landeinwärts über die Anwohnerstraße zur nächsten Bucht laufen.)

*Die Küste besteht aus **Kalkschichten**, die sich während der Tertiärzeit vor 10 Millionen Jahren unter der Meeresoberfläche abgelagert haben. Meer und Regenwasser ausgesetzt, löst sich das Gestein auf, was zu verschiedenen Formationen führt.*

Die nächste Perle ist zum Greifen nah! Es ist die winzige **Caló des Borgit ④**, die windgeschützt, umringt von Bäumen die verwegene Felsküste unterbricht. Wir haben die Grenze zum offiziellen **Naturparkgelände Cala Mondragó** schon unbemerkt überschritten.

Der Naturpark beschert uns ein gut beschildertes und vor allem komfortables Wegenetz. Gleich hinter dem Strand verläuft der angelegte Rundweg 2 **Volta de sa Guardia d'en Garrot,** auf dem wir bequem nach links durch einen duftenden Aleppokiefernwald – stets in Küstennähe – zu den letzten beiden Perlen wandern. Durch das dichte Grün des Waldes leuchtet das klare türkisblaue Wasser zu uns herauf. Im Frühjahr blühen wilde Orchideen am Wegrand. Welch ein Anblick!

Wir steuern in einem weiten Bogen auf den nächsten Strand zu, Perle Nummer 5, **Ses Fonts de n'Alis ⑤** mit feinem weißen Sand, im Sommer sehr beliebt und leider oft überfüllt, dank touristischer Annehmlichkeiten wie Strandbar, Liegen und Sonnenschirmen. Die Bucht lädt aber auch wirklich zum Baden ein. Wir können die Menschen verstehen, die sich hier tummeln. Wenn wir jedoch im Winter kommen, sind die Strände vollkommen verlassen.

Auf der gegenüberliegenden Seite des Strandes beginnt eine befestigte Uferpromenade zum **Strand von S'Amarador 6.** Er ist mit einer Länge von 150 Metern der größte der drei Strände des Naturparks. Spätestens jetzt sollten wir der Verlockung nicht mehr widerstehen und das klare, seichte Wasser über sandigem Meeresboden für ein erfrischendes Bad nutzen. Oder wenigstens für ein Fußbad. Das Mittelmeer wird an geschützten Stellen zu keiner Jahreszeit kälter als 15 oder 16 Grad. Hinter dem Strand erstreckt sich ein Dünengürtel und ein Feuchtgebiet mit Süßwasser und Schilf, in dem sich Schildkröten, Frösche und vielerlei Getier tummeln.

Auf dem kurzen Rundweg 3 **Punta de ses Gatoves** können wir abschließend noch eine Bonus-Schleife drehen. Er beginnt oberhalb der Treppe an der südlichen Seite des Strandes. Im Uhrzeigersinn geht es

*Der **Naturpark Cala Mondragó** ist eine fast 800 Hektar große Vogelschutzzone für die Erhaltung wild lebender Vogelarten. Mehr als 70 Vogelarten sind registriert und auch viele Zugvögel finden hier vorübergehend ein Zuhause.*

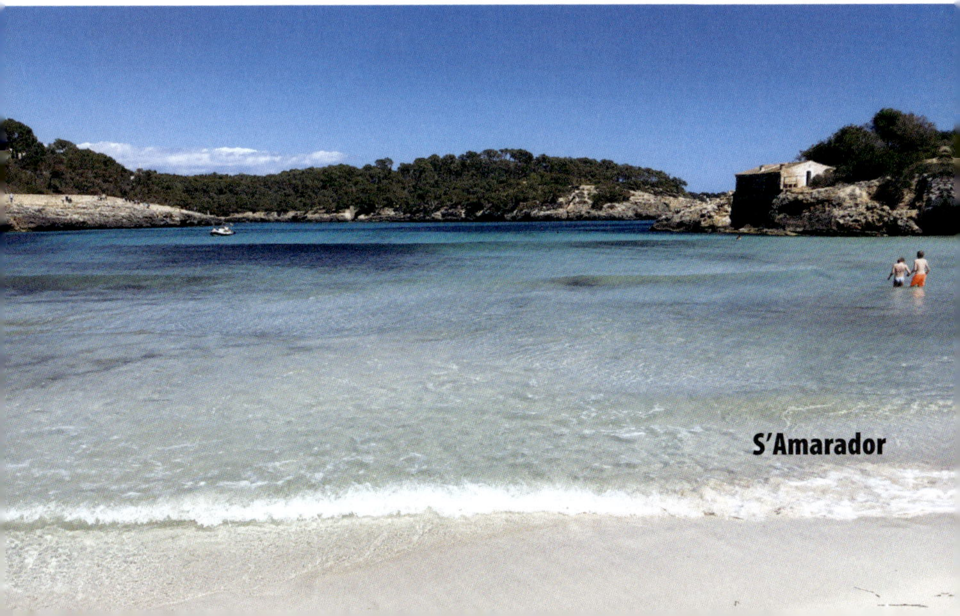

S'Amarador

zuerst vorbei an einer **Aussichtsplattform,** von wo wir den perfekten Blick über die Küstenregion und unsere abgewanderte Strecke haben, weiter durch ein hübsches Waldgebiet mit Rosmarin, Wacholder, Mastix und Ginster, und schließlich zurück über den Strand. Wir spazieren noch einmal über die Uferpromenade zum **Strand von Ses Fonts de n'Alis** und vielleicht zu einer Einkehr ins **Restaurant Sa Font de n'Alis ⑦,** bevor wir uns vom Meer verabschieden, unsere kostbare Perlensammlung im Herzen und vermutlich unzählige Fotos in der Kamera.

An der Rückseite des Strandes beginnt der **Weg Nr. 1,** der uns in 15 Minuten vorbei an einem Brackwassersee zurück zum Parkplatz bringt.

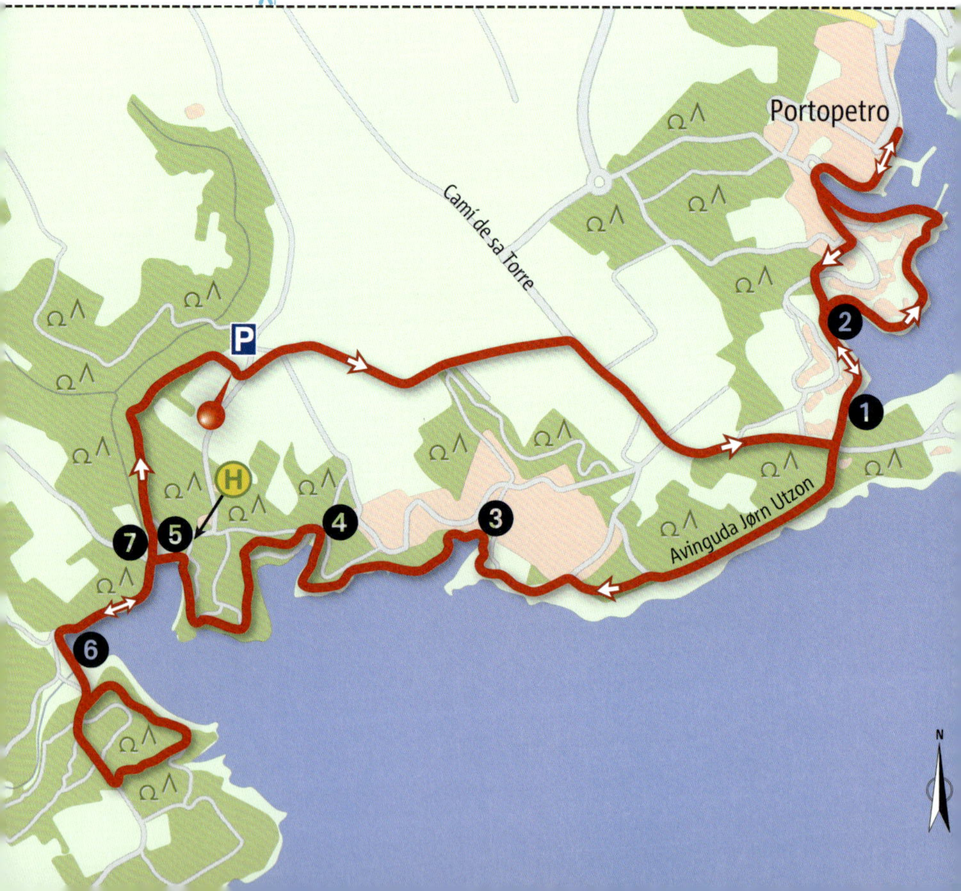

Alles auf einen Blick

WIE & WANN:
Recht einfache Wanderung ohne Höhenmeter auf (teilweise felsigen) Küstenwegen. Festes Schuhwerk ist wichtig. Dank zahlreicher Bade- und Erfrischungsmöglichkeiten auch im Sommer realisierbar. Empfehlenswert samstags in Verbindung mit einem Besuch auf dem schönen Wochenmarkt in Santanyí (5 Kilometer entfernt).

HIN & WEG:
Auto: Parkplatz Ses Fonts de n'Alis (kostenpflichtig), Parc natural de Mondragó, Carretera Alqueria Blanca-Cala Mondragó, 07691 Santanyí (GPS: 39.356398, 3.190746)
ÖPNV: Haltestelle Cala Mondragó, Bus 521

ESSEN & ENTSPANNEN:
Restaurant Sa Font de n'Alis ❼ Cala Mondragó, 07691 Portopetro, Tel. +34 971 65 74 57

ENTDECKEN & ERLEBEN:
Caló de sa Torre ❶
Caló des Homes morts ❷
Caló de sa Barca Trencada ❸
Caló des Borgit ❹
Cala de ses Fonts de n'Alis ❺
Platja de s'Amarador ❻

Entspannung ✱✱✱✱✱
Genuss ✱✱✱✱✱
Romantik ✱✱✱✱✱

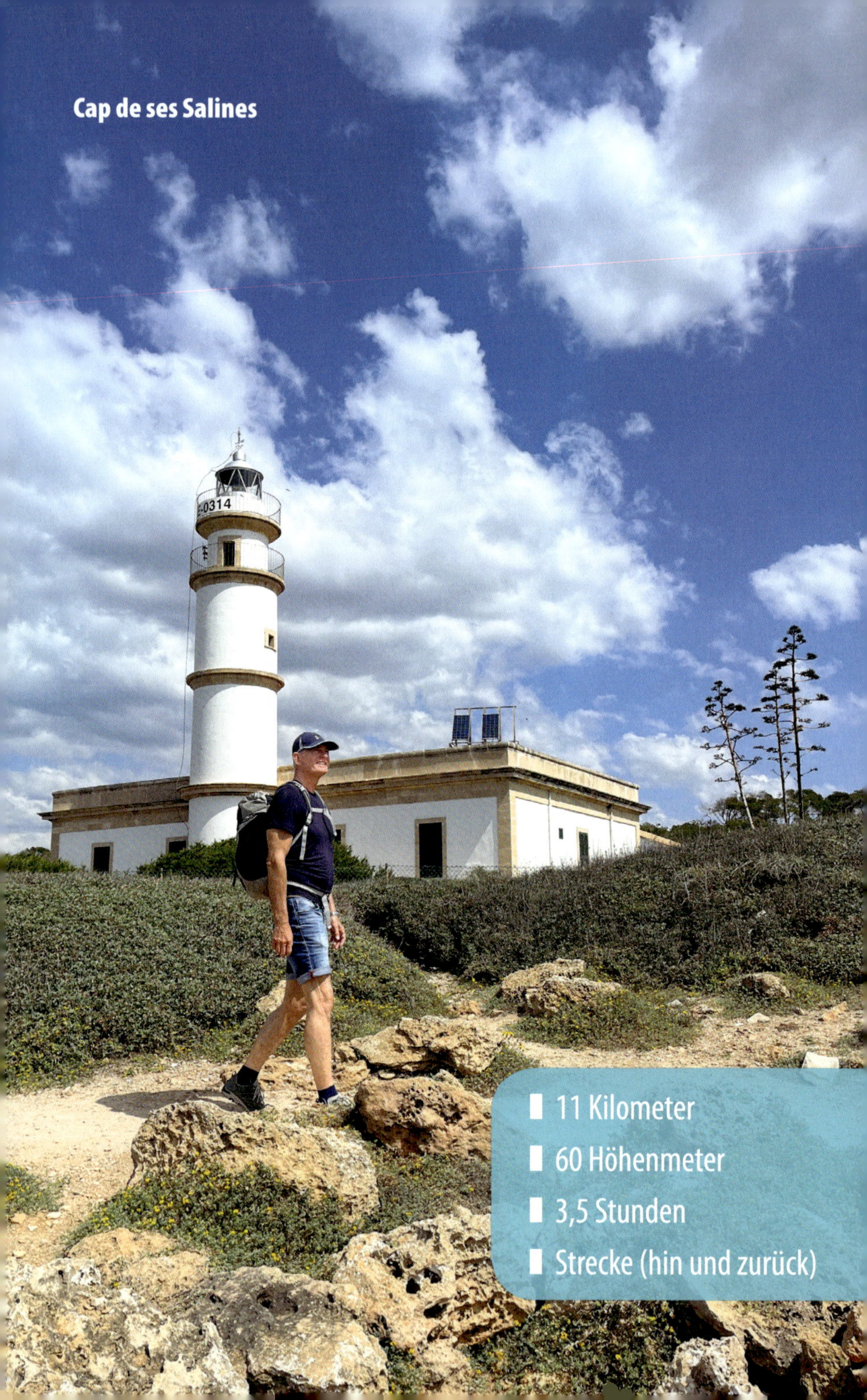

Cap de ses Salines

- 11 Kilometer
- 60 Höhenmeter
- 3,5 Stunden
- Strecke (hin und zurück)

Wenn es eine Stelle auf der Insel gibt, an der wir die Weite und Leichtigkeit des mediterranen Lebens besonders spüren, dann ist es hier, am südlichsten Punkt Mallorcas. Ein Kap ist immer magisch, wahrscheinlich steckt noch in jedem von uns ein kleines Seefahrergen. Die Sehnsucht nach Wellenrauschen und Meeresluft hat uns hergeführt, und nun stehen wir am weißen **Leuchtturm am Cap de ses Salines** ❶, dessen Lichtblitze des Nachts 11 Seemeilen weit zu sehen sind.

Die Region um das Kap heißt **Migjorn,** wie das mallorquinische Wort für Mittag. In diesem Teil Mallorcas regnet es am wenigsten und es ist am wärmsten, im Jahresdurchschnitt 17 Grad.

Wir atmen tief ein und wieder aus, schmecken die salzhaltige Luft, lassen unsere Augen über das glitzernde, endlos scheinende Wasser gleiten, das in allen denkbaren Blautönen schimmert. Wir können weit in alle Richtungen schauen. Rechts sind in etlichen Kilometern Entfernung die Häuser des Ferienortes Colònia de Sant Jordi auszumachen. Am Horizont zeichnet sich die Silhouette des Inselarchipels des Nationalparks von Cabrera ab, zu dem 19 einsame Inseln zählen.

Recht einsam ist es auch hier, denn dieser Küstenabschnitt ist völlig unbebaut. Der Leuchtturm ist das einzige Gebäude weit und breit. Wenn wir ihn einmal hinter uns gelassen haben, werden wir vermutlich nicht mehr vielen Menschen begegnen. Die meisten kommen nur zum Kap und fahren bald weiter. Im Sommer und dann besonders an den Wochenenden kommen die

*Der **Leuchtturm am Cap de ses Salines** wurde Mitte des 19. Jahrhunderts erbaut und war 1983 der erste Leuchtturm Spaniens, der mit Sonnenkollektoren betrieben wurde. Er beherbergt eine Forschungsstation, die Messdaten zum Zustand von Küste und Meer liefert.*

*Die unbewohnte Inselgruppe von **Cabrera**, die wie die umliegenden Gewässer zum Nationalpark Cabrera gehört, liegt etwa 10 Kilometer vor der Südküste Mallorcas. Ab Colònia de Sant Jordi fahren Schnellboote zur Hauptinsel.*

Küstenpatrouille

Am Cap de ses Salines

Sonnenanbeter, meist Mallorquiner, die in Scharen zum weißen Strand von Es Caragol pilgern, nach Westen.

Doch wir wenden uns in die entgegengesetzte Richtung, nach Osten. Unser Ziel ist die **Caló des Màrmols,** die „Marmorbucht", eine wahrlich außergewöhnliche Naturbucht. Zu ihr führt keine Straße, weder direkt noch in die Nähe. Wer dorthin möchte, braucht entweder ein Boot oder, wie wir, Wanderlust und entsprechende Fitness. Über 5 Kilometer werden wir am Ufer der schroffen Kliffküste entlangwandern und später wieder zurück. Wie heißt es so treffend? Ohne Schweiß kein Preis? Wir werden dafür ein Stück Welt sehen, an das nur unsere Füße uns bringen können.

Na dann, auf geht's! *Vamos!* Die Strecke ist nicht ausgeschildert und doch kaum zu verfehlen. Die Küstenlinie ist der Wegweiser, wir wandern in der ersten Reihe. Hinter dem Zaun, der das Leuchtturmgelände begrenzt, gehen wir nach links. Wir können jetzt nach dem sandigen Trampfelpfad Ausschau halten oder auch „free style" über die Felsplatten tänzeln. Das flache Küstenplateau bietet Spielraum für mehrere

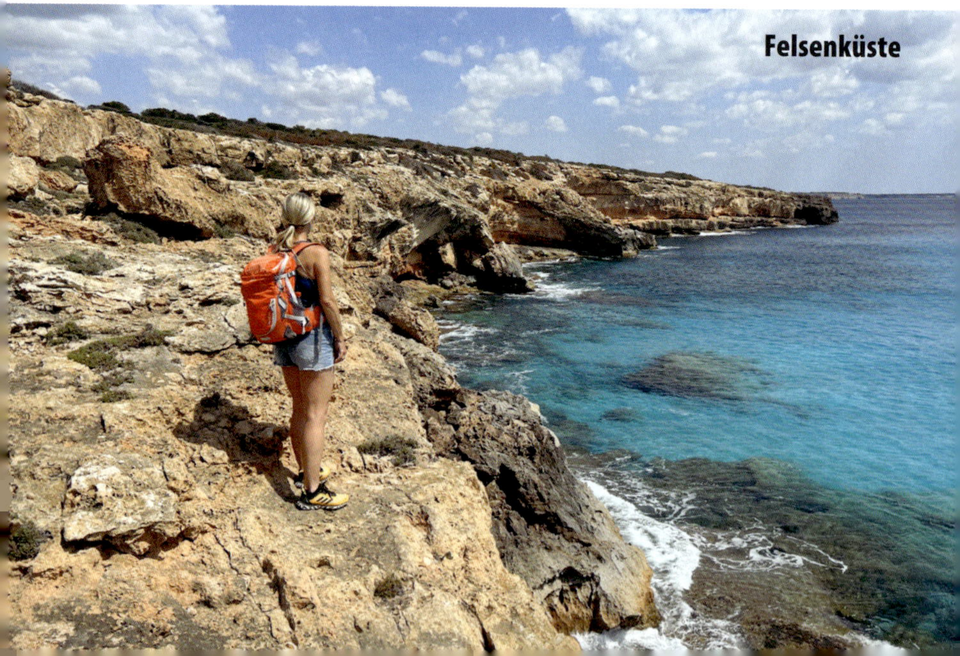

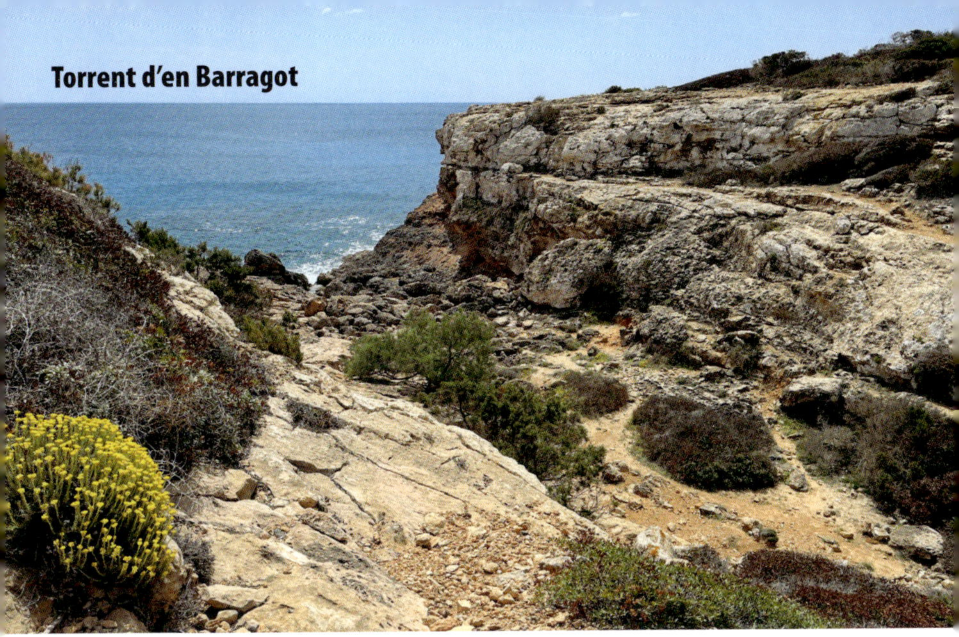

Torrent d'en Barragot

Varianten. Wie es uns beliebt. Der Pfad verzweigt sich manchmal und kommt dann wieder zusammen.

Auf den ersten etwa 2,5 Kilometern gehen wir parallel zu einer Grundstücksgrenze, die einen Großgrundbesitz von über 1000 Hektar einzäunt. Hier im Süden befinden sich zwei der größten Possessiós Mallorcas, das sind die alten historischen Besitztümer des Adels. Doch außer Bäumen und Sträuchern ist hinter dem Zaun nicht viel zu sehen, die herrschaftlichen Gebäude liegen kilometerweit entfernt.

Allmählich gewinnt die Steilküste an Höhe, und nachdem wir etwa 3 Kilometer gewandert sind, wird sie plötzlich von einer Schlucht unterbrochen, die tief landeinwärts reicht. Der **Torrent d'en Barragot** ②

Für die Seele

Entlang der felsigen Südküste wandern wir zur wild-verträumten Caló des Màrmols mit türkisblauem Wasser, wo wir Geist und Körper erfrischen können.

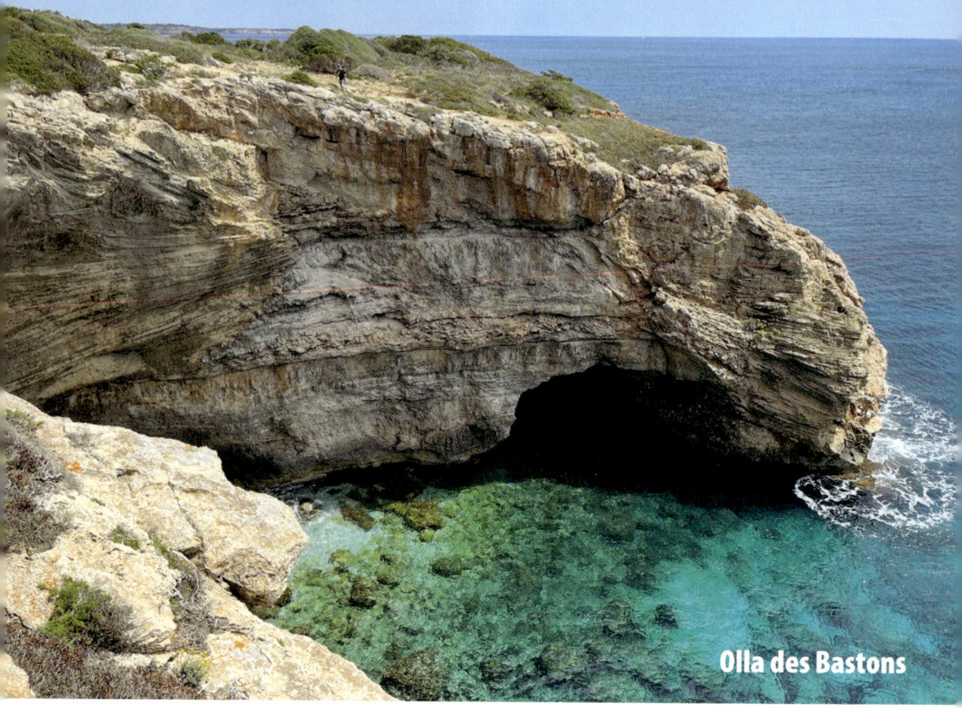

mündet hier ins Meer. Nur wenn es stark regnet, fließt Wasser, aber da das in dieser Gegend selten vorkommt, haben wir nichts zu befürchten. Trotzdem ist die Stelle für uns eine kleine Herausforderung, denn wir müssen 10 Meter in die Schlucht hinabsteigen und auf der anderen Seite wieder hinaufkrabbeln. Wir nehmen zur Not unsere Hände zu Hilfe. Ein Kinderspiel! Dann geht es weiter an der zerklüfteten Küstenlinie entlang, die von Grotten und Felsformationen durchzogen ist.

Den nächsten Wow-Moment erleben wir an der **Olla des Bastons ❸**, einer gewaltigen halbkreisförmigen Einbuchtung der Felsklippen. „Olla" bedeutet „Topf" oder „Kessel". Hier beschreibt es eine Aushöhlung ähnlich einer Bucht, jedoch ohne Zugang von oben. Wir können aus der Höhe hinunter ins glasklare Wasser schauen, sehen die Felsbänke auf dem Grund. Die Klippen bestehen aus geschichtetem Sedimentgestein, schön zu erkennen, wie sich in Urzeiten Schicht um Schicht abgelagert hat, bevor bei der Entstehung der Insel die Landmassen aus dem Wasser nach oben geschoben wurden. Wie tief wird die geheimnisvolle Grotte dort unten wohl sein?

Wir bleiben besser in sicherem Abstand zu den Steilwänden. Wir wandern weiter und 20 Minuten später stehen wir oberhalb der **Caló des Màrmols** ❹, die sich zwischen den 20 Meter hohen Klippen wie ein Fjord ins Inselinnere windet. Weit entfernt können wir die Häuser von Es Llombards ausmachen.

Die unberührte Bucht liegt vor uns wie auf dem Foto einer Postkarte. Schade eigentlich, dass nur noch so wenige Postkarten verschickt werden. Doch vielleicht haben wir heute einen guten Tag erwischt, um das perfekte Urlaubsfoto zu schießen. Der Strand aus weißem Sand und feinen Kieseln, das Wasser sauber und von einer himmlischen Farbe, weiße Boote schaukeln auf den Wellen. Für Freizeitkapitäne mit ihren Booten ein idealer Ankerplatz, Schnorchelplatz, Auszeitplatz. Ist dieser Schatz in Gold und Blau nicht einladend? Wir müssen jetzt nur noch hinabsteigen. Das ist ähnlich wie vorhin in der Schlucht, das schaffen wir noch einmal!

Unten angekommen erwartet uns ein Strand, bei dem die Größe der Sandfläche und die felsigen Stellen

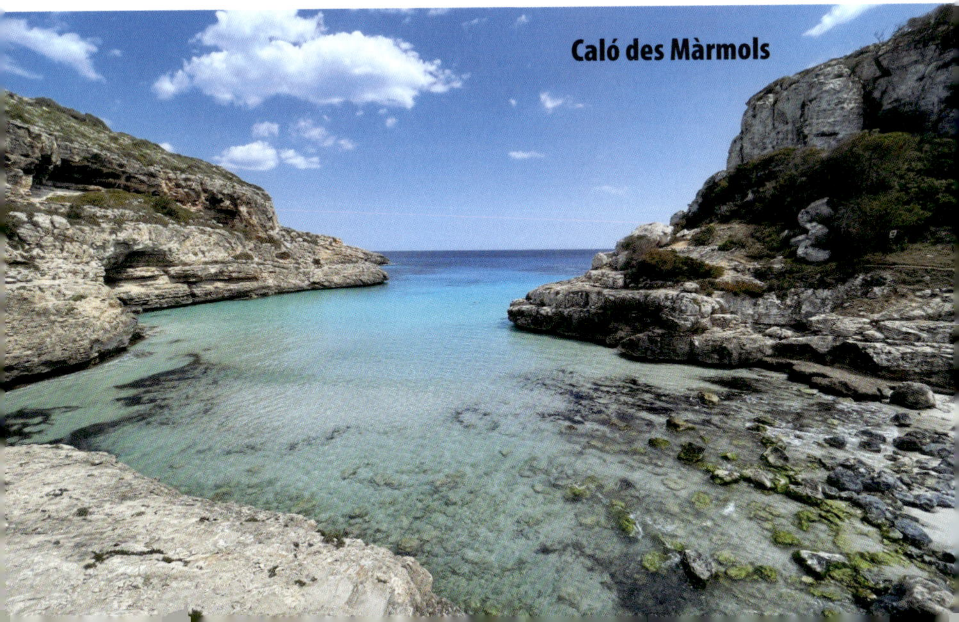
Caló des Màrmols

*Im Frühling und Herbst kann man im Süden Mallorcas zahllose **Zugvögel** auf ihrem Weg zwischen ihren Quartieren in Afrika und Nordeuropa beobachten. Die Balearen liegen genau auf der Route und viele Vogelarten legen hier eine Rast ein.*

je nach Jahreszeit variieren. Die Winterstürme nehmen den Sand mit ins Meer, der Strand nimmt ab. Wenn der Wellengang ruhiger wird und das Wetter besser, beginnen die Wellen, die Sedimente zurückzugeben. Ein stetiger Prozess. Die Natur hat Zeit. Wie wir. Eigentlich. Zeit ist einfach da, wir müssen sie uns nur nehmen. An diesem Ort, in der unaufgeregten Natur, sind wir losgelöst von Pflichten aller Art. Bis auf schwimmen, schnorcheln, dösen, träumen, lesen.

Die Kilometer zurück laufen leicht unter unseren Füßen dahin, die Sonne nun im Gesicht. Am Ende des Tages empfängt uns wieder der alte Leuchtturm am Kap, sein Licht wird schon bald den Abend dieses wunderbaren Tages beleuchten.

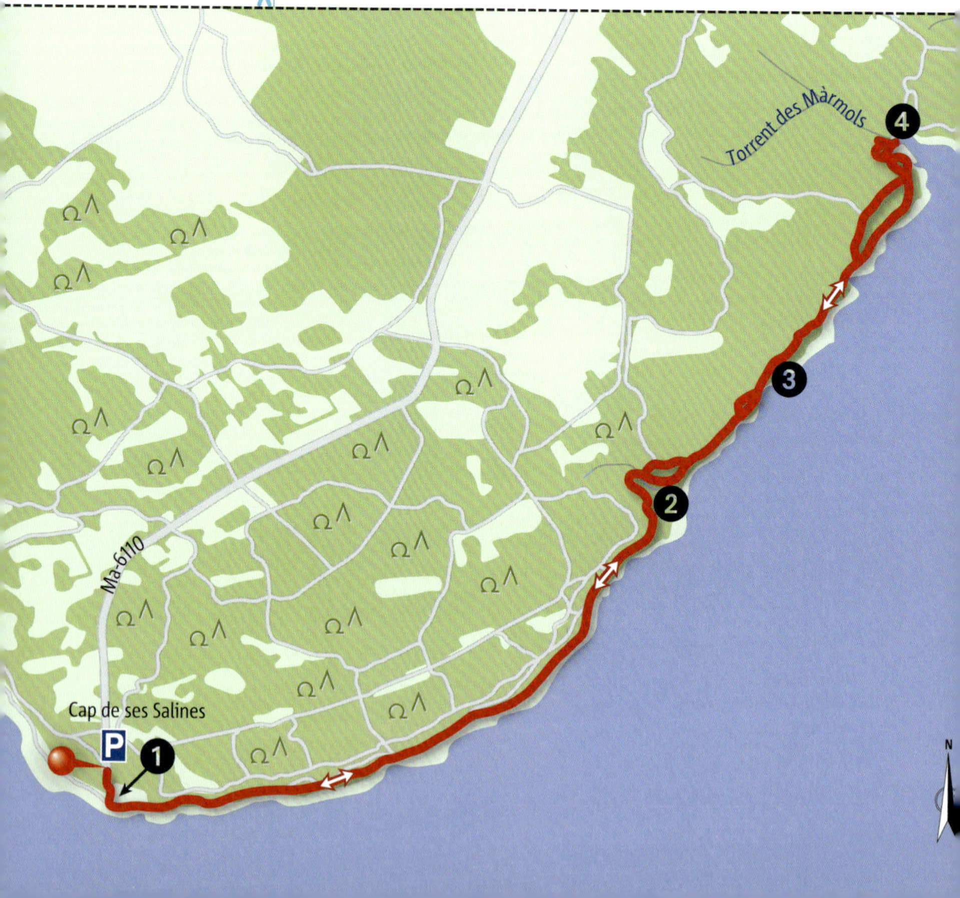

Alles auf einen Blick

WIE & WANN:
Recht einfache Küstenwanderung, bei der wir eine kleine Klettereinlage bei der Durchquerung eines Trockenbachs absolvieren müssen. Kein Schatten, deshalb eher geeignet in der Zeit zwischen Herbst und Frühling, wenn die Sonne nicht so brennt.

HIN & WEG:
Auto: Cap de ses Salines am Ende der Ma-6110, 07650 Santanyí
(GPS: 39.265761, 3.052927)
ÖPNV: Leider keine Anbindung an die Strecke

ESSEN & ENTSPANNEN:
Keine Verpflegungsmöglichkeit an der Strecke. Bitte ausreichend Proviant einpacken, vor allem Wasser!

ENTDECKEN & ERLEBEN:
Leuchtturm Cap de ses Salines ❶
Torrent d'en Barragot ❷
Olla des Bastons ❸
Caló des Màrmols ❹

Entspannung ★★★★☆
Genuss ★★★☆☆
Romantik ★★★★★

Klippen

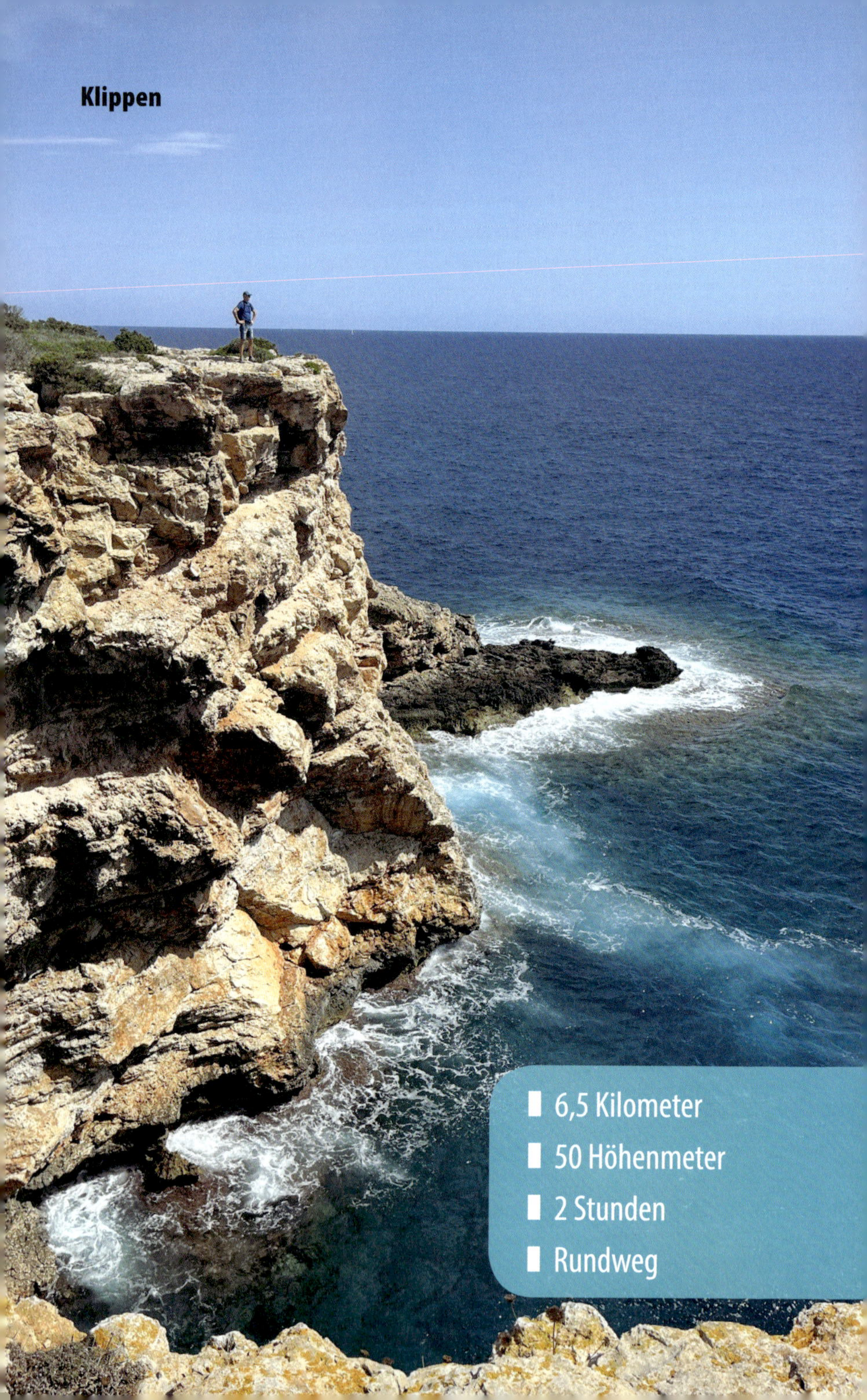

Wer kommt mit nach Portocolom? Das bezaubernde Hafenstädtchen an der Südostküste Mallorcas ist einer der wenigen Küstenorte, in denen Traditionelles das Touristische weit überwiegt. Hier treffen wir auf Bootsgaragen vor pastellfarbenen, bescheidenen Häusern, auf Holzboote statt Luxusjachten.

Unsere Rundwanderung beginnt an der **Marina Portocolom ①,** vor uns zeigt sich Mallorcas größter Naturhafen in seiner ganzen Schönheit – über 1 Kilometer lang und fast genauso breit. Wie ein glitzernder blauer See, wenn da nicht der angenehm salzige Geruch des Meeres wäre. Nur eine schmale Durchfahrt verbindet die Bucht mit der See. Unzählige weiße Holzboote, die Llaüts genannt werden, dümpeln wie eh und je an flachen Anlegern, geschützt vor Wind und Seegang.

Wir spazieren am Ufer entlang nach links, folgen dem Straßenverlauf bis zur Kreuzung, an der wir nach rechts in die **Carrer de la Mar** einschwenken. Welch passender Name, „Straße des Meeres". In Portocolom ist eigentlich alles Meer, früher galt es als Hafen der Stadt Felanitx, wo Wein und Schnaps verschifft wurden und Handel und Schmuggel blühten.

Wir gehen bis zum Ende der kurzen Straße und dann weiter auf der **Uferpromenade.** Rechts die Fischerboote, links niedrige schmucke Häuser mit bunten Fensterläden. Am nördlichen Ende des Hafenbeckens stoßen wir auf die **Straße zum Leuchtturm, Carrer del Far,** und auf einen modernen Wegweiser, der uns

__Llaüts__ (gesprochen „jauts") sind die traditionellen weißen Fischerboote, seit Jahrhunderten aus heimischen Hölzern handgezimmert. Sie erfreuen sich nach wie vor großer Beliebtheit und sind in wirklich jedem mallorquinischen Hafen zahlreich anzutreffen.

Fischerboote

Im Naturhafen von Portocolom

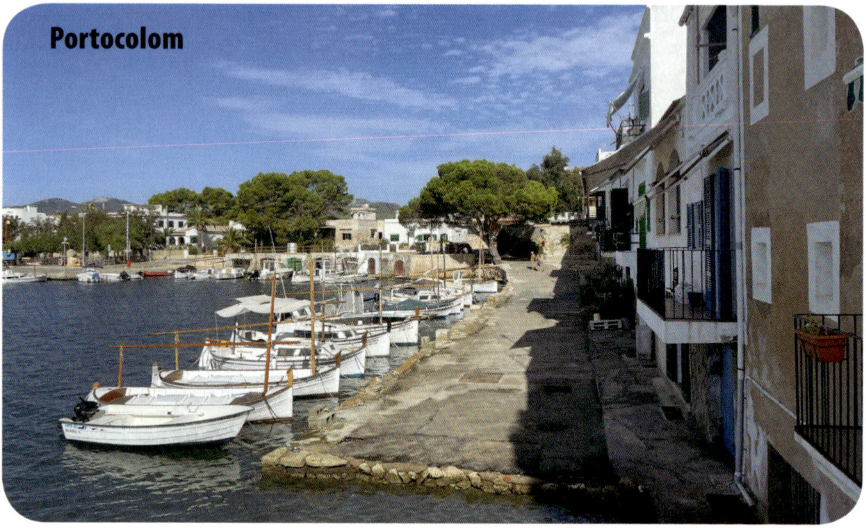
Portocolom

nach rechts in **Richtung des Leuchtturms** und der Strände schickt.

Wenige Schritte weiter geht es an einem Parkplatz vorbei bis zum Einstieg auf einen **Holzweg für Fußgänger,** der uns parallel zur Straße entlangleitet, die Bucht immer im Blick. Nach ungefähr 500 Metern gelangen wir zum ruhigen, schmalen Sandstrand **Arenal des Ases ❷,** wo sich lediglich ein paar Mallorquiner im Schatten der Kiefern zu einem Schwätzchen zusammengefunden haben.

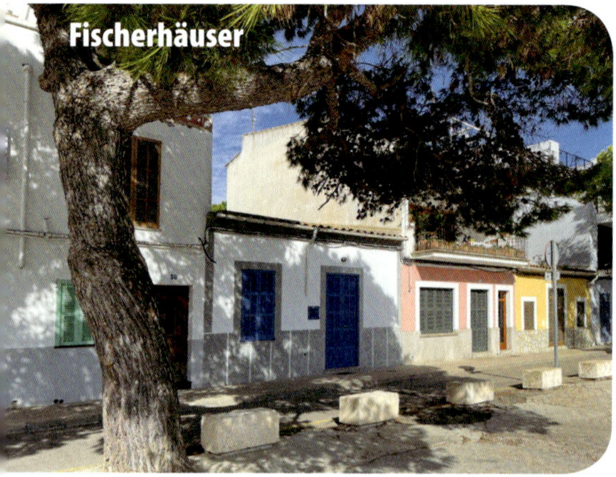
Fischerhäuser

Ein kurzes Stück weiter mündet der Weg in die Straße, hier haben wir zwei Optionen. Die erste: Wir wandern das nächste Stück auf der Straße. Die zweite Möglichkeit, die schönere und interessantere: Wir überqueren die Straße und laufen zwischen

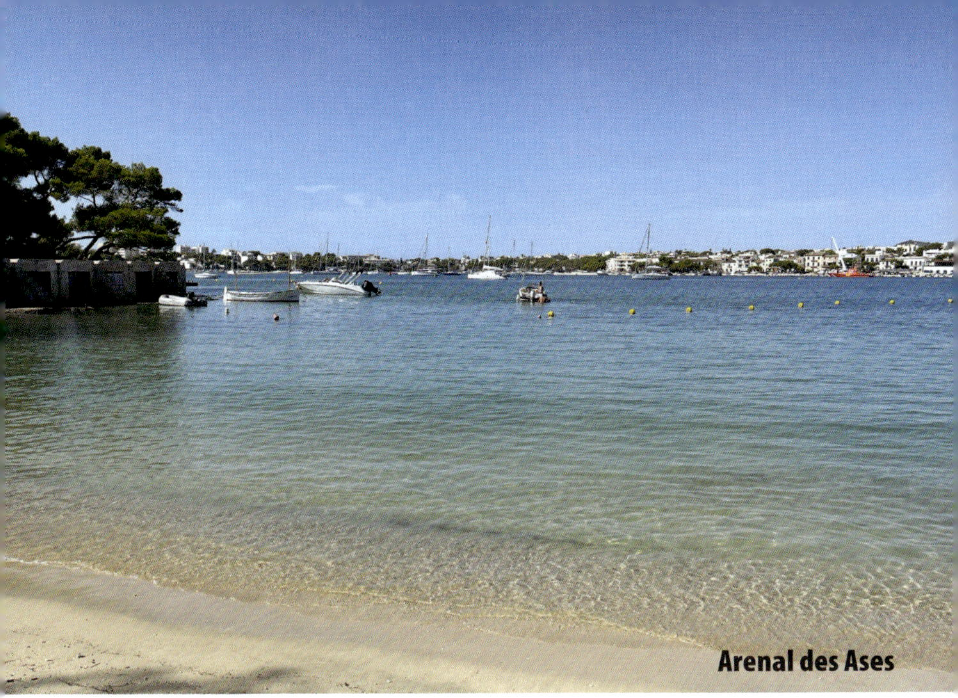

Arenal des Ases

zwei Mauern der angrenzenden Bebauung zum Meer und dort am Ufer entlang über die Felsen weiter. Wir müssen nur trittsicher sein. Und keine Angst, was wir machen, ist erlaubt, auch wenn wir fast durch die privaten Gärten der Anwohner spazieren! Ja, so ein Plätzchen am Meer ist beneidenswert. Wer uns begegnet, den grüßen wir mit einem freundlichen „Hola" und selbstverständlich bleiben wir nur auf den Felsen und betreten die Terrassen nicht.

Hinter dem letzten Haus knickt die Küste nach links ab und wir können hinter der Biegung den nächsten Strand ausmachen. Es ist der Strand von **S'Arenal de**

*Was haben die Fischer in ihren Netzen? **Fischarten** vor der Küste Mallorcas sind Goldbrasse, Zahnbrasse, Zackenbarsch, Wolfsbarsch, Makrele, Thunfisch und Seeteufel. Zudem bringen sie auch Tintenfische, Hummer und Langusten mit an Land.*

Für die Seele

Wir tauchen ins ursprüngliche mediterrane Leben ein, schlendern durch den größten Naturhafen der Insel und lassen an kleinen Stränden die Seele baumeln.

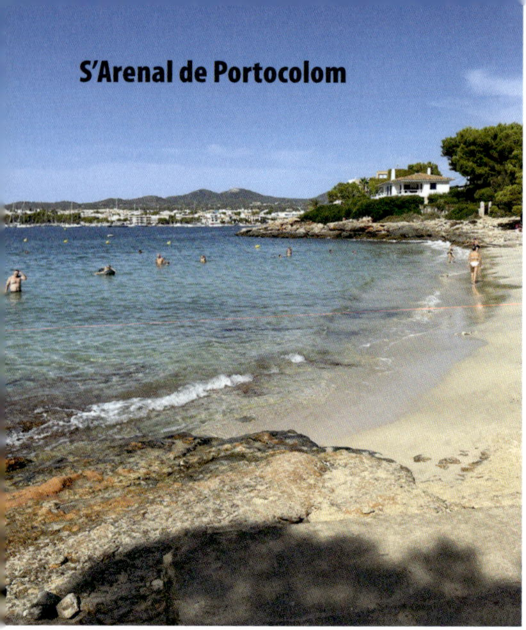

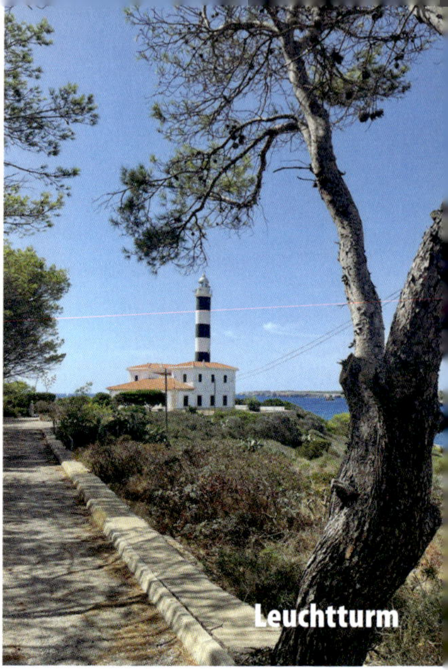

Portocolom ③. Im Sommer gibt es Liegen und Sonnenschirme und sogar eine gemütliche **Beachbar ④.** Die Wasserqualität und das Serviceangebot sind so gut, dass der Strand schon mehrfach mit dem Qualitätssiegel „Blaue Flagge" ausgezeichnet wurde. Warum gönnen wir uns also nicht ein erfrischendes Bad oder einen Snack? Wir sind zwar vermutlich noch keine Stunde unterwegs, doch wir haben Zeit, denn die heutige Strecke ist recht kurz und das Meer so verlockend.

Unmittelbar angrenzend, durch Kiefernbestand getrennt, gibt es noch einen Strand mit feinem Sand, die kleine Schwester **S'Arenal Petit ⑤.** Auch hier ließe es sich angenehm baden oder im Schatten rasten, wir haben die Wahl.

Dann ziehen wir weiter, nehmen Kurs auf den nahen Leuchtturm. Wir nutzen nun die Straße und gehen 400 Meter durch ein hübsches Wohngebiet, bis uns der schwarz-weiß gestreifte **Leuchtturm von Portocolom ⑥** durch ein Metalltor begrüßt, das uns leider vom Betreten des Geländes abhält. Schon seit 160 Jahren weist der Turm Nacht für Nacht den Booten den Weg zur Hafeneinfahrt, sein Leuchtfeuer ist 20 Seemeilen weit zu sehen.

Die Straße führt uns um die Landspitze weiter durch die **ruhige Villengegend,** immer parallel zur Küste. Hinter dem letzten Haus auf der rechten Straßenseite biegen wir in einen Trampfelpfad ab und stehen wenige Meter weiter auf imposanten **Felsklippen,** in denen die Natur einige Grotten und Höhlen erschaffen hat. Das Meer ist vermutlich wilder als in der sicheren Hafenbucht auf der anderen Seite, doch das sollte uns nicht beunruhigen, denn das Netz aus kleinen Pfaden windet sich in sicherem Abstand zum Abgrund neben uns. Wir treffen noch einmal auf die Straße, die in einem für die Gegend eigentlich zu groß ausgefallenen Wendekreis endet. Dort finden wir wieder einen Pfad, der uns durch die offene Küstenlandschaft mit niedriger Vegetation weiterführt. In der Ferne sind die nächstgelegenen Orte zu erspähen, allen voran die Silhouetten der hohen Hotelbauten von Cales de Mallorca, die die schöne Küste nicht gerade zieren, und etwas weiter weg Portocristo und Cala Millor.

Nach einem Küstenkilometer – die Klippen sind hier flacher – stoßen wir auf **S'Algar 7,** eine Natur-

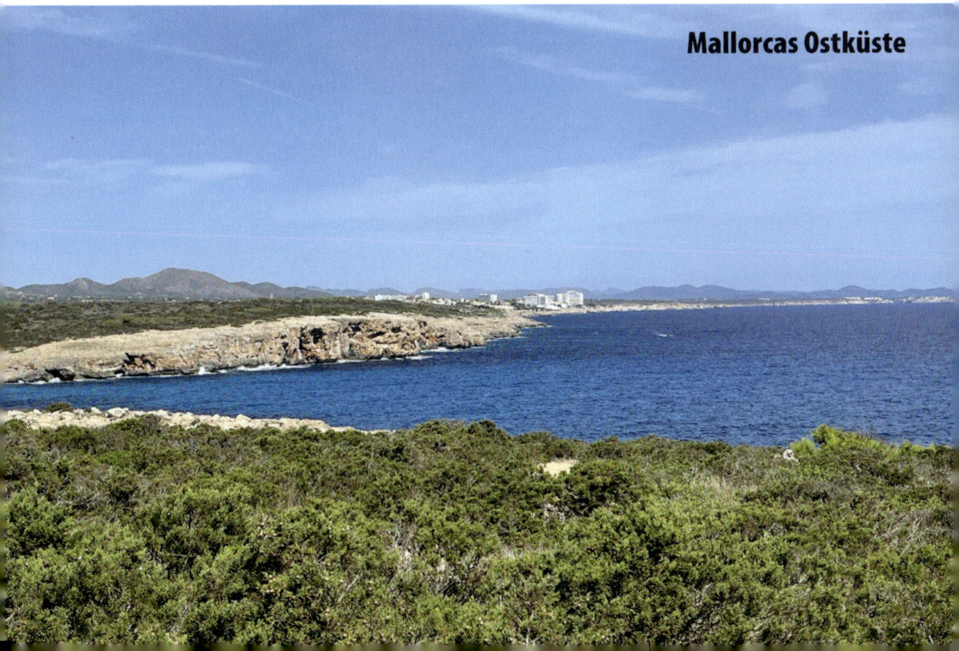

Erfrischungstour 20

In einigen Küstenorten Mallorcas feiern die Bewohner jährlich ein traditionelles ***Fest zu Ehren der Jungfrau Virgen del Carmen,*** *der Schutzpatronin der Seefahrer und Fischer. Höhepunkt ist die Seefahrtsprozession am 16. Juli.*

bucht mit klitzekleinen Sandabschnitten zwischen Felsen und Seegrasbergen. Hier wäre die vorerst letzte Möglichkeit zum Baden, denn an dieser Stelle verlassen wir die Küste und schwenken auf einen breiten sandigen Fahrweg ein, der uns nach rund 500 Metern wieder zum Hafen von Portocolom bringt.

Wir können jetzt am Ende des nördlichen Hafenarms geradeaus durch das älteste Viertel des Hafens, **Barri de sa Capella,** abkürzen. Es ist so etwas wie die Altstadt, jedoch eine sehr schläfrig wirkende. Etwas lebhafter geht es in den neueren Vierteln am Westufer zu. Wir gehen zurück zur Marina mit der alten Mole, wo wir noch ein wenig die Hafenatmosphäre genießen.

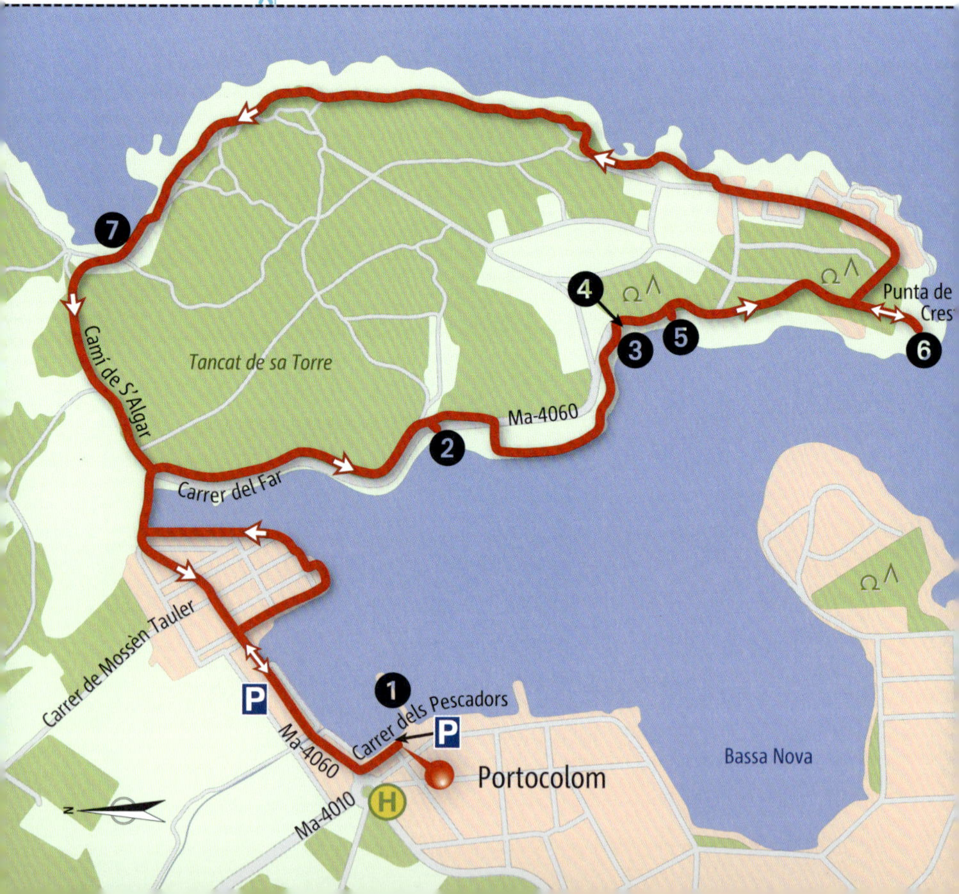

Alles auf einen Blick

WIE & WANN:
Diese recht kurze und einfache Route auf angelegten Wegen und Küstenpfaden ist ganzjährig möglich und bietet uns während der Badesaison besondere Vorzüge.

HIN & WEG:
Auto: Diverse Parkmöglichkeiten in Portocolom in der Nähe des Hafens, 07670 Portocolom (GPS: 39.423562, 3.2611)
ÖPNV: Haltestelle Ronda Nadal Batle, Busse 428 und 512

ESSEN & ENTSPANNEN:
Beachbar S'Arenal ❹ Carretera Faro, 07670 Portocolom, Tel. +34 971 82 43 24, www.grupomarport.com/es-dolç

ENTDECKEN & ERLEBEN:
Marina Portocolom ❶
Strand Arenal des Ases ❷
Strand S'Arenal de Portocolom ❸
Strand S'Arenal Petit ❺
Leuchtturm von Portocolom ❻
Naturbucht S'Algar ❼

Entspannung ✱✱✱✱✱
Genuss ✱✱✱✱✱
Romantik ✱✱✱✱✱

Die GPS-Daten zu jeder Tour gibt es auf
www.droste-verlag.de

Konzeption: Droste Verlag, Düsseldorf
Satz: Vollnhals Fotosatz, Neustadt a. d. Donau
Einbandgestaltung: Britta Rungwerth, Düsseldorf, unter Verwendung von Bildern von © Fotolia.com: Andrey Kuzmin, undrey, dabost, niroworld; © Shutterstock/Marina Kryuchina
Fotos: Britt Liebl
Textlektorat: Birgit Knape, Mainz
Karten: Thorsten David, Bochum
Druck und Bindung: LUC GmbH, Greven

MIX
Papier aus verantwortungsvollen Quellen
FSC
www.fsc.org
FSC® C011279

ISBN 978-3-7700-2447-6
www.droste-verlag.de